ÉMILE MASQUERAY

SOUVENIRS

ET

VISIONS D'AFRIQUE

PARIS
E. DENTU, ÉDITEUR
3 ET 5, PLACE DE VALOIS, (PALAIS-ROYAL)
1894

Tous droits réservés

SOUVENIRS

ET

VISIONS D'AFRIQUE

ÉMILE MASQUERAY

SOUVENIRS
ET
VISIONS D'AFRIQUE

PARIS
E. DENTU, ÉDITEUR
3 ET 5, PLACE DE VALOIS, PALAIS-ROYAL
1894

Tous droits réservés

DÉDICACE

Ma bonne mère chérie,

Je te fais présent de ce livre, je te le dédie de préférence à tout autre, parce qu'il est le plus voisin de mon enfance bénie, de ta grâce de jeune mère, et de tes cheveux blonds. Si peu que je retourne vers le passé, il me semble que je remonte vers tes caresses. Peut-être aussi y reconnaîtras-tu, à quelques traits encore colorés, l'adolescent dont tu aimais à tenir dans tes mains la tête inquiète, par une sorte de pressentiment de l'avenir. Lis-en quelques pages, et conclus en le fermant que le sort aurait mieux fait de me laisser passer ma vie près de toi, dans ton ombre. Le voyageur ramène toujours trop de poussière à la maison.

Ton fils bien aimant.

E. Masqueray.

REMERCIEMENT

A Monsieur Périvier,
Secrétaire de la rédaction du *Figaro*.

Mon cher ami,

Sans vous qui m'y avez invité je ne me serais jamais décidé à publier tous ces récits, encore moins à les faire paraître reliés et comme destinés à la postérité. Je ne vous en fais pas de reproche, car je vous ai cédé avec le plus grand plaisir, et j'ai même, je le crains, un peu abusé de votre hospitalité ; mais il me reste à vous remercier vivement de votre bonne grâce, de votre tact, et de plus d'une indication dont j'ai seul apprécié la valeur.

En reconnaissance, je vous tends les deux mains toutes grandes.

Votre bien dévoué.

E. Masqueray.

PRÉFACE

—

J'ai mis ensemble dans ce volume des choses bien diverses en apparence. J'ai vu les unes, j'ai imaginé ou entendu conter les autres. Elles sont cependant à mes yeux de la même nature. Toutes sont fugitives, passagères, périssables, aussi bien celles qui ont frappé mon intelligence que celles qui ont troublé mes sens. De même que l'aurore de ce matin qui s'est levée toute rouge dans un pâle ciel d'hiver n'était pas celle d'hier, et que depuis des millions de jours des aurores différentes se succèdent et s'évanouissent comme des étrangères, si bien que les couleurs qui parent chaque instant de leurs courtes vies ne se reproduiront jamais, de même ce que nous voyons d'un homme ou ce que nous en entendons périt sur l'heure parcequ'il n'est plus le soir ce qu'il était dans l'après-midi, et même le témoin qui nous parle de ses actes avec une précision admirable ne serait pas capable de répéter un moment après ses propres mots. Les pages d'un livre d'histoire varient d'heure en heure et de seconde en seconde suivant l'état d'esprit du savant qui les parcourt et qui les croit fixées pour l'éternité. C'est pourquoi j'ai mêlé ce que j'appelle mes visions à mes souvenirs réels.

J'avoue que tout cela, si fragile qu'il soit, m'est devenu cher par l'illusion que je me suis donnée de le faire revivre et de le fixer pour un peu de temps. Illusion singulière et contradictoire. Nous savons que nos œuvres sont vaines, et cependant nous nous y appliquons de toutes nos forces. Le soin que j'ai donné à celle-ci en fait d'abord l'unité. La même intention en anime tous les fragments disparates, le même souci peut s'y deviner de retenir si peu que ce soit, pierre ou fleur, du sol qui fuit sous nous. J'ai eu l'occasion d'éprouver, en m'exerçant sur ces petites pages, le plaisir amer des écrivains nos maîtres qui luttent contre la mobilité des choses, tarissant leurs âmes pour nourrir des fantômes, et j'en ai retiré un bien inestimable, qui ne peut échoir qu'à ceux-là seuls qui se sont engagés, ne serait-ce qu'un instant et aux derniers rangs, dans cette étrange bataille pour la vie, une admiration voisine de la piété pour les génies immortels dont les créations, par un miracle incompréhensible, défient le temps et l'oubli.

Ces récits divers sont encore comme des plantes sauvages poussées sur une même terre éclairées par les rayons d'un même soleil. Terre et soleil d'Afrique. Algérie lumineuse, indéfinie, inépuisable, prolongement de la joyeuse Provence dans les solitudes sahariennes, porte ouverte sur le monde noir. Comme elle parut étrange et fascinante aux premiers qui l'abordèrent le sabre en main, avec ses montagnes sombres et ses villes toutes blanches, ses larges plaines sans chemins, ses déserts luisants et ses hommes farouches, mélange inextricable de tous les peuples de l'Orient et du Nord, rangés en lignes de bataille, religieux comme des moines et braves comme des lions ! Soumise aujourd'hui, rompue et pénétrée de toutes parts, elle est toujours attrayante. Les sociétés humaines primitives y meurent sous nos yeux comme des forêts très vieilles ; les nouvelles s'y entremêlent comme des taillis vigoureux qui leur disputent le soleil, et cette lutte est si longue par rapport à la brièveté de notre vie qu'elle nous donne à loisir un des spectacles les plus intéressants du monde.

Ils restent devant nos yeux, ils subsistent, à croire qu'ils dureront toujours, ces nomades venus du fond de l'Orient sur leurs chevaux agiles, escortant les hauts palanquins empanachés qui cachaient leurs femmes peintes ; et ces demi-sédentaires blottis sous leurs cabanes pareilles à des vaisseaux renversés, qui ont tenu tête à Saint-Arnaud et à Lamoricière après s'être battus contre les consuls de Rome ; et ces montagnards liés les uns aux autres autour de leurs villages coniques, qui ont vu passer Théodose et fuir des armées turques ; et ces Chananéens des villes saintes du Mezab dont les ancêtres entrelaçaient de vignes les palmiers de Sidon, premiers hérétiques du monde musulman, meurtriers d'Ali, le gendre du Prophète ; et ces marabouts, ces voyants et ces saints, graine d'apôtres et de martyrs, isolés comme les ascètes de la haute Egypte ou distribués en confréries contemporaines de Saint-Louis et de Charlemagne ; et ces nobles du grand Sud nés pour la domination, le luxe et la guerre, grands vassaux du moyen-âge aux limites du monde civilisé ; et les serfs de ces Religieux, et les serfs de ces Nobles, asservis depuis des siècles par la superstition et par la peur, payeurs de dîmes, rivés à la glèbe.

Mais ils ont beau se détendre et se serrer les uns contre les autres. Notre monde moderne les assaille, les sépare et les use comme une mer invincible qui disloque une digue ; nos colons se poussent au milieu d'eux et s'enfoncent comme des coins de fer. Il y a des gens de l'Ardèche ou de la Dordogne qui font pousser de la vigne à côté des champs d'orge des Sanhadja dont les cousins ont fondé l'empire des Almohades. Des gars de Normandie font bon ménage avec des Ketama dont les grands-pères ont fondé le Caire. Des voies ferrées rayent les steppes du Sud, et des locomotives roulent la nuit dans des solitudes où les voyageurs n'aperçoivent que des cercles d'ombre sous le ciel diamanté, et n'entendent que le cri des hyènes. Dans le désert de Biskra, montant et descendant sur les dunes vers la fabuleuse Tougourt, des diligences croisent des caravanes. L'engrenage de nos lois broie peu à peu les tribus qui se vantent de descendre d'ancêtres sacrés comme les *gentes* romaines, les grandes familles antiques cimentées comme des blocs de pierres, les propriétés indivises, les coutumes séculaires, derniers refuges de la vie barbare. Des sous-préfets remplacent les ducs des Marches de l'Empire d'Occident et les émirs des conquêtes musulmanes; des aghaliks s'effondrent dans des communes mixtes. Nos maîtres d'école s'emparent maintenant des âmes berbères. Ils y tracent des voies larges par lesquelles passera, comme dans leurs champs, le monde moderne ; ils les sillonnent d'idées ; ils y jettent à poignées des semences qui lèvent peu à peu comme des brins de blé entre des pierres ; et ces brins de blé sont déjà plus forts que les chardons. Or cette lutte fatale et de tous les jours n'est pas sans conflits ni révoltes sourdes, sans cruautés ni souffrances, et c'est là qu'abondent les tableaux tragiques qui saisissent l'âme émue d'une pitié vaine en face des douleurs nécessaires et des misères incurables. Aux triomphes officiels répondent des détresses sans nom du fond des abîmes, et elles se font trop entendre. Les soirs de bataille, les plaintes des blessés montent plus haut que le chœur joyeux des satisfaits.

Je n'ai puisé dans ce torrent bouillonnant qu'une coupe d'eau claire, et j'en ai presque honte : il est immense, il est profond, il s'enfonce dans l'avenir brumeux comme une barre crêtée de lames blanches. D'autres m'ont précédé qui ont mieux fait, d'autres me suivront qui feront mieux aussi, et nous tous, hardis ou timides, obscurs ou célèbres, nous passerons avec lui ; mais le moindre de nous aura sans doute rencontré quelques lecteurs amis, confidents indulgents de son esprit et parfois de son cœur. Cela suffit pour une minute, et pour toujours.

Alger, 20 *décembre* 1892.

Emile MASQUERAY.

LES
DEUX PRINTEMPS

ALGER. ROUEN. AVRIL.

I

Le pays que j'habite brille après la saison des pluies comme une maison lavée. Des buissons d'un gros vert miroitent sur les collines, et entre eux la terre est luisante, hérissée d'herbes rares. Dans le fond des ravins étroits, colorés de rouge ou de brun, des tiges d'asphodèle, élégantes et grêles, frémissent comme celles dont Homère a peuplé le séjour des ombres. Quelques étoiles de roses sauvages sont accrochées à des lentisques, et des morceaux de terre, couverts de fleurs, sont jaunes et bleus, comme des tapis marocains abandonnés par des Nomades ; puis toute la plaine est uniment verte, et des champs incommensurables d'orge basse s'y succèdent jusqu'aux confins ardoisés de l'horizon.

Çà et là des bouquets d'arbres ronds et touffus, pareils aux buissons, ont des reflets de laque : ils ont grandi, et on y découvre à peine des pousses nouvelles. Ils n'ont pas eu de repos pendant l'hiver ; ils n'ont pas de réveil, et ils demeurent tristes et monotones sous leur feuillage perpétuel comme s'ils étaient affranchis de la mort et de la résurrection. Nulle part on n'entend murmurer des eaux courantes. Aucun ruisseau n'écume entre des pierres couvertes de mousse. Seul le Chélif étroit et jaune serpente en contre-bas de ses berges arides : encore est-ce là un caprice de la nature; car il aura disparu dans quelques jours. Dans cette immensité à la fois sombre et verdoyante, dans tous ces champs couverts de moissons, sur toutes ces collines mouchetées, pas un bruit d'ailes à midi, pas un chant, pas un cri, pas même un homme. Le ciel silencieux s'est comme entr'ouvert et montre aux yeux des profondeurs claires, sans la moindre tache de nuages ni de vapeur. Des vents rapides l'ont balayé si bien qu'on n'a même pas la perception de l'air qui le remplit. D'un bleu délicat, absolument vide, il est la pureté même et presque le néant.

Les montagnes du Nord sont lumineuses et sombres. Les forêts qui les couvrent sont des manteaux noirs. Les plus précieuses sont des futaies de chênes-lièges dont les troncs rugueux sortent d'une terre grise et nue; leurs branches sont tordues et cassantes; leurs feuilles sont découpées à l'emporte-pièce dans des plaquettes de métal. Les plus belles sont des colonnades de cèdres qui se dressent côte à côte, ou montent les uns au-dessus des autres comme des mâts de navires. Leurs branches énormes, horizontales et superposées, de plus en plus petites à mesure qu'elles s'approchent du sommet, forment des pyramides immuables et couvrent d'une ombre épaisse un sol de feutre composé d'aiguilles rousses, sur lesquelles on marche sans bruit comme sur les nattes d'une mosquée.

La plaine se prolonge et fuit dans le sud. Peu à peu, l'orge disparaît; mais la terre continue d'être légèrement voilée de vert ou de noir, sans fleurs. Des dépressions vastes sont hérissées de paquets d'armoise pareils à des pompons, de halliers de jujubiers dont les brindilles épineuses sont violacées, et de buissons de guetaf, plante aimée des chameaux, dont les folioles sont d'un vert de gris pâle. Des ondulations longues et bosselées sont vêtues d'alfa vert dont les touffes épaisses et fines s'ébouriffent au vent comme des chevelures. Le regard se fatigue à parcourir ces solitudes pauvres, et au delà la nature est plus triste encore. Sur les plaques caillouteuses du Sahara, qui ressemblent à d'immenses dallages de pierre, il n'y a même plus de terre, plus d'herbes, plus d'insectes, à plus forte raison pas d'oiseaux. Les oasis, vues de loin, sont des taches d'encre.

Cependant, au cœur même de ce Sahara désolé, et comme mort pour toujours, sous les voûtes obscures des dattiers qui entrecroisent leurs palmes comme des épées, des pêchers et des abricotiers pullulent, mêlant leurs fleurs roses, et une infinité de plantes d'agrément dont les feuilles sont jeunes ainsi que les pétales, toutes fraîches et bientôt fanées, baignent leurs racines dans des eaux courantes ; au-dessous d'elles encore, des laitues étendent leurs nervures fines sous leur peau glauque et translucide. Ce petit monde fleuri, souple, et vivant d'une vie ardente frissonne au souffle du simoun, et remplit l'air de couleurs fines et d'odeurs subtiles dont l'homme s'empresse de jouir. Les insectes fiévreux se hâtent aussi de le mettre au pillage, et des moineaux bleus y fourmillent, tandis que dans les panaches des grands arbres roucoulent des ménages de tourterelles.

Il y a, dans les coins reculés des montagnes kabyles, des vergers tout blancs, constellés de fleurs d'amandiers et de merisiers, pleins, jusqu'à la bordure de leurs haies, de fèves en fleurs, de bourraches bleues, de boutons d'or, et tout bruissants du murmure des abeilles. Dans les vallées creuses de l'Atlas, des bouquets d'un blanc de crème, virginaux et capiteux, entr'ouvrent le feuillage lourd des orangers, chargent l'air de leurs senteurs, et répandent au loin une ivresse langoureuse. Autour d'Alger des jardins étincelants comme des ceintures de perles et de pierres précieuses enserrent des villas divines. Là, des lianes toutes violettes décorent des murs blancs, encadrés de faïences bleues ; tous les arbres et tous les arbustes du monde y jettent ensemble l'éclat de leur jeunesse. Les roses les plus délicates y poussent en buissons ; les géraniums rouges y sont hauts comme des hommes ; des bourrelets de violettes de Parme enveloppent des parterres d'iris ; autour des nappes limpides qui tombent des vasques débordantes, des arums aux conques laiteuses se mêlent à des plantes étranges dont les longues fleurs orangées ont des langues bleuâtres, et ressemblent à des têtes d'oiseaux.

Pays bien fait pour des ascètes et des voluptueux tout ensemble, il ne trouble pas l'âme dans ses immenses campagnes, il ne l'attache à rien, il ne la retient pas si elle veut être libre, il la laisse s'élever à son gré et se perdre dans les espaces infinis qui sont au-dessus de son corps mortel ; et cependant il a pour elle des retraites privilégiées, captivantes et séductrices où tout est réuni pour satisfaire à ses plus capricieuses fantaisies, réaliser les plus doux ou les plus extravagants de ses rêves. Si l'on entend bien son langage, il nous donne à choisir entre deux voies : aspirer au monde invisible, infiniment plus beau, plus varié, plus riche, plus vivant que les choses présentes qui ne changent pas, ou poursuivre, comme les païens, dans les raffinements des sens, à travers les ivresses du luxe, des parfums et des belles formes, le bonheur terrestre jusqu'à l'extinction finale. Il ne convient bien qu'à deux sortes d'hommes, que le hasard a réunies, il y a deux cents ans, dans Alger même : les marabouts et les corsaires.

II

Le pays où je suis né est, dans le même temps et presque à la même heure, exubérant tout entier, comme une création nouvelle.

Toutes les forêts en étaient mortes, et voilà qu'une multitude innombrable de feuilles souples et d'un vert doré a jailli en quelques jours du bois noir de leurs branches. Le long des routes le vent roule comme des flocons de neige les pétales des cerisiers, des pommiers et des acacias. Des marronniers énormes dont les rameaux s'étagent comme de lourds volants de dentelle se couvrent de cônes blancs et roses. Les grappes jaunes des ébéniers, les touffes des lilas, les torsades des glycines, les guirlandes de roses enroulées au-dessus des portes, les ravenelles, les juliennes blanches, les œillets, les lys, les pivoines si délicates qu'on les dirait faites de chair de femme, pullulent à l'envi, et se disputent la terre. On les coupe, on les fauche, on les jette par brassées dans des voitures qui les transportent à travers les villes, et tous les jours on en offre, tous les jours on en donne, tous les jours on en achète sur les marchés, dans les rues au coin des portes. Des millions d'hommes et de femmes les consomment comme ils mangent du pain, comme ils boivent du vin ou de l'eau, et se lassent à la fin avant que la jeune nature inépuisable cesse de fournir.

Au delà des vieux murs fleuris de chèvrefeuilles et des haies embaumées de seringas, sur le dos des vastes plaines, les moissons drues, aux tiges robustes, fléchissent à peine sous le vent, et dans leur verdure opulente des bleuets inconnus ici, des coquelicots, des mauves, fourmillent malgré les efforts des laboureurs. Puis ce sont des prairies fraîches, traversées de petits ruisseaux et toutes blanches ou toutes jaunes, dans lesquelles les herbes les plus viles lancent des notes éclatantes; fourmillement de plantes lumineuses, qui fascine et entraîne l'âme dans un vertige pareil à celui des grands espaces vides et des lacs dormants. Les fleuves nacrés se gonflent, roulant dans leurs eaux des peuples de poissons qui viennent d'éclore, et sur leurs rives des troupeaux de bœufs couchés disparaissent jusqu'aux têtes dans l'herbe nourricière. Les hommes ont sur le visage des sourires d'enfants, et les vieillards ont de l'aurore dans les yeux. Les femmes, dans leurs robes claires ajustées sur leurs hanches, les insectes aux cuirasses de cuivre, de pourpre ou d'émail noir, et jusqu'aux couleuvres félines qui déroulent au soleil leurs anneaux bleuâtres, tous les êtres charmeurs ont des toilettes neuves. Les maisons et les champs sont pleins d'airs joyeux, chansons de jeunes filles dans les salons et dans les mansardes, de jeunes gens dans les rues ou le long des haies, d'oiseaux dans les forêts et sous les tonnelles, de grillons dans les blés. Là-bas même les sauterelles chantent.

Je sais une île dans la Seine, au milieu d'une

courbe où la poussée de l'Océan se fait encore sentir. Elle est bordée d'osiers et de peupliers qui tremblent. L'eau douce s'y creuse sous leurs racines des retraites aimées des poissons blancs. On y monte comme sur une terre nouvelle en empoignant au toupet des touffes d'herbes, et en repoussant du pied le canot qui descend jusqu'au bout de sa corde au fil du fleuve. Là des pommiers noueux laissent tomber leurs dernières fleurs pâlies. Des graminées toutes droites vous montent jusqu'aux épaules ; on s'y fait place en les heurtant de la poitrine ; on avance avec peine dans une armée de marguerites et de salsifis sauvages aux collerettes d'or. Des hordes de moucherons s'en envolent ; des bêtes inconnues aux corselets rayés ou tachetés de toutes les couleurs des arcs-en-ciel s'y démènent en agitant gauchement leurs pattes noires ; des oiseaux invisibles y donnent des concerts, et lancent à plein gosier tout ce qu'ils ont d'art et d'amour. Dans les bouquets de roseaux on entend comme de petites flûtes.

Aussi loin qu'on aille, la terre a disparu sous l'épais gazon des prés, sous les fougères et sous les arbustes qui s'emmêlent dans les grands bois, sous les blés et sous les avoines, sous les trèfles rouges. Une énorme toison la couvre. L'homme ne voit plus que ses dons, qui sont immenses, partout où s'étendent ses regards. Il la sent de tous côtés, féconde, libérale, inépuisable. Il se donne à son tour à elle, et ne lève qu'un regard distrait vers le ciel. Le ciel même est charmant et invite à bien vivre. Il est pommelé de nuages blancs qui vont et viennent comme des amis, voilant l'éclat trop dur du soleil. A quoi bon imaginer là des heures plus belles que l'heure présente ? Les paradis des rêves ne valent pas un tel séjour. Là non plus, il n'y a pas de privilèges. L'eau limpide descend de toutes les collines ; les beaux arbres poussent en tout lieu, il est aisé de se tailler en plein champ le plus beau parc du monde : la maisonnette du pauvre est ombragée et parée de fleurs comme le château du riche. La nature égale promet et donne à tous ce qu'ils lui demandent pourvu qu'ils aient bon bras et bon cœur, et voilà pourquoi mon pays de là-bas n'est pas celui des mystiques pâles et des sultans, mais est plein d'hommes robustes qui travaillent ensemble, et, petits et grands, se regardent bien en face dans les yeux.

Entre les deux, la mer, comme une coupe sans bords, s'arrondit et semble fuir de tous côtés dans l'infini. Ses écailles plombées scintillent sous les caresses de la lumière naissante ; puis elle s'étale comme un désert d'ardoise tacheté de blanc, ou bien c'est une nappe bleue, d'un bleu indéfinissable et changeant, profond et transparent quand on le voit de près, absolument mat quand on s'en éloigne. Eminemment sensible, elle change de nuance au moindre accident qui survient dans le ciel, comme la prunelle d'une femme amoureuse ou craintive. Capricieuse même dans son repos, l'azur sombre de l'inquiétude, les lueurs troublées de la tendresse, l'éclair vert de la colère, se succèdent dans le battement de ses flots, et souvent elle est livide comme si elle allait défaillir. Il faudrait, pour la comprendre, savoir ce qui se passe au loin dans tout l'air invisible qui pèse sur elle. Elle aussi est printanière. Voilée d'une gaze très fine, elle est caressante et fraîche, elle porte au jour des infinités d'êtres qu'elle gardait engloutis dans ses profondeurs, et des plaques longues, des traînées et comme des fleuves d'œufs minuscules tout roses s'étalent sur elle au gré de ses courants ou du vent.

Est-elle faite pour nous séparer ou pour nous unir? Autrefois elle semblait si grande que les barques des marins qui rasaient ses flancs ne s'aventuraient jamais sur son sein énorme, et maintenant, elle paraît si petite que c'est un jeu pour nous de passer sur elle tout entière en vingt-quatre heures. Dieu seul sait pourquoi tantôt il crée des barrières entre les hommes, tantôt il les abaisse, pourquoi il les éloignait hier les uns des autres et pourquoi il les rapproche, pourquoi il les voulait différents, et pourquoi maintenant il les veut semblables. Il sait sans doute aussi pourquoi, m'ayant mis au monde dans le plus riche de ses jardins, attiédi par les brumes de l'Angleterre et de la Norwége, il m'a jeté à cinq cents lieues de là chez les Arabes, sous son ciel vide et son dur soleil.

SOUVENIRS DE JEUNESSE

Pourquoi parler des choses passées comme de choses mortes? La beauté de la femme aimée dure autant que l'œil qui l'a vue, et, les yeux seraient-ils clos, au fond de l'âme de l'amant la divine image est toujours vivante. La vie entière de l'homme est une gerbe d'idées, de sentiments, de joies, de douleurs, de déceptions et d'espérances, serrée dans un seul lien, et qu'un coup brusque délie. En attendant ce coup, qui peut être frappé demain ou dans quarante années, pourquoi laisser retomber à terre le moindre épi ou la moindre fleur?

Ce que je vais vous conter là n'a pas de date, en vérité. Je l'ai vécu, je le vis toujours, pour peu que je baisse les paupières, et il me semble que je recommencerais à courir à travers les steppes de l'Algérie ou à gravir ses montagnes dentelées de cèdres avec toute la ferveur de mon jeune temps. Parmi les hommes que je connais, ceux qui ont disparu continuent de se réunir, dans ma mémoire, à ceux qui marchent encore sur la terre, comme font les saints des musulmans qui s'assemblent, chaque année, de tous les points du globe, et du fond de tous les siècles, pour décider, sous la présidence du Prophète, du sort de leurs fidèles.

Dans ce concile merveilleux, les morts ne se distinguent pas des vivants. Ils siègent au milieu d'eux, ils parlent. Seulement, quand leurs corps sont placés devant le soleil, ils sont un peu moins opaques, et les plus anciens, tout diaphanes, ne font pas d'ombre.

Je daterai cependant quelquefois, pour ceux qui pensent que le calendrier a sa raison d'être, et que même les histoires ennuyeuses ont besoin de chronologie.

LE PAYS DE BEN YAHIA

1873

Je ne connais qu'Alger. Je n'ai vu que ses maisons blanches, sa campagne qui me paraît noire et sa mer bleue. Nous sommes au mois d'août; la chaleur du jour me brûle, le brouillard tiède de la nuit m'étouffe. J'aimerais bien à revoir les feuillages verts, les eaux claires et le ciel gris-pommelé de mon pays ; mais l'Afrique est derrière moi qui m'attire, et je vais me donner à elle, oubliant tous les êtres et toutes les choses que j'aime. Certes, ce n'est pas pour y retrouver ce que j'ai lu dans mes livres. Les hommes qui les ont écrits ont eu leurs sensations et leurs idées qui ne peuvent pas être les miennes. Je vais là-bas pour éprouver des plaisirs ou des peines que je n'ai pas encore sentis. Mon corps est solide, et j'ai dans mon portefeuille une lettre signée par le général Wolff, commandant la division d'Alger. Avec cela, je peux voyager à l'aise pendant deux mois; et je pars un beau matin pour Médéah.

La Mitidja traversée, je regarde à peine les gorges de la Chiffa. C'est encore pour moi le pays noir des environs d'Alger, un peu plus fouillé, mais sali par des auberges. J'arrive à Médéah vers le soir, et j'y trouve le capitaine Coyne, chef du bureau arabe. Quelle verte jeunesse vous avez, vous aussi, capitaine Coyne, quel entrain, quelle bonne grâce, et quels souvenirs reconnaissants vous laisserez chez tous ceux que vous obligez! Dès le lendemain matin, à cinq heures, deux mulets, un soldat du train, un spahi m'attendent, et ce spahi est un vieux Turc, bien pris dans sa taille, très sobre de gestes, né pour être soldat comme d'autres le sont pour être clercs de notaire. Sa barbe courte et rude est toute grise, et il a dû couper plus d'une tête dans la période de la conquête. Il m'offre son cheval et me dit en souriant que je serai mieux équipé quand nous serons allés chez Ben-Yahia à la jambe de bois. Qui est Ben-Yahia? Qu'est-ce que cela veut dire! Je sais seulement que mon Turc a dans la poche huit lettres du capitaine Coyne pour divers personnages indigènes.

Allons, en route ! Le pays que nous parcourons est montueux et couvert d'arbustes. Je le vois toujours noir. Est-ce donc là cette Afrique du Sud, la région des mirages et des déserts blancs ? Nous suivons une grande route carrossable qui m'impatiente. Je ne regarde pas Ben-Chicao que je traverse. Je dors je ne sais où, entre deux bouquets de lentisques, dans un un coin de terre vulgaire qui ne vaut ni un regard ni un souvenir. Le lendemain, je passe par Berrouaguia, encore un village qui sent l'absinthe. Enfin, sur un signe du spahi, je m'engage dans une piste qui traverse un champ maigre, hérissé de chaumes clairs, et d'où s'envole un millier d'alouettes. Il est deux heures de l'après-midi.

Cette heure-là, je ne l'oublierai jamais. Ce champ-là, ce misérable champ pelé, gris, incliné sur le flanc d'une colline aride, je l'évoquerai toujours, tant qu'il me plaira, comme le visage des personnes absentes ou mortes qui ne cessent pas de faire partie de ma vie. Il m'introduit brusquement dans le pays arabe.

Voilà que je monte et que je descends sur le

dos d'ondulations grises qui se suivent et se coupent comme des vagues. J'entre peu à peu dans une terre immense, où l'homme a laissé quelques traces de son passage, mais d'où il a disparu, où des moissons verdissaient peut-être au printemps, mais où rien ne reste qui arrête les yeux. Dans ce désert factice, dans ce vide inexplicable, pas une créature ; je n'aperçois pas un arbre, pas une masure, pas une plante digne de ce nom. Je demande à mon Turc où sont les Arabes. Il étend le bras devant nous, et je ne vois rien.

— Où sont leurs récoltes ?

Il me montre la terre.

— Où sont leurs maisons ?

Il se met à rire et m'indique des plaques sombres que je prenais pour des taches d'incendie. Ce sont des tentes, découpées en noir sur le sol nu. En les regardant mieux, elles prennent, à mes yeux, la forme de chauves-souris écrasées.

Elles sont bien loin, mes prairies normandes, mes forêts vosgiennes, mes vignes bourguignonnes. J'étends mes regards en avant, le plus loin possible, pour prolonger la sensation nouvelle que j'éprouve, et la joie des découvertes me remplit l'âme. Il semble qu'une main prodigieuse ait arraché tous les vêtements de la terre, et que je la voie telle qu'elle est dans sa nudité misérable, gonflant ses côtes saillantes, étirant ses tendons et ses muscles. Des pluies anciennes que j'ai peine à concevoir, des torrents diluviens pareils à ceux des premiers âges du monde, ont arraché des lambeaux de sa chair, avivé son squelette, évidé ses jointures. Elle est encore élégante cependant, et ce travail formidable n'a laissé sur elle que des traces d'une exquise délicatesse. Je ne vois tout autour de moi que des ravins minuscules qui se joignent les uns aux autres pour former comme de petites branches, et ces rameaux s'ajoutent à d'autres, pareils aux nervures d'une feuille, pour composer des dessins admirables qui défieraient l'art du graveur le plus habile. Au-dessus, la coupole du ciel, qui devient de plus en plus bleuâtre à mesure que le soleil s'abaisse, paraît énorme, parce que rien n'arrête les yeux au-dessous d'elle. Je me dresse sur ma selle pour respirer plus haut, et il me semble, en vérité, qu'avant ce moment, je n'ai jamais vécu dans l'air. Au milieu de nos villes, dans nos forêts, dans nos champs, et même sur la mer animée par le clapotement des vagues, l'air n'apparaît jamais comme ici le principe unique de la vie.

Plus j'avance, ayant hâte de m'éloigner des pays sombres, plus je me sens alerte. Je n'ai ni soif, ni faim ; une force inconnue pénètre dans les cavités de mes poumons et jusque dans mes os. Mon cheval, lui aussi, participe à cette vie nouvelle. Il allonge ses jambes fines sur le sol sans obstacles, et boit le vent par coup prolongés, écartant largement ses narines roses. Sa crinière est à demi dressée et ondule en grosses touffes ; les crins de sa queue se séparent. Sa peau est sèche, ses veines sont gonflées, et ses jarets se détendent par secousses régulières, après 60 kilomètres de marche, comme s'il venait de partir.

Le soleil couchant jette dans le ciel son rayon vert, quand je tombe, comme par miracle, au détour d'une colline, sur une maison entourée d'arbres. Le spahi m'a précédé, et je vois arriver, dans des burnous blancs, un homme petit qui s'appuie sur une canne. Il a une jambe de bois. Je suis en face de Ben-Yahia, le sultan de ce pays vide. Il loue Dieu de mon arrivée, me prend par la main et me fait entrer dans sa maison. Il ne faut pas que je m'y trompe. Je suis assis là devant un des hommes les plus braves de l'Algérie, un aventurier qui aurait fait bonne figure parmi nos routiers du moyen âge ; car il a joué sa tête pendant vingt ans à notre service, et aujourd'hui même le signal d'une insurrection serait un coup de fusil tiré sur lui ; mais il est écrit qu'il ne mourra que de sa belle mort.

Il est comme le démon de cette immense solitude ; il y souffle à son gré la confiance ou la terreur. Il s'est donné à nous corps et âme, comme s'il avait fait un pacte avec l'enfer, et la vie qui l'anime est d'une intensité surhumaine. Il sait tout ce qui se fait et tout ce qui se passe à vingt lieues à la ronde. Il n'écrit jamais, et il n'oublie rien, ni les mots, ni les gestes, ni les plus fugitives expressions des faces de bronze de ses sujets. Une volonté impérieuse étincelle dans ses yeux perçants, sous ses sourcils gris, et même son maigre corps, dont il n'a qu'un reste, lui obéit sans jamais oser le contredire. Cet homme qui n'a plus qu'un morceau de cuisse du côté gauche, monte à cheval, et un serviteur porte sa jambe de bois derrière lui. Il n'a qu'une passion, étant sobre, l'ambition ; il n'a besoin que d'une chose, ayant passé l'âge où l'on aime les femmes, d'argent. Il dépense comme un corsaire. Il reçoit largement, il traite d'égal à égal des colonels et des généraux. Parti de rien, il est dans une sorte d'ivresse quand il préside un grand repas dans le Sud, où les vainqueurs de sa race et tous ses anciens ennemis lui prodiguent des témoignages de déférence et de sympathie. A ce jeu-là il se ruine, et les Juifs qui le tiennent attendent sa mort pour se partager ses biens. Quand son heure sera venue, il disparaîtra tout entier, il ne restera rien de sa fortune, et ses enfants seront misérables. Il aura passé comme un météore bienfaisant ou funeste qui traverse la nuit.

Je dors à deux pas de ce terrible homme qui m'a fait servir des plats affreusement pimentés, du couscouss sucré, et du café parfumé avec des clous de girofle et de l'eau de fleur d'oranger. Le lendemain matin, je l'entends dicter des lettres à son secrétaire accroupi devant lui :

— Répète-lui bien, dit-il, qu'il donne à ce jeune homme de la viande bouillie et de la galette dans une musette, quand il le quittera. Tu te contentes d'écrire vaguement « des provisions ». Ce n'est pas cela. Ecris « de la viande. du mouton, et du bon mouton ». Tu diras aussi au caïd des Beni-Mohammed qu'il lui donne des pastèques. Il en a dans son jardin. Et prends soin d'ajouter que c'est moi, le bach-agha Ben-Yahia, qui le lui dis. Combien cela fait-il de lettres ?

— Huit, seigneur.
— Autant de lettres que celles du capitaine ?
— Oui.
— Donne-moi mon cachet.

Je l'interromps et lui demande si c'est de moi qu'il s'agit.

— Sans doute, me répond-il. Vous ne connaissez pas les gens chez lesquels vous allez. Ils ne vous donneront rien si je ne leur dis pas clairement ce dont vous avez besoin.

Une heure après, Ben-Yahia me conduit jusqu'à la limite de son domaine, et me laisse continuer ma route monté sur une jolie jument blanche que j'échangerai le lendemain contre une autre. Je n'ai plus besoin de mulets ni de soldat du train. J'ai derrière ma selle une couverture roulée, du linge de rechange dans mes sacoches, et les huit lettres du bach-agha avec les huit du capitaine, et je me lance, d'un nouvel effort, en plein inconnu, mais il faut le dire aussi, en plein soleil.

Il est dans le ciel depuis deux heures, ce terrible soleil des steppes. Il s'élève lentement sur la terre sans arbres, où rien ne remue; des groupes de tentes toujours lointaines font de place en place des ronds noirs sur quelques collines; mais je n'en vois rien sortir; des effluves sans cesse plus fortes descendent par secousses de cette source bouillonnante de chaleur.

L'astre étincelant semble un œil énorme d'où s'échappent des flots de flammes entre des battements de paupières. Je comprends ces mots d'Homère : « La splendeur de Hélios. » Son éclat meurtrier obscurcit tout ce qui l'entoure. La terre aride ne garde rien de sa lumière qui rebondit dans les profondeurs infinies du ciel. Le firmament est pâle ; les champs sont ternes. Le monde est sans ombres ni couleurs quand il atteint le sommet de sa courbe et plane sur lui dans sa force écrasante et dans sa majesté. Mon cavalier sur son alezan, et moi sur ma jument blanche qui secoue sa tête fine ornée d'un pompon bleu, nous sommes bien, par exception, les deux seules créatures humaines qui soyons dehors à une pareille heure. Nous allons d'un petit pas égal, sans bruit de sabots sur le sol ameubli, muets, les yeux à demi clos, traversés par le feu qui nous enveloppe, dominés par le dieu. Nous n'avons pas d'autre désir que d'aller toujours ainsi, portés dans ce pays sans points de repère où tous les ravins et tous les coteaux nous semblent pareils, et dans cette monotonie grandiose nous ne sentons que nos muscles qui sont encore bons et les jarrets de nos bêtes qui sont infatigables. Cependant, nous descendons peu à peu dans une plaine très longue, et tout au bout, à une distance de je ne sais combien de kilomètres, je distingue un petit point blanc.

Mon Turc tourne vers ce point la tête de son cheval encadrée d'œillères rousses brodées d'or, comme un matelot la proue de sa barque vers un phare : il me demande, en rajustant ses étriers, si je veux faire un temps de galop. Je secoue une torpeur inexplicable ; je passe la main sur mes yeux, je m'incline sur ma selle et nous fendons l'air comme des éperviers. Nos deux montures légères jouent ensemble, se ramassent sur leurs reins, bondissent et grondent d'impatience ou de joie quand elles se dépassent. Le sol tout plat fuit sous nous comme une rivière. Je sens entre mes jambes qui la serrent, dans mes mains qui la maintiennent, toutes les palpitations du corps, tous les mouvements des hanches, toute l'ardeur de la nerveuse bête, qui s'est grisée comme moi de lumière et d'air, et qui se dépense avec frénésie. Nous nous modérons pour reprendre haleine, nous trottons à grandes enjambées, puis nous nous lançons encore. Elle veut ce que je veux : elle a aperçu le point blanc avant moi peut-être. Elle le voit grandir. C'est déjà une coupole basse, puis une sorte de mosquée, puis une maison haute avec des arbres tout autour. Alors la terre n'existe plus pour nous. Nous sommes un bloc lancé à la volée, et nos deux êtres n'en font plus qu'un, dans la joie commune qui nous soude ensemble ; mais je crie à mon cavalier d'aller de l'avant pour m'annoncer, et je veux qu'elle s'arrête, et je pèse sur ses rênes. Divorce violent. Elle se débat, elle se cabre, elle s'ensanglante la bouche sur le mors inflexible. Il faut bien qu'elle plie à la fin, mais avec quel dépit et quelle colère elle me cède ! Quelle démarche de lionne quand elle reprend son pas ! Elle est toute rose, le sang court à fleur de peau sous la fine neige qui couvre sa poitrine et ses membres, et je la flatte sans qu'elle me réponde. Elle me garde rancune comme si je l'avais trahie et ne me connait plus.

Ben-Yahia avait bien raison de commander des pastèques. On m'en apporte une fendue en deux. La chair rouge tiquetée de pépins noirs est d'une fraîcheur humide sur laquelle j'applique avec délices mes lèvres brûlées, et j'en bois près de la moitié, étendu sur une natte blanche dans l'obscurité d'une pièce percée de petites meurtrières derrière lesquelles le ciel qui m'avait paru si pâle tout à l'heure fait maintenant des plaques d'azur.

LA TENTE ARABE

— Ce soir, nous dormirons sous la tente, me dit mon spahi ; mais il faudra ménager nos chevaux un peu plus qu'hier, parce que la marche sera longue.

Il franchit le dos d'une colline ; je le suis, et la maison hospitalière où j'ai dormi disparaît. Elle s'appelle *Birin* (les deux puits).

Le fils aîné de Ben Yahia, un bel homme brun, m'y a reçu presque à la française. Nous avons échangé des poignées de main, et je ne le reverrai plus jamais, pas plus que ma belle amie, la jument blanche. Le pays est toujours le même, mais mes yeux s'y habituent, et j'y distingue des choses que je n'avais pas vues, comme un homme qui entend parler une langue étrangère commence à séparer des mots dans la masse compacte des sons qu'il ne comprend pas.

Ces terres qui m'ont paru si nues, je les trouve par instants couvertes de chaumes. Il y a, le long des collines, des herbes grises et des roseaux bleuâtres qui se plaisent au milieu des pierres. Dans le fond des ravins se suivent des touffes d'arbrisseaux verts. Un tapis rude de plantes ligneuses couvre les plaines basses, et il s'en dégage de légers parfums. D'ailleurs, pas une fleur, pas un arbre, et toujours sur notre tête l'implacable soleil. C'est à lui que je demande l'heure, et, quand il est midi, nous nous arrêtons, puis nous nous asseyons par terre. Nos chevaux, dont nous avons dépassé les brides, restent immobiles devant nous comme des statues de bronze, et nous regardent sans songer à fuir, isolés avec nous dans cette solitude. Je compte avec intérêt les points noirs qui sont des tentes semées au hasard sur des collines lointaines. J'imagine qu'il y a là-bas un bien-être que je n'ai pas, et une sorte de vie supérieure à la mienne : car, en somme, je n'ai pour tout bien que ma couverture, mes deux chemises, et l'os de mouton que je tiens dans ma main.

Notre marche recommence, et ils s'évanouissent l'un après l'autre, ces points noirs, à mesure que nous avançons sur notre piste stérile sans prévoir où nous aboutirons. Cependant, une brise s'élève et passe sur nous par grandes ondes; l'ardent soleil semble défaillir; le ciel devient d'un bleu tendre et caressant. L'Orient se voile d'une gaze blonde. Quelque chose de féminin se fait sentir dans la nature, et nos corps brisés se détendent, s'abandonnant à la langueur qui les délie. J'ai lâché mes étriers, et je me laisse porter, le corps un peu renversé, les deux mains appuyées sur les hanches. Mon cavalier a passé la jambe gauche par-dessus le haut pommeau de sa selle rouge, et il s'en va, assis de côté, chantonnant une mélopée triste qui part d'une note aiguë pour tomber dans des sons graves. Il est peut-être cinq heures du soir. C'est le moment où, sur les terrasses des maisons de campagne en France, devant les fleuves qui coulent le long des peupliers, les femmes assises dans leurs chaises-longues, en toilettes claires, étendent leurs beaux bras à demi nus, et croisent leurs mains blanches, dans la splendeur nacrée du jour mourant. Tout à coup, un Arabe à cheval se dresse devant nous, au détour d'un rocher. Il nous salue; il se nomme. Il a été averti depuis plusieurs heures de notre arrivée. Nous serons les hôtes de son père, et il va nous conduire à leurs tentes en un clin d'œil. Je me demande où elles sont, leurs tentes ; mais il nous fait tourner à droite et passer par un petit col qui débouche sur un plateau pierreux parsemé de bouquets grisâtres.

Il y a là, non pas une, mais dix tentes rangées en cercle, formées de longues bandes de poils de chameau, cousues ensemble, rouges et noires, fixées au sol par des attaches solides, et cependant si légères qu'on pourrait, en un quart d'heure, les jeter toutes sur le dos de vingt mulets et fuir au galop. Des moutons blancs, couverts d'une laine épaisse, précédés par des chèvres noires, rentrent dans cette enceinte sous la conduite d'un enfant ; des chiens qui ressemblent à des chacals bondissent au-devant de nos chevaux comme s'ils allaient nous dévorer. Des femmes à peine entrevues disparaissent ; des hommes jeunes accourent et écartent les chiens à coups de pierres.

La fumée d'un foyer monte dans le ciel tout droit comme celle d'un sacrifice. Nous tombons ainsi presque à l'improviste au milieu de dix familles qui vivent à la façon de Jacob et d'Abraham, et je m'explique maintenant pourquoi j'ai cru, jusque-là, ce pays vide. Les hommes y demeurent en dehors des routes et des sentiers, le plus loin possible du monde moderne, trop fort pour eux, et dont ils ont horreur. Leurs demeures, bâties pour quelques heures dans des Thébaïdes, s'ouvrent sans témoins sur des espaces libres, et ce qu'elles renferment n'excite même pas la curiosité. Leurs récoltes sont déposées au sein de la terre dans des sortes de caves qu'eux seuls connaissent. Ils ne demandent qu'une chose, passer inaperçus à travers les révolutions et les empires. Ils sont vêtus comme des moines. Quelques-uns ont les capuchons de leurs burnous rabattus près des yeux et marchent pieds nus. Etranges moines cependant, dont je vois reluire, attachés aux montants d'une tente, les sabres et les pistolets, et dont les chevaux maigres, au large poitrail, au cou épais, à la croupe ravalée, se débattent en face des deux nôtres dans leurs entraves de laines.

Le plus âgé, un vieillard tout blanc, me prend par la main, me fait asseoir sur un tapis, et me dit :

— Que Dieu soit béni ! Ton arrivée rafraîchit nos yeux. Notre année est bonne, tes éperons sont verts. Veux-tu du lait, de l'eau fraîche ? Nous allons tuer un agneau pour toi. Tu dormiras à ma place ; mes fils et moi, nous veillerons sur ton sommeil, et demain matin, tu partiras frais et dispos, s'il plait à Dieu.

On m'apporte un vase de métal plein jusqu'aux bords d'une eau qui tremble, plus pure que le cristal ; mon hôte me regarde boire, reste longtemps devant moi sans me quitter des yeux, et me demande la permission de sortir. Je le vois, les deux mains élevées à la hauteur des épaules, la face tournée vers l'Orient qui s'emplit d'ombre, se tenir d'abord debout et immobile ; puis il s'incline et se prosterne, se relève à demi, s'assoit sur ses talons, les mains pendantes, dans l'attitude de l'abandon, et dit à haute voix :

— Gloire à Dieu, Seigneur des deux mondes, clément, miséricordieux, maître suprême au jour du paiement. Conduis-nous dans la voie droite, dans celle que tu ouvres à ceux que tu favorises, loin de ceux que tu as maudits et de ceux qui restent dans l'erreur.

Quelques étoiles se lèvent, très-pâles. On m'entoure, on lit en cérémonie le billet du bach-agha ; je montre la lettre du général. Le vieillard s'est battu plus d'une fois sous leurs ordres. Il me fait tâter la cicatrice d'une blessure. Nous causons de la France dont il a entendu parler comme d'un pays féerique partagé en quatre grandes tribus : la tribu des Zouaves, celle des Chasseurs d'Afrique, celle des Grandes-Capotes, et celle des Joyeux, la pire de toutes. « Vous ne devez pas avoir, me dit il, beaucoup d'orge, puisque vos chevaux n'en mangent point, mais vous avez certainement des cavernes pleines d'argent monnayé, et de là vient toute votre puissance. » Pour lui, les militaires sont des « djouad », c'est-à-dire des nobles, et les civils sont quelque chose comme des bergers. Il ne comprend pas comment il se fait que les civils remplacent maintenant les militaires ; mais cela ne le regarde pas, et il se félicite de n'avoir pas pris part à la révolte de 1871. « Nous savions, ajoute-t-il en découvrant ses deux rangées de dents aiguës, que la France est une *grande tente*, et le général Loverdo nous avait bien dit que si nous restions fidèles à son drapeau, c'est nous qui mangerions les autres au lieu d'être mangés. »

Le mouton paraît, rôti tout entier sur une perche, précédé de brochettes fumantes sur lesquelles des morceaux de foie et de graisse sont endigués. Mon hôte ne veut pas s'asseoir devant moi, et je mange seul. Ses fils m'apportent de l'eau et du sel ; ses petits-fils sont en arrière, très attentifs à cette cérémonie auguste de l'hospitalité. Après le mouton, la pyramide de couscous blanc, le café, l'eau présentée dans une vieille aiguière de cuivre, avec un petit morceau de savon rose, enfin les bénédictions renouvelées, et le mot final : « Louange à Dieu. » Je remercie de mon mieux ; tout le monde se retire, et je m'étends pour dormir ; mais alors mon hôte, qui est allé voir si nos chevaux mangent avec appétit leur paille hachée, revient doucement auprès de moi, portant sous le bras un coussin long et bosselé, dont la couture est fermée par deux petits cadenas. « Élève ta tête, me dit-il, tu dormiras mieux ainsi. » Et comme je lui demande pourquoi ce coussin est inégal, il me dit : « Il contient les effets précieux de ma femme, et mon argent. C'est l'usage chez nous de mettre sa fortune sous la tête de son ami. »

Après deux heures d'un sommeil si profond

qu'il est pareil à la mort, je me réveille. Je crois entendre, de tous les côtés, glapir des renards et hurler des loups. Mon cavalier, qui s'est allongé à deux pas de moi, me dit : « Ce sont les chiens qui aboient. Tant qu'ils se répondent ainsi, nous n'avons rien à craindre. C'est leur habitude. S'ils n'aboyaient pas, cela voudrait dire qu'on vient nous voler, parce que les voleurs savent les faire taire. » — « Il y a donc des voleurs dans ce pays-ci ? », lui dis-je. — « Il en est plein », me répond-il. « Vous me disiez à midi qu'on ne voyait personne dans la plaine. Eh bien ! maintenant, la moitié de tous ces brigands-là est dehors en train de faire ses fredaines. Ils cherchent à voler à leurs voisins des moutons ou des femmes, et le reste ne dort que d'un œil, la main appuyée sur des couteaux ou des crosses de pistolets. » — Quoi, voler des femmes ! » — « Oh, vous ne m'avez pas compris. Ces diablesses ont toutes des amants, et elles les attendent tous les soirs. L'amoureux ne garde pour vêtement que son pantalon de toile, et quelquefois une mauvaise chemise. Il fait cinq ou six lieues pour arriver près du douar de sa belle, et quand il est à bonne distance, il se met à quatre pattes en imitant de son mieux la démarche onduleuse d'une panthère. Il s'aplatit sur le sol, gonfle son dos, tourne doucement à droite et à gauche. Les chiens ont peur et lui laissent le champ libre. Alors, il trouve sa destinée. Si c'est sa maîtresse qui s'éveille, il est heureux. Si c'est le mari, il reçoit un coup de fusil. J'en connais qui ont été fusillés ainsi plus de dix fois, par exemple le troisième fils de notre hôte, celui qui vous servait dans un si beau haïk blanc et que vous disiez pareil à une jeune fille. »

Je sors de la tente et je m'asseois au dehors pour respirer l'air frais. Je lève les yeux au ciel. Il me semble que dans ma vie antérieure je n'ai jamais vu d'étoiles. Ici, le firmament est une grande tenture de velours ; les étoiles y sont piquées en telle multitude, et jettent des feux si différents, qu'on dirait des semis de topazes sur un fond de poussière d'or. Je les sens tout près de moi, et, entre les aboiements des chiens, j'entends là-haut de grands silences, comme dans les temples avant les prières. Au-dessus des voleurs, des amoureux, des dévots et des misérables, c'est un paradis qui s'étend incommensurablement riche, d'une pureté merveilleuse et d'une enivrante douceur. La lune ne tarde pas à monter dans les ténèbres diamantées, et c'est une nouvelle journée qui commence. Les constellations pâlissent à son approche comme elles ont fait à l'aurore du soleil ; mais elles gardent un peu de leur éclat, et l'univers entrevu subsiste, bien qu'il perde de sa profondeur. L'astre qui s'avance au milieu ne roule pas des torrents de flamme : il caresse la terre. Le long des renflements des collines s'étendent des ombres transparentes ; dans les bas-fonds s'élèvent des vapeurs légères. Des bruits surprenants, qu'on n'entend jamais quand le soleil vainqueur fait fuir tous les êtres vivants dans leurs cavernes, deviennent perceptibles. Les bêtes sauvages sont en chasse, les grillons chantent dans les herbes sèches, les oiseaux voyageurs passent, en angles noirs, sous la voie lactée, et leurs chefs de file poussent des cris d'appel. Mes yeux ne se détachent pas de cette source inépuisable d'une autre vie plus douce qui me paraît animer un nouveau monde, et je comprends ce que, dans ce pays même, les anciens Phéniciens disaient de leur déesse Tanit, quand ils l'appelaient « la face » du seigneur Baal. Les yeux se ferment devant le grand Dieu masculin aveuglés et pleins de larmes; mais sa forme féminine est accessible aux mortels. C'est par elle qu'on s'élève jusqu'à lui. Elle est l'intermédiaire entre les créatures faibles et sa redoutable puissance. Elle règle le cours des choses qu'il a créées ; elle lui concilie les êtres ; elles les charme et les endort, elles les féconde : les prêtres de toutes les religions ont eu raison d'associer son croissant au disque de son époux. C'est sur sa faucille que Marie, la vierge nimbée, mère de l'enfant-Dieu, pose ses pieds nus dans nos sanctuaires, et ce sont encore ses deux cornes d'argent que les musulmans brodent sur leurs étendards. A ce moment, mon spahi, qui s'est inquiété de moi, vient me toucher l'épaule et me dit : « Prenez garde aux coups de lune : ils sont aussi dangereux que les coups de soleil. » Je rentre dans ma tente, et je m'endors une seconde fois jusqu'au lever du vrai jour.

Quand nous nous remettons en route, comblés de bénédictions et de souhaits, mon spahi a l'air extrêmement gai. Son cheval bien reposé caracole dans un champ de pierres. Moi aussi, j'ai un cheval excellent, un de ces animaux trapus que j'ai vus la veille attachés devant la tente de mon hôte ; mais cela ne suffit pas à m'expliquer son allégresse. Nous allons toujours vers le sud, et mes étonnements du premier jour font peu à peu place à d'autes. Le pays n'est plus aussi nu. Les plantes qui s'y rencontrent sont de plus en plus hautes et nombreuses ; je les trouve nourricières parce que je vois de près des moutons et des chameaux qui les broutent. Je fais bonne connaissance avec le guetaf, le chih, le diss, le retem, le halfa, dont les brindilles, pareilles à la corde, se hérissent le long des collines. Depuis que j'ai découvert des hommes dans ces solitudes lumineuses, saines et baignées d'un air si léger, il me semble que j'aimerais à vivre comme eux.

J'ai bien pensé une fois, il y a quelques années, à me marier tout jeune, presque adolescent, dans un petit trou de province, en France. La jeune fille était riche ; mais les parents voulaient que je restasse auprès d'eux. Si j'avais accepté, j'aurais arrêté là ma vie, à vingt ans. Je regarderais pousser des mûriers, j'élèverais des enfants que je trouverais jolis, et ma vie s'écoulerait sans accidents, comme une petite rivière qui fait son lit dans la boue. Si j'arrêtais ma vie maintenant en pays arabe ? Ce serait facile et pas bien cher. J'achèterais quatre bandes de tente qui me coûteraient trente francs chacune, des cordes de laine pour une vingtaine de francs, des montants de bois, des piquets, une trentaine de brebis et de béliers à dix francs la pièce, un bon cheval de cinq cents francs, un harnachement de cent ou cent cinquante, un fusil belge et une belle femme dont le père ne me demanderait pas plus de sept cents francs. Ajoutez-y des vêtements pour elle et pour moi, mes deux burnous, mon haïk de soie, mes bottes rouges brodées, sa grande robe bleue, sa ceinture rouge, son foulard, son diadème d'argent, les lourds bijoux sonnant autour de ses poignets et de ses chevilles : trois mille francs me suffiraient pour dépouiller l'homme civilisé et m'introduire dans la peau d'un nomade. Prier Dieu en arabe, me laver les mains et les pieds avant chaque prière, quand je trouverais de l'eau, ne plus boire de vin, me raser la tête, me couper les poils de la moustache, porter ma barbe en pointe, tout cela ne me gênerait guère. Quand je serais las d'un paysage, j'irais bâtir ma demeure devant un autre ; si ma femme ne me convenait plus, je la rendrais à sa famille, et peut-être le père me restituerait mes sept cents francs avec lesquels j'en achèterais une seconde. Enfin, si ma nouvelle vie tout entière venait à me déplaire, rien ne serait plus aisé que de retourner à la messe et de commander un veston neuf chez mon tailleur.

J'arrange dans ma tête cette belle histoire, et j'en suis déjà à la rupture avec mon beau-père, quand mon Turc me parle pour me montrer un petit pic derrière lequel se profile une montagne bleue. Sur cette pointe, je distingue des masures dentelées, et des points presque blancs. Nous sommes attendus là-haut, et, à mesure que nous montons, une députation descend au-devant de nous. C'est une file de loques, une suite de misérables plus honteux que jamais de leur misère : car ils n'ont rien à nous donner. Ils me baisent les mains, ils me supplient de ne rien exiger d'eux ; ils n'ont entre eux tous qu'un peu de semoule et des dattes. J'admire alors la prudence de Ben Yahia. C'est moi qui vais leur offrir à dîner. Notre hôte de la veille nous a bourré tout un sac de galettes et de morceaux de viande, reste de notre repas. Les deux plus vieux m'embrassant la tête en m'appelant leur père, me font monter au sommet de leur village, et m'asseoient au bord d'une petite place sur une mauvaise natte. Ils me font là, sans le savoir, les pauvres gens, un cadeau qui vaut dix fois les miens ; car ils me placent subitement devant le paysage le plus fantastique que j'aie jamais imaginé. J'ouvre mes yeux tout grands devant ce tableau unique. sans même répondre à leur bavardage, depuis le moment où le soleil commence de tomber vers l'occident, jusqu'à celui où l'ombre de la nuit monte de la terre, et voici ce que je vois.

LE PAYS BLANC

Au dessous de moi, dans le sud, en bas de collines arides qui descendent comme des gradins usés, s'étend, sur une largeur de plusieurs lieues, sans limites de l'Est à l'Ouest, un linceul tout blanc, comme un champ de neige immaculé. La lumière oblique du soleil lui donne le ton légèrement ambré du lait, et, au-dessus, flotte dans l'air une imperceptible buée d'or.

Le fond de ce merveilleux tableau est un haut rideau découpé en festons, en crans, en aiguilles, et qui tombe, droit, sans faire un pli. Il est tout bleu, du bleu de l'acier des ressorts de montre, et l'œil est ravi par une si simple harmonie de couleurs, comme l'oreille le serait par un accord parfait qu'elle ne se lasserait pas d'entendre.

La plaine est, en réalité, une lagune couverte de sel, et la montagne qui fait ce rideau n'est qu'un tas de roches; mais à cette heure, et sous la voûte pâle du ciel, la matière dont elles sont faites n'existe pas pour moi, et je goûte le plaisir que me donne leur seule apparence. A quoi bon chercher autre chose que ce qu'on sent sur l'heure ? La vue de cet étrange pays tout blanc et tout bleu, fait pour être habité par des génies et non par des hommes, ne vaut-elle pas celle des champs réels de ma province dans lesquels j'ai vu tant de blé et de pommes de terre ? N'est-elle pas aussi précise ? Et mon illusion, si c'en est une, n'est-elle pas préférable à la vérité scientifique qui n'est elle-même aux yeux de Dieu qu'une fantaisie ?

Il y en a bien une dizaine de ces pays blancs et bleus dans notre Algérie. Celui-ci s'appelle le Zahrez Chergui. Un Zahrez Gharbi le continue dans l'Ouest, et plus loin, à droite ou à gauche, s'allongent un chott Chergui, un chot Gharbi, toute une suite de *chetout* ainsi ruisselants de sel au pied de montagnes dénudées. Si un aigle s'élevait assez haut, il verrait depuis le Maroc jusqu'à la Tunisie, en travers du corps de notre Afrique, comme une ceinture d'argent bordée de turquoises, mais mon Zahrez me suffit pour tout ce jour. Etendu sur ma natte, je le caresse des yeux, et peu à peu je sens qu'il vibre comme un être vivant. Il prend différentes teintes, et je ne sais pourquoi il me rappelle ces créatures singulières, moitié pierres, moitié bêtes, qui brillent d'un éclat si doux et si changeant dans les profondeurs de la mer.

Elles passent, au gré des heures, et suivant les émotions inexplicables de leur vie mystérieuse, du rouge vif au rose tendre, au blanc laiteux, au violet clair. De même, dans ce bas fond de l'Océan aérien qui m'enveloppe, je vois la blancheur douce de la plaine s'atténuer peu à peu, et le bleu de la montagne se ternir ; puis la plaine et la montagne deviennent ensemble très lentement violettes, et, à mesure que le soleil défaille, elles blêmissent de la pâleur des agonies.

Le soleil tombe dans le gouffre de l'Occident : une ombre très légère, et plus fine qu'un crêpe, passe sur elles comme sur la face des trépassés. Cette ombre s'épaissit. Elle monte du fond de la plaine ; elle enveloppe la montagne ; elle la submerge ; elle remplit peu à peu toute la longue vallée qui devient comme un fleuve très sombre, et les étoiles joyeuses brillent au-dessus de l'abîme lugubre, au fond duquel tant de beauté, de grâce et de regrets reste englouti.

Le lendemain matin, nous nous levons avant l'aurore, et nous descendons, sans la voir, vers cette région magique. Nous y entrons juste au moment où une large frange orangée annonce à l'Orient le retour du soleil, et bientôt l'astre monte à l'horizon. Mon pays blanc s'est évanoui pour toujours. Bien loin de fouler une couche de neige ou de sel, les pieds de mon cheval entrent dans une terre détrempée, parsemée de vilaines taches qui font songer à des poignées de plâtre mouillé ou à des marbrures de lèpre. De petites plantes dures émergent de ce sol affreux et se hérissent de feuilles rabougries, comme si elles étaient malades. D'autres étalent des feuilles lourdes, tachetées de points rougeâtres et semblent malsaines. La lumière du soleil reluit çà et là et donne à la plaine entière qui paraît immense un aspect vague et traître que je ne puis définir. Nos montures ne marchent qu'avec précaution, et nous les dirigeons mal dans ce désert humide, tantôt blanchâtre et tantôt noir.

Peu à peu, je sens mon cerveau serré des deux côtés au-dessus des tempes, et mes yeux sont frappés d'une singulière impuissance. Je vais tout droit, et je crois avancer dans le vide. Il n'y a plus d'horizon devant moi, et, je ne sais comment le dire, le ciel devient la terre, et la terre le ciel.

De gros buissons arrondis sont suspendus dans l'air à la place où j'apercevais une ondulation très nette, et cet air est flamboyant, palpitant, presque tangible. Je crois le voir glisser et frémir. Je me retourne et je regarde sur le sol, en arrière, la trace de nos pas. Elle se suit très bien pendant une certaine longueur, mais elle disparaît bientôt dans une zône incertaine et miroitante. A gauche et à droite de moi, dans le lointain, de petites plantes, pareilles à celles que nous foulons, flottent au-dessus de la terre. Je suis au centre d'une illusion inexplicable. La plaque circulaire sur laquelle je me trouve est entourée d'une région fantastique qu'une puissance invisible fait et défait sans cesse. Au centre de cette plaque, qui marche avec moi tout ce que je vois a des proportions justes ; j'y raisonne, et je parle à mon cavalier comme d'ordinaire ; mais quand je promène longtemps mes yeux tout autour, mon esprit se trouble, pris de vertige, et va sombrer dans le tourbillon que les nomades appellent la folie du mirage.

Souvent dans les immensités du Sahara, le voyageur qui tient la tête d'une caravane est charmé par des accords d'instruments qu'il n'a jamais entendus : il voit des perspectives radieuses de palais bordés d'eaux courantes, au milieu d'épaisses forêts. Ses yeux sont ouverts tout grands, et son corps se balance d'avant en arrière. Si quelqu'un ne le tire pas alors brusquement à terre et ne le roue pas de coups, il perd la raison. Les sahariens racontent encore qu'à l'heure de midi, si un homme se risque seul dans une plaine déserte, des démons blancs fondent sur lui, le serrent à la gorge et le laissent à terre, le visage tout noir, l'écume aux lèvres. Ces démons-là flottent sans cesse, guettant leur proie, dans la zône ondoyante qui m'environne.

Et voilà que sur cette plaque ronde qui est pour moi la terre entière, je vois se dresser bientôt un arbre petit, large, et comme écrasé sur un gros tronc. Il a une sorte de feuillage aminci qui le fait ressembler à un sapin malingre, et il est tout couvert de nœuds rouges et de nœuds bleus qui montent depuis sa base jusqu'à sa dernière brindille. C'est un arbre sacré. Toutes les pauvresses qui passent par le Zahrez, pieds nus, allant péniblement à travers les flaques de boue salée derrière les chameaux ou les ânes qui portent leurs bandes de tente et leurs ustensiles de cuisine, se détournent de leur route pour venir là adorer Astarté la déesse phénicienne, sans la connaître, et même sans savoir au juste ce qu'elles font. Un instinct antique, irrésistible, inconscient, les y pousse. Elles se prosternent devant cet arbre, elles lui brûlent des grains d'encens achetés à des Kabyles avec des poignées de laine qu'elles ont dérobées à leurs maris, et elles regardent pieusement la petite fumée bleue s'enrouler dans l'air ; puis elles déchirent des morceaux de leurs robes ou de leurs voiles et les suspendent à ses branches.

Quelques unes disent qu'il est l'ami d'un saint puissant dans l'Islam, parce qu'il l'a abrité dans un de ses voyages, et comme tous les amis des saints, à quelque degré de la nature qu'ils appartiennent, sont capables de communiquer des grâces à ceux qui les honorent, elles l'implorent comme un homme, en posant la main sur ses racines. La première de ces grâces est son ombre qui, bien qu'extrêmement légère, est fraîche et trace autour de ses pieds un cercle tout noir.

Un peu plus loin, j'en vois un autre pareil. Celui-là est entouré d'une petite enceinte de pierres sèches, et justement deux femmes vêtues de bleu sont tout auprès, assises. Elles priaient avant de nous avoir vus ; elles se taisent maintenant ; mais elles restent, n'osant pas fuir. Elles ont de longs yeux noirs, voilés par des paupières bleues. Leurs traits sont nets ; leurs lèvres, bien taillées et comme découpées dans de la pierre, laissent voir des dents très-blanches. De grosses tresses de laine descendent le long de leurs joues, et des bandes de lustrine noire font autour de leur tête comme des diadèmes. Leurs jambes sont nues, très brunes et très fines. Leurs bras sont bien faits aussi ; mais au moindre mouvement qu'elles font on en voit tous les muscles. Ce sont des bras d'hommes, habitués à enfoncer à coups de maillet les piquets des tentes dans la terre dure.

Nous échangeons en passant les bénédictions islamiques. Leurs voix sont claires et singulièrement agréables. Je me retourne pour les regarder encore après une centaine de mètres, et je les aperçois debout, qui nous suivent des yeux. Un peu plus loin je me retourne une seconde fois. Elles sont toujours debout, mais leurs formes et, celle de l'arbre commencent à trembler dans les vibrations de l'air, et bientôt elle s'évanouissent dans ce monde flottant qui semble les avoir reprises.

Peu à peu, cependant, le terrain se fixe devant moi. Nous montons insensiblement sur un tertre parsemé de buissons ronds et verts, et j'aperçois dans leurs intervalles des taches rousses, puis des taches noires.

Les premières sont des chameaux, les secondes des tentes très basses de pauvres gens. Les chiens qui rôdent alentour jettent deux aboiements rauques et font un bond en vacillant. Ils sont horriblement maigres : ils crèvent de faim.

— « D'ailleurs, me dit le spahi, on ne les nourrit pas. Ils ne vivent que de vols ou de charognes. On ne les caresse jamais. Dernièrement, j'accompagnais un officier qui embrassait son chien ; les Arabes ont jeté le vase dans lequel il avait bu comme un objet souillé, dont il serait à jamais impossible de se servir ! »

Un homme à demi-nu sort d'une de ces tentes

noires et nous crie à tout hasard : « merhâba ! », ce qui est la formule de l'hospitalité.

Je descends de cheval, je me glisse auprès de lui sous son abri, je sens ma tête qui tourne, comme si je roulais autour du cercle étincelant d'où je viens de sortir, et je m'endors pendant une heure sans avoir conscience de ma vie. A mon réveil, cet inconnu me tend une galette d'orge toute chaude, son seul bien peut-être, et m'en casse un morceau. Il m'apporte un vase goudronné plein d'eau fraîche, m'aide à me remettre en selle et me serre la main.

Plus de mirage maintenant, plus de vertige. Nous sommes sur une ondulation très large toujours couverte de buissons noirâtres. Des moutons blancs et des chèvres paissent par-ci par-là, sans maîtres, et, à côté du dernier troupeau, j'aperçois un groupe de jolies bêtes fauves qui me paraissent tachetées de blanc :

— « Voilà, me dit mon Turc, une belle occasion de chasser des gazelles, mais nous ne sommes pas de force à courir loin, aujourd'hui. »

En effet, ce sont bien des gazelles. L'homme et la nature se confondent ainsi dans ce pays inculte. Les tentes sont presque invisibles au ras du sol ; les chiens sont des meutes de bêtes errantes, et le bétail se mêle aux animaux libres.

Nous allons toujours doucement, d'un pas égal, et les gazelles aussi se mettent en route ; mais elles nous prennent évidemment pour des marchands qui ne s'occupent que de leurs affaires. Elles font de petits pas et glissent entre les touffes de lentisques. Nous inclinons légèrement de leur côté, en décrivant une longue ellipse, et, malgré tout, la passion nous emporte : nous lançons brusquement nos chevaux sur elles à la distance de cent mètres. Elles fuient alors, en bondissant des quatre pattes comme sur des ressorts, et leurs fesses blanches nous servent de guides.

Nos buveurs d'air volent derrière elles sans s'occuper de nous. Ils chassent pour leur compte, sautent par dessus les buissons bas, ou contournent brusquement les plus épais, d'un mouvement d'épaule capable de nous jeter à terre ; mais elles ont décidément trop d'avance. Elles règlent leur élan sur notre vitesse, et cette promenade pourrait durer longtemps, si mon cavalier lui-même ne s'arrêtait, en disant que ce sont probablement encore des génies qui nous égarent.

Elles nous ont, en effet, menés loin de notre route ; mais elles nous en récompensent : derrière un pli de terrain, je découvre un arbre tout rond comme un pommier de Normandie, et dans cet arbre, un homme, qui paraît fort embarrassé.

En dessous est un cheval très maigre, aux membres forts, couvert d'une hausse rapiécée et d'une selle dont j'entrevois le bois. L'homme descend en se tenant d'une main à la dernière branche, et en cachant de l'autre, enveloppé dans un pan de son burnous, un objet qui paraît être très précieux. Il est d'ailleurs aussi maigre, aussi robuste et aussi misérablement vêtu que son cheval. Je m'approche de lui et je lui demande ce qu'il fait là. Il me fixe avec des yeux très clairs, dans lesquels passe une lueur de joie, et me répond qu'il vient de reprendre un de ses faucons de l'année dernière.

Je regarde dans l'arbre, et je vois sous un filet un pauvre pigeon à moitié mort. Des flocons de ses petites plumes tombent à travers les feuilles.

— « C'était là son appât, me dit le spahi, pendant que le fauconnier se retire a quelque distance, accroupi sous son burnous. Son habitude est d'envelopper ainsi un pigeon dans un filet et de le placer en évidence au milieu d'un arbre isolé. Le faucon libre qui tourne dans le ciel en cherchant pâture l'aperçoit et fond dessus. Il s'engage les serres dans les mailles et reste emprisonné. L'homme, qui s'est caché, arrive alors. et vous avez vu le reste. »

Le fauconnier se relève. Il tient sur sa main gauche, enveloppée d'un gros gant gris, un bel oiseau très élégant, dont la tête est coiffée d'un bonnet rouge.

— « Je le reconnais bien, me dit-il. Voilà deux ans de suite, qu'il revient se faire prendre. C'est un de mes meilleurs. Il n'a pas son pareil pour rouler un lièvre, ou pour crever les yeux à une gazelle ; mais il est un peu fou dans la chasse à l'outarde, et je crains fort de le perdre quelque jour.

— « Mais, lui dis-je, d'où vient-il en ce moment ? Comment se fait-il que vous le repreniez ainsi comme un faucon sauvage ?

— « Je lâche tous mes oiseaux, me dit-il, chaque année, à la fin de la saison de la chasse. Je ne sais pas où ils vont. On dit qu'ils s'envolent jusqu'au pays des Anglais pour se marier et élever leurs petits, puis ils reviennent de notre côté comme vous le voyez, et nous leurs refaisons leur éducation.

— « Ce ne doit pas être aisé.

— « Oh ! tout est facile, quand on sait s'y prendre, avec l'aide de Dieu. Je m'enferme avec eux dans une chambre sans lumière, je les nourris de ma main, et je leur chante des chansons. Les plus rétifs sont dressés au bout de quarante jours. Je les fais sortir encapuchonnés et la patte attachée par une ficelle. Je leur découvre la tête, et je lance devant eux une peau de lièvre bourrée de paille. Ils se précipitent dessus. Je les ramène et je les récompense en leur donnant un morceau de viande. Après cinq ou six jours de cet exercice, je détache la ficelle, et ils reviennent d'eux mêmes à l'appel.

« Quand vous le voudrez, nous ferons ensemble une chasse au lièvre. C'est une chose merveilleuse, dès que le lièvre est débusqué, de voir un « oiseau libre » s'élever au-dessus de lui, le suivre et passer rapidement sur sa tête en lui envoyant un coup de patte comme vous feriez avec la paume de la main. Le lièvre culbute et roule comme une boule. Le faucon reprend son vol circulaire, le suit encore, et l'aborde de la même façon une seconde fois. On lance quelquefois deux ou trois faucons sur le même lièvre. Ils se succèdent, et il pique à chaque coup des têtes, montrant son ventre blanc. A la fin, les faucons s'attachent à lui, lui déchirent la tête à coups de bec et lui ouvrent le ventre en battant des ailes. Je leur donne à manger le cœur et le foie qu'ils aiment par dessus tout, je leur remets leur petit chapeau, et je les replace sur mon épaule ou sur ma tête, sans qu'ils bougent même quand je vais au grand galop. »

Je demandai à mieux voir l'oiseau qu'il venait de prendre. Mon cavalier le maintint dans ses deux mains, et l'homme lui ôta son capuchon. Il avait des yeux magnifiques, légèrement dorés, pleins de décision, presque humains, tout-à-fait pareils à ceux de son maître. L'homme, rajustant ses mauvaises savates et sa chemise, car il n'avait même pas de pantalon, se mit en selle d'un coup de jarret, éleva ses rênes de corde, serra les flancs de son cheval avec ses maigres jambes de bronze, et, tenant en l'air son poing gauche sur lequel le faucon était posé, légèrement attaché par une cordelette de laine, il partit ventre à terre, à travers des touffes de halfa, dans la direction d'une construction blanche qui paraissait au loin.

— « Nous allons faire comme lui, me dit mon guide. Voilà Delfa ; je crois qu'il sera temps pour vous de vous reposer. Vous étiez pâle il y a quelques heures, quand nous nous traversions le Zahrez. Défiez-vous du soleil. Vous autres Roumis, vous n'avez pas le crâne dur comme les Arabes. Je vous conseille d'acheter un grand chapeau pointu, avec des pompons rouges et bleus, comme on en vend dans tout le sud. Ce sera, si vous le voulez, le commencement de votre vie nomade. »

Une heure après, vers six heures du soir, j'entrais dans la rue unique de Djelfa, et quoique je n'eusse pas encore de chapeau pointu à pompons rouges, la propriétaire de l'hôtel me regardait d'un mauvais œil, en me disant qu'elle ne savait pas si elle trouverait à me loger ; car elle n'avait pas l'habitude de donner des chambres à des Arabes.

DJELFA

Ma toilette faite, je m'étonne un peu d'entrer dans une salle à manger meublée à l'européenne. Les mets qu'on me sert sont lourds, la graisse m'en répugne ; le pain n'est pas cuit ; le vin est amer ; l'eau-de-vie est un poison. Je me suis déjà trop habitué à l'eau fraîche et à la galette d'orge. Les conversations que j'entends me semblent misérables. Le court séjour que je viens de faire parmi des gens qui aiment mieux se taire que de dire une sottise me rend odieux le bavardage d'un employé. Mon esprit s'est déplacé comme mon corps, et ne retrouve plus son équilibre.

Je monte dans ma chambre comme un captif retranché du monde ; je ne sens plus le ciel au-dessus ni autour de moi ; j'étouffe ; mes membres fatigués, qui se reposaient bien sur un tapis étendu par terre, me font sentir une infinité de douleurs sur des matelas trop mous, et les veines de mes tempes se gonflent quand j'enfonce ma tête dans mon oreiller de plumes. Ma pensée est trouble comme mon sang, et des idées courtes, enchevêtrées, informes, se heurtent à mon front sans pouvoir sortir : je me lève, j'écris deux lignes, et je me mets à marcher, secoué par le désir de vivre et d'agir encore. J'ai bu trop d'air. Je suis ivre comme mon cheval que j'entends se débattre dans son écurie et démolir sa stalle à coups de sabot. A la fin, je retourne pour ne guérir à la source de mon étrange mal. J'ouvre ma fenêtre toute grande, je me penche au dehors dans la nuit, et je m'accoude, les yeux sur les étoiles. Des heures se passent, et le matin je m'abandonne au lourd sommeil.

Le soleil est déjà haut quand je traverse la rue pour me rendre à la maison de commandement où je dois présenter ma lettre de créance au capitaine Breton, commandant du cercle.

Officier du génie, attiré par le goût de l'étude vers les affaires arabes, M. Breton est à la fois un homme d'action et un penseur rare. Il me reçoit dans un bureau très simple où des cartes couvrent des tables de bois blanc, me demande où je veux aller, se contente de sourire quand je lui réponds que je n'en sais rien, et appelle un homme qui prenait sa tasse de café à l'ombre d'un auvent. Il lui dit : « Le monsieur que tu vois à l'intention d'aller à travers le territoire des Aoulâd Naîel jusqu'à Amoura. De là il veut monter sur le Bou-Kahil, voir d'ensemble le Sahara, visiter Messad, et aboutir à Laghouat par l'est ou par le sud. Combien penses-tu qu'il lui faille de jours pour ce voyage-là ? Je suppose, ajoute-t-il, en se tournant vers moi que les courses à cheval ne vous font pas peur. » L'homme réfléchit et répond : — « S'il plaît à Dieu c'est un voyage de six jours ; mais dans cette saison il est pénible de traverser le « Pays de la Soif ». — « Soit ; mais il trouvera à boire et à manger dans les tentes pourvu que nous sachions où elles sont. »

Disant cela, M. Breton s'approche d'une de ses tables, attire à lui une très grande feuille, prend un calendrier dans sa main gauche et un crayon dans sa main droite, puis s'exprimant en arabe avec une précision admirable, interroge son interlocuteur ainsi : « Nous sommes dans les derniers jours de l'été blanc. Où penses-tu que soit en ce moment le cheikh des Aoulâd Ramdan ? — Certainement il est dans le bas-fond qui se trouve à deux heures de marche à l'est du Rocher de Sel. — Où penses-tu que sont les Aoulâd Ahmed ? — Dans la petite plaine de halfa qui s'étend au nord d'Amoura. »

La conversation dure ce ton pendant un quart d'heure, et la pointe du crayon trace sur la carte des zigzags bizarres qui finissent par faire la moitié d'une ellipse.

A la fin, M. Breton me dit : « Il est bien convenu, n'est-ce pas, que vous partirez après-demain. Autrement, toutes les dispositions que je vais prendre devraient être changées. N'en soyez pas surpris ; votre excursion est calculée en raison de la régularité de la vie nomade. Nos nomades ne se promènent pas au hasard : ils suivent des lignes de parcours nettement déterminées, les uns de l'Est à l'Ouest, les autres du Nord au Sud. C'est seulement dans Pline et dans Pomponius Mela (je dis cela pour un latiniste) qu'ils errent au hasard avec leurs troupeaux. Comme l'abondance de leurs pâturages est relative aux saisons et à l'état du ciel, leurs déplacements ressemblent à ceux des bisons, des cigognes et des hirondelles, de sorte que, si nous avions avec ce calendrier un bon tableau météorologique, nous n'aurions besoin de consulter personne pour mettre la main sur le plus nomade de tous les nomades aussi facilement que sur un bourgeois de la rue Saint-Honoré. »

Je remercie, émerveillé, comprenant brusquement comment la France, par l'intelligence toujours présente de ses officiers du Sud, règne d'ici jusqu'au désert, et je classe quelques lettres qu'un scribe arabe a rédigées, quand je vois entrer un lieutenant de spahis au visage mat qui me frappe par un singulier mélange de nervosité française et de douceur orientale.

Le commandant nous présente l'un à l'autre, et je serre avec joie la main de M. Morris, le second fils d'un des plus brillants héros de la conquête. Je ne me défends pas de ces émotions-là. Il me semble qu'elles m'élèvent, et M. Morris me répond en m'invitant gracieusement à faire une promenade avec lui dans l'après-midi.

Nous gravissons la pente d'une montagne qui me paraît d'abord très basse et dont le sommet seul est garni d'arbres. Le jeune officier, cavalier admirable, passe devant moi dans les endroits difficiles, et, tout en remarquant son élégance, je goûte un plaisir délicat à me sentir en contact, par un intermédiaire vivant, avec son père disparu. Morris était à côté du duc d'Aumale dans la charge subite, impétueuse et folle, qui descendit comme une trombe sur la zmala d'Abd-el-Kader ; il chassait l'Emir avec Bugeaud, Yousouf, Lamoricière ; il a pris part à toutes les chevauchées épiques qui font de notre histoire une sorte d'Iliade ; il a fixé la victoire à Isly. Après un long silence, je demande à mon compagnon s'il est allé dans la province d'Oran.

Il pénètre ma pensée et me répond : « Je suis sûr que vous songez à mon père. » En effet j'en suis au moment où Morris, voyant se former une masse énorme de cavalerie berbère toute prête à enfoncer notre armée victorieuse, traverse l'Isly et se jette sur elle avec ses 550 cavaliers du 2e chasseurs. Ils disparaissent enveloppés par 6.000 hommes, sabrent et tuent, mais sont submergés et vont tous périr, quand Bedeau envoie trois bataillons à leur secours. Morris renouvelle quatre fois sa charge, met en fuite ses innombrables adversaires et les poursuit, la pointe aux reins pendant une lieue. Il n'est pas un chasseur qui n'ait alors son trophée, un drapeau, un cheval, un sabre ou un fusil. « Oui, dis-je, je pense à lui en vous regardant ; mais il y a chez vous quelque chose d'inexplicable. » — « Quoi donc ? » — « La couleur et l'expression de vos yeux. » — « Vous ne saviez donc pas que ma mère est arabe ? » me répond-il.

Est-ce sa présence qui agit sur mon esprit quand nous nous asseyons à l'ombre d'un chêne vert, au bord de la forêt devenue plus épaisse, en face du pays immense et sans arbres que je vais encore parcourir, ou même puis-je aller jusqu'à dire que les deux personnes qui continuent de vivre en lui dans l'éclat de sa jeunesse ont une influence muette sur mes idées et sur mes sens ? Je ne sais ; mais il me semble que je vois d'une manière nouvelle, en dehors et au delà du tableau que je contemple. Je devine des causes, je découvre des sens, j'épelle une langue dans cette fuite de terres fauves et d'ondulations bleuâtres qui reculent si loin devant mes yeux la profondeur du ciel.

Et de fait, ce vaste pays des grands Nomades qui borde au sud Djelfa et Boghar, et se prolonge vers l'orient et vers l'occident indéfiniment, avec une simplicité, une majesté, une nudité presque surnaturelles, est bien le plus éloquent de tous ceux que j'ai vus jusqu'ici. Un peintre ne ferait-il que reproduire ses traits comme s'il dessinait le profil d'un mort, que son caractère, sa destinée, son rôle son âme éclateraient encore aux yeux. Il en est des morceaux de la terre comme de nous-mêmes, qui ne sommes que des fragments d'un tout incompréhensible. Quelques-uns de nous seulement, très rares, sont les instruments parfaits du destin ; les autres ne sont que des réductions ou des ombres : de même, le territoire entier de Djelfa, vu de haut et prolongé jusqu'à la bordure du vrai désert, est, en comparaison des petites plaines et des collines à demi-défrichées qui le précèdent, le théâtre idéal de la vie pastorale et guerrière à laquelle je vais enfin prendre part.

Droit devant moi, le ciel, un peu terni par le vent du Sud qui me souffle au visage son haleine rapide et chaude, s'étend démesurément, et la dernière petite arête bleue qui le limite est si lointaine qu'elle semble être le seuil d'un autre monde. En deçà, des dentelures qu'on dirait découpées dans des bandes d'acier bruni se superposent comme des écrans de moins en moins sombres, et, entre chacunes d'elles, je devine des espaces lumineux. La barrière la plus proche de mes yeux est d'un gris de perle veiné de bandes d'ocre, et les crêtes en sont teintées de noir. Toutes les croupes, tous les plis, tous les muscles et toutes les veines de cette montagne fine m'apparaissent aussi nettes que les sillons de l'écorce des arbres qui m'entourent. La plaine qui m'en sépare est immense, mouchetée de noir et d'or pâle. Des points blancs s'y distinguent : ce sont des tombeaux de saints. De minces cercles bruns se suivent dans des bas-fonds : ce sont des tentes sahariennes. Des plaques rousses s'étalent par ci par là : ce sont des troupes de chameaux qui viennent d'apporter de lalaine et partiront chargés de blé. Rien de plus ; pas une rivière, pas un mur ; mais cela suffit.

Cela suffit à me donner la notion juste, que j'ai tant de fois cherchée, d'une partie de l'humanité dont les idées, les mœurs et l'histoire ont agi sur moi depuis mon enfance. Il se fait dans mon esprit une vive lumière, et je me révèle une partie de moi-même. Je n'avais jamais compris ce que signifie le mythe profond de Caïn et d'A-

bel. Caïn travaille ; son fils Tubal bâtit des villes
les entoure de murailles de fer ; toute sa famille,
sédentaire, est déformée par la lutte qu'elle soutient contre le sol qu'elle défonce, et dont elle
s'empare ; elle peine sans repos et maudit son
créateur. Abel ne fait rien ; il ne touche pas à la
terre pour laquelle il n'a que du mépris ; il regarde paître ses moutons, et tisse ses vêtements
de leur laine, il boit leur lait, il se nourrit de leur
chair ; il loue Dieu et élève sur les hauts lieux
des autels à son Seigneur. Je suis un fils de Caïn,
je viens de la terre de Caïn, et le pays que je
découvre est celui d'Abel.

Abraham allait d'un groupe à l'autre de tentes pareilles à celles-ci quand il visitait ses fils
et ses gendres ; il suivait dans le pays d'Ur une
montagne encore plus bleue, sur un sol encore
plus fauve, dans un air encore plus limpide ;
mais, s'il revenait ici, il y retrouverait, au-dessus de la terre nue, la même étoile solitaire dont
la chute lui révéla l'existence du vrai Dieu :
« Quand la nuit l'eut environné de ses ombres,
dit le Koran, il vit une étoile et s'écria : voilà
mon maître ! L'étoile disparut. Il dit alors : Je
n'aime point ceux qui disparaissent. »

C'est dans un douar pareil à ceux que j'aperçois, que le prophète Mohammed fut élevé « à la bédouine », et, comme il jouait au dehors, c'est à deux pas d'une troupe de chameaux roux comme les nôtres que deux hommes blancs qui étaient des anges fondirent sur lui, le renversèrent à terre et lui ouvrirent la poitrine pour laver son cœur. C'est sur une montagne nue comme celle que j'admire que Gabriel descendit devant lui, une étoffe de soie à la main sur laquelle se détachaient des caractères, le contraignit à la lire, et renvoya l'envoyé de Dieu à demi fou chez les hommes pour entreprendre à lui seul une des plus grandes révolutions du monde. Les voilà bien enfin, toujours les mêmes, les pasteurs nés pour la prière, les élus qui s'abstiennent des choses défendues, en attendant les bosquets fleuris, les eaux courantes et les vierges du Paradis. Ils sont là dans le cadre qui leur convient, dans la nature sobre et sévère qui les a formés et les conserve immuables jusqu'à la fin des siècles. Tout leur pays est un vaste temple presque aussi pur que le temple supérieur du ciel.

Mais en même temps ces fils d'Abel sont les plus effrénés guerriers du monde, et ce temple sans limites est un champ de bataille où, pendant je ne sais combien de siècles, ils se sont chargés à coup de javelots, de lances et de sabres, fusillés, massacrés, pillés à l'envi. Cette terre n'est si dépouillée et si étrangement belle dans sa misère, sous les rayons défaillants du soleil, que parce qu'ils l'ont incendiée, puis livrée à la dent de leurs chèvres noires. Ils l'ont sans cesse conquise, perdue, disputée, reconquise comme une proie qu'ils ne tenaient dans leurs rudes mains que pour quelques heures. On voit bien que ce sont eux qui ont fait la légende biblique : si les fils de Caïn s'en étaient chargés, vous verriez comment ils auraient traité Abel, le doux pasteur. Tous ces chameaux qui sont là, accroupis par centaines, dressant leurs cous recourbés comme des proues de navires, peuvent être chargés en un clin d'œil de toutes les tentes et de toutes les femmes de leurs maîtres, et chassés rapidement au delà des collines bleues : les hommes resteraient seuls, rangés en lignes sur leurs chevaux maigres, le visage à demi voilé, le fusil haut, prêts à combattre, et ce serait pour eux une suprême joie. La guerre est dans leurs yeux fauves et fixes comme ceux des aigles ;

elle habite au fonds de leurs âmes ; elle est leur âme même. Autrefois, quand ils n'avaient que leur Dieu pour maître, ils s'en donnaient de tout leur cœur : ils se battaient entre familles, entre tribus, entre races, pendant des années entières, pour un mouton volé, pour une touffe de chih broutée, pour l'honneur, pour le plaisir, et, si quelque envahisseur nouveau survenait, c'était une mêlée interminable, dont tous les héros étaient chantés par des aèdes comme ceux d'Homère.

Alors il était beau, dans l'éclat d'une si franche lumière, sur un terrain si bien fait pour le galop des chevaux couverts de housses éclatantes, de déployer son audace et son adresse, de vaincre ou de mourir sous les yeux de ses parents et de ses amis. Dans toute cette étendue il n'y a pas un buisson pour abriter un lâche. Nos officiers et nos soldats de la conquête, tous ceux que leur bonne fortune a lancés dans ce pays-là derrière Marey-Monge, d'Aumale, Pélissier, Morris, Yousouf et Margueritte, pour y imposer la paix à grands coups de sabres, peuvent vous dire encore ce qu'étaient leurs combats. Les généraux avec les simples chasseurs, les vieux avec les jeunes, tous donnaient de leurs personnes et luttaient corps à corps avec leurs adversaires comme les guerriers des temps primitifs ; les chevaux mêmes combattaient entre eux, se cabraient pour faire des trouées, ruaient et mordaient pour défendre leurs maîtres, où s'élançaient au dehors, les emportant blessés et cramponnés à leurs crinières.

On se défiait en échangeant des injures mortelles, et les deux troupes s'arrêtaient pour voir lutter un tel fils d'un tel, dompteur de chevaux, contre un autre cavalier tueur d'hommes. Le vainqueur tranchait la tête du vaincu, emmenait son cheval et laissait son corps en pâture aux oiseaux. On entraînait les cadavres des hommes illustres attachés aux pieds par des courroies, et « au loin la terre était baignée d'un sang pourpré, et tous tombaient les uns sur les autres , mais les nôtres périssaient en plus petit nombre, car ils n'oubliaient point de s'entraider dans la mêlée. Et tous luttaient pareils à un incendie ; et nul n'aurait pu dire si Hélios brillait, ou Séléné, tant les braves qui s'entre-tuaient étaient enveloppés d'un noir brouillard »...

Maintenant ils sont tranquilles, domptés dans

cent rencontres, et la France les a largement abreuvés de poudre ; mais il faudrait encore peu de chose pour faire revivre leur vertu des anciens jours, et mon compagnon a bien raison de me faire abaisser les yeux sur la petite ville de Djelfa, dont le carré s'étend au-dessous de nous, strié d'ombres grandissantes. C'est un camp à larges rues dont les deux tiers sont occupés par des magasins et des casernes. A la moindre alerte, des masses de cavaliers et de fantassins peuvent en sortir. Déjà des feux s'y allument. Elle veille à l'entrée de cette immense région religieuse et guerrière sur laquelle descend la nuit.

CHEZ LES AOULAD NAIEL

Voilà deux jours que je trotte en zig-zag dans le pays des Aoulàd Naïel. Je me suis étendu sur le sable, à deux pas d'une tente, car je suis brisé de fatigue.

J'étais parti hier, dans l'après-midi, avec mon cavalier, pour faire une petite étape, et j'avais encore dans les oreilles les étranges compliments de mes hôtes d'une heure : « Tu es notre père, ta tente est bénie, tes éperons sont verts », quand le ciel me parut s'abaisser sur ma tête et devenir compact et luisant comme une plaque d'étain. Les crinières et les queues de nos chevaux se gonflèrent ; je me sentis le corps secoué par de longs frissons ; il me sembla qu'une main puissante me serrait les tempes. Peu à peu la plaque d'étain se stria de blanc, puis elle s'assombrit, et, comme rien de vivant ne remuait sur la terre vide et rasée, nous nous sentions très seuls sous le coup d'une force immense. Bientôt une sorte de voile s'étendit sur nous, et, rapidement, comme sous l'abat-jour d'une lampe qui vient de rendre l'âme, une obscurité se fit, tellement épaisse que même le sol qui nous portait disparut, et nos chevaux ailés galopaient dans ces ténèbres inexplicables, hennissant de peur. J'aurais arrêté le mien, et je me serais couché à plat ventre comme un lièvre, tant je sentais que nous étions près de la mort en restant juchés sur nos selles ; mais mon cavalier poussait toujours en avant et marmottait, sans s'occuper de moi : « Il n'y a qu'un Dieu, il n'y a qu'un Dieu. » Lui aussi se croyait à sa dernière heure.

Tout à coup, le ciel se fendit en deux avec un bruit effroyable ; je le vis jusqu'au fond, dans une entaille de flammes, et en même temps la terre m'apparut si claire que je reconnus des lézards gris dans une touffe de chih. Nos chevaux tournèrent sur eux-mêmes : nous leur enfonçâmes nos éperons dans le ventre, et, lâchant les brides, nous nous mîmes à fuir sans savoir où nous allions. enlevés au-dessus de tout, au-dessus même de la conscience du danger que nous faisait courir notre vitesse, par la force surhumaine de la terreur. Mon cavalier fouaillait mon étalon avec une corde ; j'excitais le sien en poussant des cris, et, de temps en temps, des coups de tonnerre tout blancs faisaient autour de nous des cercles éblouissants que nous traversions d'un bond pour rentrer dans la nuit. Combien de temps avons-nous couru ? Combien de fois la foudre nous a-t-elle manqués ? Je ne sais plus qu'une chose, c'est que nous avons passé comme des boulets près d'un cône noir, et que nous avons entendu des cris d'hommes. Nous sautions dans un douar, nous écrasions des chiens. Nous avons fait demi-tour, et nous nous sommes jetés sous une tente juste au moment où une trombe d'eau allait nous traverser jusqu'aux os. « Sois le bienvenu, me dit une voix dans l'ombre. Nous aimerions mieux que ton visage fût blanc, c'est-à-dire que tu fusses arrivé pendant le jour ; mais Dieu soit loué qui t'envoie avec la pluie chez ses serviteurs. »

J'en ai vu, depuis deux jours, des Abrahams, des Agars, des Rebeccas, des Jacobs et des Esaüs, des patriarches à barbe blanche, des vieilles ridées et sèches comme les racines qu'elles arrachent dans les lits de leurs torrents, des jeunes filles aux membres ronds, des jeunes hommes drapés dans des haïks de soie blanche, et de pauvres diables tout poilus, rongeant des os ! Ce n'est pas assez dire que je vis dans la Bible. Il y a dans ce monde-là des choses bien plus anciennes, et d'autres plus récentes, toutes d'une saveur étrange, qui font que je voyage à travers des âmes avec autant de surprise que sur la terre. Ils m'ont dit qu'ils sont venus de l'Est il y a plus de deux siècles. Ces deux siècles qui font six générations d'hommes sont pour eux un temps énorme au delà duquel il est absurde de rien concevoir. Mettons-en dix. Il y a mille ans, où étaient-ils ? En Egypte peut-être ; mais ces destructeurs de villes n'ont rien de commun avec les bâtisseurs des Pyramides. Ils sont sans doute entrés en Egypte avec les rois Pasteurs. Et auparavant, où pouvaient-ils bien promener leurs tentes noires et rouges ? Est-ce autour d'Irem aux beaux pilliers, au pied des murailles de brique de Ninive, ou le long du fleuve de Babylone ? Ils parlent maintenant l'arabe : quelles langues ont-ils parlées jadis ? Ils sont musulmans : quelles religions ont-ils pratiquées avant l'islamisme ? A quels cultes étranges ont-ils assisté ?

Il en est un au moins qui a laissé chez eux une trace profonde, et c'est bien le plus invraisemblable que nous puissions rêver, nous autres, adorateurs d'un Dieu vierge, fils d'une vierge, entretenus par une discipline séculaire dans l'exaltation de l'âme et dans l'horreur de la chair. Ils ont encore un souvenir vague des temples monstrueux aux murailles couvertes de lions ailés et couronnés de tiares, moitié bêtes aux griffes aiguës, moitié hommes aux barbes frisées, où toutes les femmes d'une ville venaient en longues théories, faire l'offrande de leur corps.

Les adoratrices de Melitta dans Babylone se paraient pour leur déesse de bijoux éclatants, de coiffures royales, de robes flottantes serrées par des ceintures diaprées, de hauts bracelets sonnant sur leur beaux bras et sur leurs chevilles nues. Elles rehaussaient leur teint de couleurs fines, allongeaient leurs sourcils, peignaient leurs paupières, avivaient leurs lèvres et leurs dents, et, tout à fait semblables à leur idole, allaient s'asseoir chacune dans une chapelle ardente, vestibule d'une chambre profonde, tendue de tapis lourds. Tous les hommes de la ville défilaient devant elles, et elles les regardaient de leurs yeux d'émail agrandis par le désir, immobiles et muettes, attendant le signe promis par la déesse. Dociles au premier appel, elles se levaient, heureuses ou malheureuses, amantes enivrées ou froides victimes, au gré du destin.

De même, on peut voir encore aujourd'hui, dans toutes les villes qui entourent ce steppe aride mais riche en femmes comme la Phtié l'était en chevaux et Larnessos en colombes, à Laghouat, à Boghar, à Djelfa, à Bou Saada, à Biskra, les filles des Aoulâd Naîel rangées à la file devant de petites portes doucement éclairées. Leurs corps droits dans des robes qui descendent jusqu'aux doigts de leurs pieds, leurs larges agrafes, les armures des bracelets qui couvrent leurs bras, les triples rangs de chaînes qui descendent sur leurs poitrines, et leurs hauts turbans noirs d'où pendent des tresses de laine traversées par d'énormes boucles d'or, n'éveillent rien dans l'esprit ni dans les sens qui ressemble aux turpitudes de la débauche. Leur seul artifice est la blancheur étonnante de leurs dents entre leurs lèvres rouges, la lumière de leurs yeux et la senteur troublante de leurs colliers faits de grains de musc, de gingembre et d'encens. A moins que des touristes européens ne les aient dépravées, elles n'élèvent jamais la voix et répondent avec une suprême douceur mêlée d'indifférence aux hommes qui vont et viennent devant elles : elles échangent à peine avec eux une phrase banale dans cette langue religieuse du Koran qui semble toute faite de bénédictions. Elles s'offrent ainsi, non plus aux Babiloniens artistement peignés et parfumés de myrrhe, mais à tous les nomades et à tous les sédentaires de l'Afrique Barbare, aux jeunes guerriers qui vont au marché derrière leurs troupeaux, assis dans des selles brodées d'argent, aux chameliers hâlés par le vent du Sud, aux Kabiles mal vêtus de chemises tachées d'huile, et même aux Mozabites qui se damnent pour aller les voir. Les rues larges qui passent devant leurs chapelles de boue sont remplies d'une foule tumultueuse quand les caravanes de chameaux chargés de laine, et qui tanguent comme des navires, viennent au-devant des colonnes de mulets du Nord qui plient sous leurs sacs de blé : alors, elles se parent de fleurs, et rient, tant il y a d'hommes devant elles. Elles retournent bientôt dans leurs tentes avec des malles peintes de vert et de rose, pleine de beaux costumes et de pièces d'argent. Elle se marient, et ce ne sont pas les épouseurs qui leur manquent, ou bien, après un séjour de quelques mois près de leurs parents, elles vont comme des hommes à La Mecque-la-Sainte, puis terminent leur vie dévote dans de longues prières, louant Dieu des biens dont leur facile sacrifice les a comblées.

Mon hôte m'a dit ce matin qu'il partait avec tous les hommes du douar pour aller chercher un *hadj* qui vient de visiter pour la troisième fois la Kaaba et Médine, un dévot de la confrérie de Sidi Abd-el-Kader-el-Djilani, presque un saint. Il reviendra avec une troupe d'amis, et on fera la fête dans ses tentes. Mon spahi a voulu l'accompagner pour avoir tout de suite sa part de bénédictions. Il y aura dans l'après-midi un couscous monstrueux, plusieurs moutons rôtis et des gâteaux au miel ; on tirera des coups de fusil ; on dansera. Pour mieux dire, il y aura des danseuses. Leur tente est à l'extrémité du demi-cercle que décrit le douar. Je l'observe de loin : les bords en sont relevés, et j'y distingue du rouge. Je cause, entre temps, avec un petit jeune homme qui me demande si je crois en Dieu et s'il est vrai que nous épousons nos sœurs : il est évident qu'il m'étudie comme une sorte de sauvage antérieur à la prédication de Mohammed. Des femmes jeunes passent, courbées sous des outres noires. L'eau colle sur leurs dos des étoffes très minces, elles n'ont pas de chemises, et le vent qui secoue leurs robes fendues me les montre toutes de profil. Quelques-unes ont sur la tête des paquets de broussailles qu'elles soutiennent de leurs mains. Leurs bras sont longs et bien faits ; leurs gorges ont peu de saillie ; leurs formes sont presque droites. Elles ressemblent à des statues d'Egypte ou à des cariatides primitives de l'Asie.

La fille de mon hôte a peut-être seize ans, et sa nièce en a bien vingt. Elles ne résistent pas à la curiosité de voir de près le *Roumi* qui s'ennuie décidément avec son petit jeune homme, et sous prétexte de lui apporter de l'eau, elles viennent à lui l'une derrière l'autre. Elles sont jolies maintenant, avec leurs grosses nattes entremêlées de corail et de verroterie, leurs sourcils peints et leurs tatouages. Elles sont toutes mouchetées de petites croix et d'étoiles bleues, et leurs joues sont faites d'ambre et de rose. Le Roumi prend la jatte et boit en détournant la tête. Comme l'aînée en paraît surprise, il lui répond qu'il sait qu'on ne boit pas devant les femmes.

Voilà la glace rompue, et nous causons à l'aise. Elles plongent leurs yeux noirs dans les miens et rient de leurs belles dents : « Pourquoi ne te coupes-tu pas la moustache à la hauteur des lèvres ? Pourquoi ne te rases-tu pas la moitié de la tête ? Tu as l'air d'un singe avec tes cheveux qui te tombent sur le front. De quelle étoffe est faite ton vêtement ? Donne, que nous voyions comment il est cousu. Est-ce ta femme qui l'a tissé ? Dis-moi, entre nous, vos femmes nous ressemblent-elles ? »

Et l'aînée qui m'interroge à demi couchée appuie sa main droite sur le sable pour se soulever jusqu'à mon oreille. Je lui réponds par le commencement d'une chanson : « Tes yeux sont noirs sans kohol. — Tes joues sont belles sans fard » ; elle termine le couplet : « C'est de toi que m'est venue la fièvre — qui m'a jeté dans la montagne », puis elle tourne la tête vers la tente extrême, la tente aux points rouges, et me dit : « Connais-tu Khamissa ? — « Quelle Khamissa ? » — « La danseuse. » — « Non. » — « Eh bien, donne-nous tout de suite quelque chose, parce que, dès que tu l'auras vue, ton cœur sera brûlé, et tu n'auras plus rien pour nous. »

J'avais un petit miroir dans ma poche ; je le lui donne ; l'autre me prend un foulard, puis elles se disputent ma ceinture de laine. Elles me dépouillent, les sauvagesses, et je me tords de rire.

Heureusement des coups de fusil éclatent, des you-you aigus retentissent sur toute la ligne des tentes. C'est mon saint qui débouche du fond d'un ravin avec sa bande : ils sont bien là une trentaine de cavaliers montés sur des bêtes endiablées qui galopent le long de notre colline, la crinière au vent ; plus d'un n'a que sa chemise, un mauvais burnous sur les épaules, une loque autour de la tête, une selle de bois sans couverture, une bride faite avec deux bouts de corde ; mais il faut voir comme ils serrent les flancs de leurs montures de leurs jarrets de bronze. Quelle superbe misère ! Quels merveilleux bandits ! Le saint se laisse porter sur un mulet, les yeux à demi clos, les joues pâles sous un large turban de mousseline blanche. Il tremble légèrement en mettant pied à terre, et un peu plus fort quand il s'asseoit devant un cercle de jeunes gens qui le contemplent à distance. Je veux lui offrir du sulfate de quinine ; mais on me répond que c'est la crainte de Dieu qui l'agite, et il me remercie d'un coup d'œil qui veut dire que je suis un païen ou un maladroit. Je ne sais pourquoi je sens que cet homme va m'être désagréable tout à l'heure. Les femmes se sont cachées : elles n'oseraient pas paraître devant un marabout si vénérable, et qui sait si sa sainteté n'en souffrirait pas ? Des anges sont bien tombés du ciel pour avoir aimé les filles des hommes !

La poudre flambe depuis midi jusqu'au coucher du soleil. Les femmes se sont rangées en avant des tentes, toutes parées de leur mieux. Elles ont de longs voiles blancs ou fleuris qui descendent depuis le tour de leurs hautes coiffures jusqu'à leurs talons ; leurs visages sont découverts, et tout brillants d'ocre ou de vermillon. Les chevaux passent contre elles, lancés ventre à terre, et les cavaliers, pour leur faire honneur, tirent de si près dans leurs rangs que les bourres enflammées brûlent leurs robes rouges. Elles se grisent de l'odeur âcre de la fumée, et crient comme des oiseaux de proie en agitant des foulards en l'air. Un cavalier en saisit un, et fuit à toute vitesse devant ses camarades qui le fusillent à travers la plaine. Il revient, toujours en tête, et brisant la bouche et les reins de son cheval, l'arrête juste devant sa maîtresse. Nous délirons. Un vent de colère et de bataille passe dans nos poitrines ; mais, sur un signe du plus âgé, tous les fusils se vident dans une décharge générale dont le bruit monte jusqu'au ciel, et bientôt nous sommes réunis par petits cercles devant le mouton rôti aux flancs dorés, les poulets bouillis, le couscous blanc surmonté d'une motte de beurre et baigné d'une sauce rouge. Nous louons Dieu, et il n'est personne qui se plaigne d'une part inégale ; mais le saint n'est pas avec nous : la femme de mon hôte lui a servi à part un jeune agneau, une grande jatte de lait aigre, un fin gâteau de dattes et de semoule ; son serviteur a compté devant lui dans un mouchoir plusieurs piles de pièces blanches, et maintenant il récite ses litanies en l'honneur du Dieu unique et de son patron, mort pour le monde, mais toujours vivant dans les conciles célestes, Sidi Abd-el-Kader-el-Ghilâni-el-Baghdâdi. Khamissa non plus n'a pas paru. Ses deux compagnes seules, Fatma et Zeineb, se sont montrées au bout de la ligne des femmes : elles avaient des robes bleues et des diadèmes d'or. On dit qu'elle est malade, ou qu'elle prie.

Enfin la lune se lève, et sur l'aire qui s'étend au milieu du douar, je vois planter des bougies pareilles à des vers luisants, suivants deux lignes parallèles qui font comme une rue, et des femmes creusent à droite et à gauche de larges trous dans lesquel elles jettent des bourrées de jujubier. Les hommes s'accroupissent le long des bougies et ressemblent de loin à de gros moutons ; les femmes sont debout en arrière, comme des fantômes. On me fait asseoir avec mon hôte et quelque braves de distinction à l'extrémité et en travers de la voie : en face de nous, Zeineb et Fatma sont à demi couchées sur une touffe de halfa, et plus loin je distingue un profil royal. C'est elle. Singulier effet du désir ou seulement du mot jeté dans mon esprit il y a quelques heures : « Ton cœur sera brûlé. » Les feux sont allumés, les flûtes chantent une mélopée douce, Zeineb et Fatma tournent l'une autour de l'autre, bleues comme la nuit, constellées de pièces d'or, et je ne regarde que l'ombre dans laquelle sa forme se dessine sous les plis d'une grande pièce de soie blanche qui l'enveloppe presque en entier.

Que disent les flûtes maintenant? La place est vide. De nouvelles brassées de broussailles élèvent la flamme à la hauteur des tentes. Elles appellent, ces flûtes, avec des accents impérieux et vibrants, des supplications douloureuses, des soubresauts et des langueurs humaines, et les coups sourds des tambours résonnent par intervalles, frappant l'âme d'un vertige sacré.

Khamissa étend les bras, rejette le haïk qui la couvrait, se dresse, fait trois pas et s'arrête, les coudes au corps, les deux mains renversées près des joues, la tête un peu penchée à gauche, les yeux demi-clos, dans l'attitude des orantes; elle étincelle des pieds à la tête et se laisse contempler immobile, magnifique idole. Elle est toute rouge, argent et or. Ses robes écarlates, savamment entre-croisées, lui font des plis lourds qui descendent jusqu'à terre, et une demi-cuirasse d'argent bosselé, haute sur le ventre, mince sur les flancs, l'enveloppe comme une armure. Sa poitrine ruisselle de chaînes d'or qui s'attachent aux deux côtés de sa tête dans sa large coiffure, et cette coiffure faite de turbans de soie noire et de tresses de laine, disparaît sous deux diadèmes d'or, dont les pendants descendent en gouttelettes sur son front. Un long voile blanc part de ses tempes, tombe sur ses épaules et descend en arrière. Ni ses cheveux, ni ses oreilles, ni son cou ne sont visibles. L'ovale parfait de son visage, ses belles joues et ses longs yeux sont tout encadrés d'or. Ses lèvres sont peintes en rouge, ses joues sont safranées et avivées de rose, ses paupières sont bleues. C'est seulement quand elle ent'ouvre les bras que j'aperçois le velours blanc de sa chair, et encore ces bras sont-ils chargés jusqu'aux coudes d'énormes bracelets d'argent hérissés de pointes.

Est-ce Pallas Athéné, est-ce une madone byzantine, est-ce une statue peinte de l'Acropole, est-ce Tanit qui s'avance en face de nous par petites secousses, et comme glissant sur le sable, au rythme des gongs, au son des flûtes orgiaques qui déchirent l'air ? Elle abaisse et renverse ses mains rougies par le henné, tenant maintenant sa tête droite, et ses yeux grands ouverts brillent comme des étoiles. Son corps, souple et long, dont la grâce invisible communique une harmonie divine aux étoffes qui le parent, s'incline et se relève d'un mouvement de hanches insensible, et la jeune prêtresse se révèle ainsi pour les hommes sous les ornements des déesses ; mais, quand elle s'arrête à deux pas de nous, devant mes yeux fascinés, elle reprend son attitude première de vierge de vitrail, et je la regarde alors à loisir. Les pendants de ses diadèmes sont des poissons d'or, symbole de Jésus Sauveur ; au milieu de son front, la croix du Christ ; sur son menton taillé dans le marbre le plus pur, la croix gammée des Bouddhistes ; sur ses mains couleur de sang les sept traits du chandelier de Salomon et les cinq de la main de Tanit ; autour de ses poignets, les deux filets bleus de la vie éternelle de l'ancienne Egypte. La merveilleuse créature est inconsciemment consacrée par toutes les religions du monde.

Elle retourne à son point de départ avec la même lenteur, et son long voile blanc traîne jusqu'à terre, puis elle revient vers nous sur un nouveau rythme, toujours glissant à fleur de sol, mais par secousses plus longues. Ses lèvres se recourbent en une moue charmante, sa tête se détourne à demi ; alternativement à droite et à gauche son bras à peine étendu repousse d'un petit coup brusque un adorateur ou un amant, et elle semble avancer au milieu d'une foule d'ombres suppliantes. Elle s'arrête encore devant mon groupe et tourne sur elle-même en suspendant son geste. Jusqu'alors pas un Arabe n'a bougé ; ils sont tous accroupis, les genoux à la hauteur des épaules, le menton enfoui dans le trou de leur burnous ; mais la scène change quand elle revient pour la troisième fois. Là elle est vraiment superbe. « Ah ! mon Seigneur ! Ah ! merveille ! Que Dieu bénisse ta mère ! Que Dieu fasse miséricorde à tous les tiens ! » Ainsi murmurent les hommes en se poussant pour mieux voir, et les femmes arrêtent les you-you dans leurs gorges en appuyant les mains sur leur lèvres.

Elle a tiré son voile bien en arrière, et d'une vive secousse fait descendre le premier rang de ses colliers, puis elle a doucement renversé sa tête, étendu ses beaux bras en demi-cercle, fléchi son buste rond sur ses reins, et, comme soulevée par les battements des tambours, frappant la terre de ses pieds nus, elle vient d'un seul mouvement, sans la moindre oscillation impudique, mais enivrante tout entière, depuis ses cils d'où jaillissent des flammes jusqu'à ses délicates chevilles cerclées d'or. Je ne serais pas surpris qu'un de ces jeunes brigands qui la regardent enlaçât sa taille de son bras de fer et l'enlevât sur le cou de son cheval ; mais ils se contentent de se défier et de se ruiner pour elle. Ils jettent devant ses pas toutes la monnaie d'argent que le marabout ne leur a pas prise, et le sable clair est constellé de pièces de cinq francs, de vieux douros d'Espagne et de boudjous de Tunis.

De temps en temps, elle se redresse, puis se recourbe, toujours plus souriante, en rouvrant les bras. Je ferme les yeux une seconde, je la sens devant moi, et je la vois qui s'agenouille, la gorge gonflée sous ses plaques d'or, élevant ses paupières bleues, découvrant ses dents enchâssées dans du corail. Je me penche vers elle, je sens passer près de ma joue son haleine rapide, j'applique trois pièces d'or sur son front, deux sur les pommettes de ses joues, et je lui dis dans un souffle : « *Takhodni ?* » Elle m'enveloppe de son plus doux regard noir et me répond : « Si Dieu me faisait cette grâce, Seigneur ! Mais ce soir nous sommes les filles de Sidi Abd-el Kader-el-Ghilâni-el Baghdâdi. »

SALOMON AUX YEUX BLEUS

Le village d'Amoura est bâti tout en briques de terre sèche à l'extrémité orientale de la montagne du Bou Kahil. Pour peu qu'on le contourne, on descend dans le grand désert. Nous avons buté plus d'une fois, pour venir là, dans des touffes de halfa mûr pareilles à des paquets de ficelle frisée, et nous avons descendu, puis remonté un chemin raboteux comme l'escalier d'une forteresse en ruines. Nous sommes dans un repaire poussiéreux et gris dont les habitants ont des yeux de diamant noir dans des faces livides. Autrefois, gardiens des provisions des Nomades, receleurs de tous les biens de Dieu pillés dans le voisinage, ils compliquaient encore leurs mauvaises affaires en se battant entre eux, et il n'étaient en paix que quand ils se divisaient en trois partis, parce que deux se mettaient d'accord pour opprimer le troisième. Il y avait là des vendettas directes et des vendettas transversales de maison à maison, de ruelle à ruelle, et, dans cette cité de boue, chaque quartier fermait ses portes et gardait ses murs. Imaginez une Corse sans maquis, flambante sous un soleil torride, sur une falaise, au bord d'un pays immense, plat, bleuâtre et vide comme la mer.

Aujourd'hui, toutes les haines y sont étouffées ou sommeillent, et je suis assis sur une pierre au milieu de ce monde encore barbare, devant une nappe blanche étendue sur le sol et couverte de grenades, de dattes sèches et d'abricots blonds. Les gens qui me servent ont des attitudes d'ascètes : ils parlent peu, et me répondent en appliquant la main droite sur leurs poitrines. De temps en temps, j'entends le son lointain d'un fifre et une détonation sourde ; mais ils n'ont pas l'air d'y prêter attention, et moi non plus je ne m'en soucie pas en apparence. Leurs affaires les regardent et je ne suis qu'un hôte de Dieu.

Cependant mon cavalier vient me parler à l'oreille, et on échange des coups d'œil d'intelligence. Il y a une noce à l'autre bout du village, un homme m'offre l'hospitalité, et c'est justement le père du marié. Si je ne consentais pas à me lever et à le suivre, il resterait devant moi à me regarder manger ses fruits ; mais après deux minutes de pure comédie pendant lesquelles je me fais prier, je me laisse conduire en cérémonie à travers des décombres dans un zigzag de petites rues jusqu'à la porte d'une cour d'où s'élève un bruit infernal. Coups de feu, roulements de tambours, cris stridents, on dirait qu'on s'y égorge. La fête est à son comble : c'est la mariée qui danse.

La porte s'ouvre, et je tombe au milieu de cinquante hommes qui brandissent des fusils et des pistolets, ivres d'une sauvage joie. Elle danse dans la maison qui borde la cour à main droite, et de toutes les fenêtres de cette maison, pas plus larges que des meurtrières, sortent des flocons de fumée rayés d'éclairs rouges. Par la baie qui lui sert de porte j'aperçois un fouillis de burnous blancs, de robes bleues et rouges, de hautes coiffures noires lamées d'argent ou d'or, et une mélopée douce accompagnée de battements de mains s'en échappe quand les fusils se taisent. Je me pousse à travers les burnous flottants et les armes levées, et mon hôte qui me suit crie qu'on me fasse place. Je mets le pied sur le seuil, et je me glisse hardiment derrière un groupe de femmes. Depuis que j'ai vu Khamissa, l'ivresse me prend dès que j'entends de près parler une flûte.

Je suis à deux pas de la mariée. Elle encore est parée comme une idole : son visage, peint de noir, d'ocre et de vermillon, est moucheté de petites étoiles d'or ; sa robe est taillée dans une étoffe indienne à grands ramages ; sa ceinture est rouge ; des manches flottantes de mousseline tiquetée de pois roses descendent sur ses bras cerclés d'argent. Sa coiffure n'est pas haute comme celle des femmes arabes, et elle ne porte pas de tresses de laine, mais son front est serti d'un mince turban noir et rouge sur lequel s'entrecroisent des chaînettes d'or, et ces chaînettes supportent des anneaux d'argent très grands et très lourds qui battent sur ses tempes et sur ses joues. Un petit voile blanc tombe sur ses épaules ; un autre beaucoup plus long descend jusqu'à ses talons. Ses membres sont ronds et souples ; elle est mince et grande : elle a peut-être seize ans.

A côté d'elle deux de ses amies en rouge, les têtes chargées de coiffures noires et larges, que rayent des bandeaux faits de petits poissons d'or, sont pareillement peintes, et ces trois jeunes filles immobiles se détachent sur le fond gris d'une muraille, dans la vapeur bleue de la poudre, comme des cariatides ou des statues sculptées aux proues des navires dans le tumulte d'un combat. En face d'elles, à l'autre extrémité de la salle, trois joueurs de flûte, debout dans les plis rigides de leurs burnous, tiennent en main des instruments longs dont la forme m'est inconnue. Ils les approchent de leurs lèvres, enflent leurs joues et s'avancent lentement, très lentement, à tout petits pas rythmés, en s'appuyant l'un contre l'autre.

Alors la mariée passe ses deux mains sous les épaules de ses compagnes, se renverse légèrement, se laisse comme porter, et elles viennent toutes trois ensemble, lentement aussi, très-lentement, à petits pas rythmés, au devant des hommes. Les flûtes disent : « Donne ta vie, donne ton âme, donne ton corps vierge ; apporte-nous la nacre de tes dents, les roses de ton sein, les flammes de tes yeux. » Elle leur résiste, mais elle les écoute ; elle détourne la tête, mais elle avance ; elle plie son corps en arrière, mais un sourire passe sur ses lèvres, et

6.

ses compagnes qui font tourner des foulards de soie de leurs mains libres sourient comme elle en frappant le sol de leurs pieds nus.

Peu à peu elle se livre et, les yeux à demi-clos la bouche encore dédaigneuse, elle s'arrête et s'abandonne, cambrant ses reins devant les flûtes qui la touchent presque, et dont les déchirants appels se fondent en murmures et en langueurs pareilles à des actions de grâce, si une créature humaine pouvait être mise au rang de Dieu. C'est à ce moment-là que les canons de fusil s'allongent entre les têtes, et que les coups de feu partent tout seuls. Les vieilles femmes poussent des cris terribles. La jeune fille respire largement l'âcre odeur du salpêtre, et le groupe se recule peu à peu pour recommencer.

« Tu n'as pas peur, toi », me dit un petit homme tout blanc que je n'avais pas vu à côté de moi. — « Et de quoi aurais-je peur ? », lui dis-je. Il me répond : « Fais toujours attention. Un maladroit pourrait fort bien glisser une balle dans un pistolet et te casser la tête. T'ayant tué par accident, il n'aurait rien à payer au gouvernement. Ici même, à la place où tu es, un homme a tué une âme, et personne autre qu'un étranger comme toi n'aurait osé s'y asseoir. » Une femme se retourne et l'interrompt : « Miséricorde de Dieu, Hadj Aïssa ! pourquoi rappelles-tu toujours cette histoire de Sliman ? Il y a vingt ans de cela. Que Dieu maudisse Satan le lapidé ! »

Je me suis fait l'ami d'El Hadj Haïssa ; j'ai passé avec lui le reste de la journée, et voici à peu près ce qu'il m'a raconté :

« Je ne pourrais te dire au juste en quelle année de l'apôtre (que Dieu l'élève en grâces, lui et ses compagnons !) nous faisions paître nos troupeaux dans la plaine de Guèrt ; mais la barbe commençait alors à couvrir mes joues. Notre famille était puissante et riche. Nos femmes avaient toutes des enfants mâles, et nos jeunes gens étaient les plus hardis voleurs de chevaux qu'on eut jamais vus. Quant à la plaine de Guèrt, Dieu fasse que tu la connaisses un jour. C'est un pays de l'Est, au delà du mont Aourâs, dans lequel il y a de bons pâturages pour les chameaux, des troupeaux de gazelles et des villes ruinées, bâties autrefois par les païens vos ancêtres. Notre tribu s'appelle les Achèche, et il n'y a chez nous que les marabouts et les nobles qui soient arabes. Les autres sont des Chaouïa ou des Romains, et quelquefois leurs filles naissent toutes blondes, comme les femmes de France. Nous nous battions alors en toute liberté avec nos voisins, les Nememcha et les Maafa du Djebel Chechar.

» Le plus riche de nous tous avait eu dans son âge mûr un fils d'une beauté et d'une vigueur extraordinaires, et il l'aimait plus que ses aînés. Il l'avait nommé Salomon (Sliman), comme son grand'père, et nous l'avions surnommé Azeroual à cause de la couleur de ses yeux. Il avait, en effet, les yeux bleus et presque verts. Peut-être fallait-il y voir un signe.

» En tout cas, à mesure qu'il grandissait, tous l'admiraient, et son père, qui l'élevait comme un sultan, disait en riant qu'il le destinait à séduire la fille du roi de Tébessa, comme Sidi Abdallah, ou à vous chasser de Constantine. Il avait pour maître de Coran un marabout dont la bénédiction s'étendait sur les plantes comme sur les hommes, un saint qui faisait des miracles ; il savait tous les noms secrets de Dieu par lesquels le seigneur invoqué se révèle à ses serviteurs. Il connaissait, sans jamais y être allé, tous les pays de l'Islam et tous les pays des infidèles ; il écrivait l'arabe mieux que son oncle qui avait passé trois ans dans le couvent de Garouin à Fez, et c'était lui qui faisait la lecture aux anciens, quand, dégoûtés des aventures mesquines de ce temps de misère, ils demandaient à son père le *livre des Conquêtes*, où sont réunis les exploits des hommes anciens de l'Islam, qui ont proclamé Dieu unique depuis Tunis jusqu'au bord de l'Océan obscur.

» En même temps, il apprenait avec nous la chasse et la guerre. Son cheval, que nul autre que lui ne montait, n'avait bu jusqu'à trois ans que du lait de chamelle ; ses membres desséchés par des compresses goudronnées étaient durs comme du fer. Il le lançait avec tant de force qu'il pouvait renverser une tente élevée sur trois montants et consolidée par vingt piquets, passer par dessus les hommes, les femmes et les sacs, et bondir encore au milieu du douar : il l'arrêtait si net que ses quatre pieds se réunissaient et glissaient ensemble sur une longueur de dix coudées. Je l'ai vu cueillir des fleurs dans une charge, ramasser et renouer ses étriers au grand galop, se tenir tout debout dans une descente vertigineuse, enfin, un jour, que nous fuyions, enlever sa mère sur le cou de son alezan, et envoyer encore des coups de pistolet à ces chiens de Nememcha qui nous poursuivaient. Magnifique d'ailleurs dans ses vêtements, tout en velours vert ou drapé dans les voiles d'un haïk de soie blanche, sur une selle brodée d'argent, il allait toujours en tête dans les fêtes ou dans les batailles, et nul ne lui disputait le premier rang, les vieux par admiration, et les jeunes par crainte : car ses yeux, quand on le dépassait, brillaient du feu de l'enfer.

» Un jour, Dieu voulut que les Maafa donnassent l'assaut à notre ksar de Taberdega pendant notre absence. Il n'y avait là que des malades et des femmes ; mais, quand tu auras vu Taberdega, tu sauras qu'elle peut se défendre toute seule : elle ne tient à la montagne que par une chaussée très étroite, et semble suspendue dans l'air. Nous accourûmes en toute hâte, et nous les suivîmes au trot dans leur vallée pierreuse ; car la peur leur donnait des jambes. Cette fois-là, Sliman n'était pas le premier : c'était son père qui nous conduisait tous, parce que l'injure que nous avions reçue était mortelle, et les femmes mêmes du ksar nous avaient insultés en nous jetant un chien du haut des murs. Nous arrivâmes en une demi-journée devant le ksar des Maafa, et, sans même nous mettre en rang, nous jetâmes à terre les fourreaux de nos sabres, et nous sautâmes sur son enceinte. Ce n'était qu'un grand carré de pierres bâti en plaine, mais percé de meurtrières, et plein de gens qui se savaient sûrs de mourir. Mon père à moi fut tué là, et mon oncle, et mon frère aîné qui surpassait tous les Achèche par la taille, et plus de cent guerriers possesseurs de chameaux, les plus riches et les plus braves qui eussent jamais pénétré dans le Djebel-Chechar, puis le père de Sliman fut frappé à son tour, comme il allait sauter en dedans du rempart. Une balle lui brisa la mâchoire, une autre lui traversa la poitrine, et il tomba la tête en avant comme un plongeur. Sliman accourut à lui, s'agenouilla près de son corps agonisant, lui leva la main droite en signe de témoignage, le baisa lentement sur le front, et, le sabre aux dents, se jeta sur la première porte venue qu'il enfonça.

» Je ne le revis qu'à la fin du jour : il était tout rouge de son sang et de celui des hommes qu'il avait tués : il jetait par brassées des branchages flambants sur leurs toits de paille, et le ksar s'enveloppait d'une fumée noire, tandis que le reste des Maafa, échappé je ne sais comment, courait à la montagne. Leurs femmes s'arrachaient leurs tresses de laine, et se déchiraient le visage à coups d'ongle en poussant des hurlements. Ah ! certes, si nous n'avions pas laissé nos chevaux en contre-bas dans l'Ouâd, il ne s'en serait pas sauvé un seul.

» Nous fîmes la paix après cela. Ils n'avaient plus d'argent à nous donner, car nous avions trouvé tous leurs douros sous les décombre des leurs cabanes, mais ce que nous emportâmes de sacs de blé, de sacs d'orge, de tapis, de viande séchée et de pots de beurre fondu sur leurs mulets et sur leurs ânes ne se peut dire. C'était une file admirable qui montait dans Taberdega, et cette fois, nos femmes, rangées toutes sur le mur, nous acclamaient en criant comme des aigles. Le prix du sang du père de Sliman fut payé à part : ils nous apportèrent à Taberdega, dans cinq haïks de laine, tous les bracelets, tous les colliers, tous les diadèmes de leurs femmes, puis sur un chameau, la fille de leur chef tué, qui égalait presque notre mort en bravoure et en richesse. Elle devait rester chez nous à jamais captive. Œil pour œil, mort pour mort, âme pour âme : c'est comme cela que nous faisions la guerre autrefois.

» Que Dieu maudisse Satan, qui nous fit prendre cette fille ! C'est moi qui eus le malheur de la descendre du chameau : elle ne pesait pas plus qu'un faon de gazelle, et pleurait à fendre l'âme ; mais elle était déjà belle comme une femme du Paradis. Elle était plus blanche et plus brillante qu'un haïk enveloppé de papier de soie dans une boutique de Tunis, et ses cheveux tombaient sur ses épaules comme des flots de bronze. Je la donnai à un de mes cousins qui l'emmena dans sa tente, et on n'en parla plus pendant longtemps. Nous recommençâmes à vivre à peu près comme avant, et notre grand plaisir était de descendre en bande dans cette maudite vallée des Maafa sur nos chevaux bien harnachés pour y parader en maîtres ; mais tu devines peut-être le malheur qui nous attendait.

C'était dans une après midi très chaude. Nous étions allés au loin chasser des gazelles sur le plateau des Nememcha avec Sliman. Le vent du sud-ouest poussait devant nous des masses de brume, et les collines flottaient sur le bord de la plaine comme des îles sur la mer. Sliman était devenu un homme : il avait peut-être vingt-cinq ans. Il avait mené la chasse, et nous ne savions plus où il nous avait entraînés : il n'en savait rien lui-même ; mais il allait toujours, maintenant une gazelle tuée sur le cou de son cheval, et nous le suivions la gorge sèche et les yeux brouillés.

» Tout à coup, trois tentes nous apparurent dans un ravin, fermées et muettes, sans hommes, ni chiens, ni enfants alentour. Evidemment, il n'y avait là que des femmes. Nous hésitâmes à appeler ; mais la soif nous étranglait, et je criai :

— » Oh ! les gens, par l'amour de Dieu, un peu d'eau. Dieu vous le rendra dans l'autre monde !

» Des voix fraîches nous répondirent, et une jeune fille de seize ans peut-être sortit d'une des tentes, tenant dans ses mains un vase de cuivre. Nous étions descendus tous de cheval sur une même ligne, mais elle alla vers Sliman, qui la regardait les yeux grands ouverts, comme s'il apercevait un génie. Elle était couverte de deux pièces d'étoffe bleue retenues sur les épaules par deux agraffes de fer ; elle n'avait qu'un foulard rouge sur la tête, un collier de graines autour du cou, des bracelets de fer aux bras et aux jambes ; mais ses bras étaient nus jusqu'aux épaules, son cou nu jusqu'aux clavicules, et son visage merveilleux resplendissait tout à découvert de l'éclat de la lune. Ses yeux très longs étaient presque de la même couleur que ceux de Sliman, moins vifs, mais plus profonds : on eût dit qu'elle était sa sœur. Quand elle fut devant lui, elle lui tendit le vase, et il le prit en la regardant toujours ; mais il ne pensait pas à boire. Nous nous mîmes à rire, et il se détourna pour avaler une gorgée rapide.

» Elle lui dit :

— » Le Seigneur te donne la force.

— Il répondit :

— Qu'il te donne le salut, fille de bien !

Elle découvrit toutes ses dents dans un sourire, et répliqua :

— » Je suis ta servante, seigneur.

« Puis elle nous offrit à boire à notre tour.

» Quand nous remontâmes, en selle, Slimam me dit :

— » Qu'est-ce donc que cette fille-là, que je n'ai jamais vue ?

» Et il la regardait encore, comme elle allait vers sa tente, à pas lents.

— » Ne serait-ce pas la *Maâtia* donnée pour l'âme de mon père ?

— » Tu l'as dit, lui répondis-je, car je l'avais reconnue ; mais, si tu m'en crois, ne retourne pas de ce côté-là.

» Tu penses bien qu'il y retourna, non pas une fois, mais plusieurs le premier mois, puis tant qu'il put ensuite. Dans les intervalles, il nous emmenait en course, les yeux pleins de flammes. Jamais je ne l'avais vu si transporté, même quand il incendiait le ksar des Maafa. On eût dit que deux hommes vivaient en lui, deux hommes de sa force et de son ardeur, et cependant il ne faisait que la voir ; mais qui saura jamais les ruses des femmes ? Mon cousin, qui le recevait, me racontait qu'il restait toujours loin d'elle et qu'il ne lui parlait guère : seulement, il s'étendait sur un tapis et la regardait passer devant lui, se repaissant de la beauté de ses membres, de l'éclat de son regard de fée et du charme de ses sourires. A la fin, il n'y tint plus, et malgré tout ce que nous lui en pûmes dire, il pria mon cousin de lui demander si elle voulait le prendre. Il n'y avait pas, dans toutes nos tentes, une femme qui ne fût devenue folle d'orgueil en écoutant une proposition pareille. Sais-tu ce qu'elle fit ? Elle alla s'asseoir dans le coin le plus sombre de la tente, et resta plus d'une heure le visage dans ses mains, puis elle dit qu'il fallait attendre et qu'elle avait besoin de réfléchir.

» Le monde me parut tout changé ce jour-là. Nous avions peur de la colère de Sliman ; mais il ne dit pas un mot, sella lui même son cheval et nous défendit de l'accompagner. Nous ne le revîmes pas pendant huit jours, nous n'avons jamais su où il était allé, et, quand il revint, il tremblait, secoué par une forte fièvre. Nous imaginâmes, pour le distraire, d'aller tomber sur les Nememcha bien que votre gouvernement béni nous l'eût défendu, et nous avons payé cette partie-là d'une forte amende ; mais rien n'y fit, pas même un coup de sabre qui lui fendit la moitié d'une épaule et lui fit perdre une outre de sang. Il brûlait comme une torche, se traînait sous sa tente comme une ombre, et cependant cette damnée Maâtia répondait toujours qu'il fallait attendre.

Sa mère et ses sœurs crurent alors qu'il allait mourir, et dans leur désespoir les pauvres femmes prirent à pleines mains tous les bracelets, tous les colliers et tous les diadèmes du ksar des Maafa, le prix du sang du père de Sliman. Ils s'élevaient en monceau dans une tente bien gardée, et il y avait là de quoi acheter une sultane. Elles en emplirent trois grands sacs qu'elles firent charger la nuit sur des mulets, et elles partirent ensemble, la vieille pleurant à sanglots, pour la tente de mon cousin. Elles y arrivèrent au point du jour, et trouvèrent qu'elle-même ne dormait pas, assise à demi-nue, dans sa mince robe bleue, sur le rebord de la tente, malgré le froid du matin. Elles descendirent de leur montures, et, les mains étendues, comme des suppliantes, elles s'avancèrent vers elle, pendant que les serviteurs vidaient bruyamment les trois sacs d'argent et d'or à ses pieds.

— « Prends tout cela, disait la vieille, prends-le, ma fille. C'est la rançon de l'âme de mon mari que je t'apporte. Tu sais que Sliman va mourir. Dieu est clément, Dieu pardonne. Viens avec nous dans nos tentes. Je te donne ma place : tu seras la première dans nos fêtes, tu seras riche à jamais, tu seras la femme du plus brave et du plus beau des hommes. Cesse de méditer dans ton cœur. Ne nous repousse pas, prends pitié de nous qui ne t'avons point fait de mal. »

» Elle tenait ses yeux obstinément fixés sur la terre, sans répondre, et son visage semblait de pierre comme ceux des idoles qui sont dans vos villes. A la fin, elle dit :

— » Qu'il vienne lui-même.

» Et les femmes, laissant tous leurs présents devant elle, partirent en gémissant.

» Elle resta tout le jour à la même place, et nul d'entre nous, ni homme, ni femme, n'osait s'approcher d'elle, craignant de lui dire une parole imprudente qui assombrit la destinée de Sliman. Elle plongeait la main dans le monceau des bijoux, les maniait les uns après les autres, et tenait longtemps ceux qu'elle semblait reconnaître, puis elle les rejetait au hasard sur la terre, et bientôt ils couvrirent un grand espace. Elle s'assit au milieu et choisit un diadème qu'elle garda. Quand le soir vint, elle l'attacha autour de sa tête, demanda de l'eau, but un peu, et s'étendit comme pour dormir. Nous passâmes cette nuit-là dehors, nous aussi, et nous allumâmes deux feux auprès du trésor, faisant bonne garde avec nos fusils chargés, car les voleurs étaient nombreux, et tant d'or et d'argent reluisait au loin dans la nuit. Quand l'aurore revint blanchir la plaine, nous la vîmes toujours assise, le regard fixé du côté de Taberdega, et elle resta ainsi jusqu'à ce qu'un berger accourût en disant : « Il arrive ».

Il descendait à pied le versant d'une petite colline, et son cheval harnaché d'argent le suivait tenu par son serviteur. Il était tout vêtu de soie et de fine laine blanche, chaussé de bottes brodées d'or, comme aux beaux jours ; mais il tremblait en avançant : il essayait en vain de sourire ; son visage était horriblement pâle, et ses yeux étaient des cavernes sombres. Tout à coup, elle se dressa grande et terrible, fit trois pas vers lui jusqu'à le toucher, et il nous sembla que la foudre tombait sur nous, et nous nous écartâmes : elle lui dit :

— » Sliman Azeroual, tu as tué mon père qui défendait sa ville, et ma mère, et mes jeunes frères qui embrassaient tes genoux dans notre maison ; tu as sur la tête la mort de tous les miens. Tu as brûlé leurs demeures, emmené leurs troupeaux, et voilà leurs dernières richesses éparpillées à terre et poussées du pied comme des jouets d'enfants. Maintenant, Dieu soit loué ! le Seigneur t'envoie la folie, et tu me fais horreur. Jamais, je le jure sur leurs têtes, quand je te verrais mourir à ton tour misérable et abandonné, jamais je n'aurai pitié de ta souffrance. Je t'ai menti ! je te hais depuis le premier jour comme le démon ! »

» Ah ! la chienne, fille de chienne, comme nous l'aurions tuée tous ! Mon cousin le premier s'élança sur elle, ayant tiré son couteau de sa gaîne, et déjà son poing armé s'abattait sur son cou ; mais Sliman, d'un mouvement rapide l'arrêta si brusquement que la lame sauta en l'air ; puis ses genoux se délièrent, et il glissa par terre. Nous nous empressâmes autour de lui : pendant ce temps, elle s'enfuit, courant de toute sa vitesse à travers la plaine, et notre terre ne la revit plus.

» Sliman resta plusieurs jours étendu sur une natte, comme un arbre coupé dont les feuilles jaunissent, puis il sembla reprendre un peu de vigueur ; mais sa voix n'avait plus le même son, et il nous regardait tous comme des étrangers.

Il ne voulut pas qu'on harnachât son cheval, mais il donna sa bride et sa housse brodée à mon cousin, en échange d'une vieille selle toute dépouillée et d'un mors attaché par deux ficelles, et il partit avec son domestique en nous disant qu'il rentrait chez lui. A moitié route, il renvoya l'homme et se dirigea vers l'ouest. On raconta qu'il était allé dans le pays de Mouley Abder Rahman, et de fait nous n'en entendîmes plus parler qu'à de longs intervalles. Une fois, un Kabyle nous dit qu'il l'avait vu dans une troupe des Beni Hadas qui parcourent les tribus arabes en achetant et vendant des chevaux. Ces gens-là viennent on ne sait d'où, et parlent entre eux un langage que nous ne comprenons pas. Une autre fois, on nous apprit que Dieu attirait à lui sa raison, qu'il allait pieds nus, qu'il ne portait plus qu'un bournous rapiécé et qu'il marchait au soleil comme à la pluie sans coiffure, les cheveux pendant sur les épaules : les Beni Hadas l'honoraient comme un derviche, et lui laissaient prendre dans leurs tentes tout ce qu'il voulait : s'il y trouvait un tambour, il se mettait à le faire résonner d'une façon terrible pendant plusieurs heures, imitant les galops furieux des chevaux et les danses lourdes de femmes, puis sa tête tombait sur sa poitrine, et il fondait en larmes. Enfin un jeune homme de Laghouat qui passait par Taberdega nous raconta que depuis un an il avait fermé les yeux à la lumière. Il était toujours vivant, mais Dieu avait clos ses paupières, et il allait de douar en douar, tâtonnant dans l'ombre, guidé par un enfant.

» Admire maintenant le décret de Dieu. Il fait de nous ce qu'il veut, et tout ce qu'il écrit chaque année dans la nuit du destin se réalise. Nous avions besoin de laine fine pour faire tisser des tapis par nos femmes, et j'étais venu jusqu'ici pour en acheter. C'était la veille d'un marché, et je me promenais comme toi-même tout à l'heure, sans savoir ce que j'allais faire, lorsque j'entendis les airs de flûte d'une noce résonner dans cette maison même. Je demandai la permission d'entrer, et quand, après avoir salué les hommes, je me retournai du côté des femmes, je crus avoir le vertige. La mariée, d'une taille et d'une beauté surhumaines, toute couverte de bijoux et d'étoffes infiniment plus riches que les loques de cette pauvresse, était notre Maàtia. Elle avait gardé la coiffure rouge des femmes du Djebel

Chechar, et le diadème avec lequel elle s'était enfuie. Comment se trouvait-elle là ? Comment se faisait-il qu'un homme l'eût ainsi couverte de soie et d'or? Je ne m'en étonnai guère. Elle était si belle que la voir seulement était une bénédiction de Dieu. Elle avait voulu sans doute que les joueurs de flûte fussent des gens de son pays ; car ce que ces flûtes disaient pendant qu'elle s'appuyait sur ses deux compagnes et se préparait à la danse, je l'avais entendu là-bas, et je m'en réjouissais, étant en pays étranger. Tout à coup la musique se tut. J'entendis dire par tout le monde : « Le derviche ! le derviche ! » et je vis qu'on faisait place à un homme de haute stature, tout blanc qui marchait la main posée sur la tête d'un enfant. Il s'arrêta au milieu des femmes et s'accroupit. Sa mère même n'aurait pas reconnu Sliman. Ses cheveux abondants descendaient autour de son cou comme un voile de neige ; son visage était de marbre et ses beaux traits étaient immobiles ; ses yeux fermés lui donnaient l'aspect d'un mort parmi les vivants. Un cordon vert passait autour de sa nuque, et disparaissait sous son burnous.

» Les flûtes s'accordèrent et reprirent leur

chant. Je vis très bien une rougeur légère monter à ses joues ; un soupir gonfla sa poitrine ; il secoua doucememt la tête, puis, s'appuyant à terre de la main gauche, il se tendit vers les musiciens. En même temps, la Maàtia venait vers lui à demi renversée comme si une force invincible l'eût poussée de son côté, et sa danse avait je ne sais quoi de grave et de tendre que je n'ai jamais vu chez les autres femmes. A chaque pas qu'elle faisait, c'étaient des exclamations et des détonations à vous assourdir, et, chose merveilleuse, la vie semblait revenir par secousses dans les veines du derviche aveugle : il cambrait ses reins, il élargissait sa forte poitrine, il repoussait ses cheveux en arrière. Bientôt, elle se trouva près des femmes, à deux pas de lui, et les flûtes s'écartèrent pour que tout le monde pût bien voir cette magnifique créature de Dieu à demi pâmée dans la splendeur de ses parures. Alors, il passa brusquement sa main sur son visage, depuis le front jusqu'au dessous des lèvres, et ses yeux s'ouvrirent, et moi je serrai les dents pour ne pas crier « Sliman ! ». C'étaient bien ses yeux bleus si grands, si doux et si terribles, pleins d'amour et de flammes, tels que je les avais vus souvent dans nos fêtes et dans nos batailles ; c'était lui tout entier, et il regardait la Maâtia qui le reconnaissait à son tour, et fixait sur lui ses yeux pareils aux siens, souriant à lui seul d'un sourire enchanteur, comme si elle voulait enfin lui appartenir. Il tira un pistolet de dessous son burnous, il l'arma, et les femmes à côté de lui se couchèrent par terre ; mais elle, quand il étendit le bras, se dressa toute droite. Le coup partit : elle tomba presque sur lui, heurtant ses genoux de sa tête, et battant la terre de ses mains. Il lança le pistolet au loin et referma les yeux.

» Voilà l'histoire de Sliman Azeroual, me dit el Hadj Aïssa et tu comprends que je m'en souvienne chaque fois que je vois exécuter une de ces danses de l'Aourâs.

— Mais, ajoutai-je, qu'en a-t-on fait ensuite ?

— Oh! il est reparti bien tranquillement, guidé par l'enfant qui l'avait amené. Les derviches sont des saints, et c'est Dieu qui avait mis la balle dans le canon du pistolet. Il a continué de vivre chez nous pendant deux ans sans revoir le soleil, et maintenant toutes les femmes des Achèche et même des Maafa viennent jeter des morceaux d'étoffe ou brûler des grains d'encens sur son tombeau. »

UN SAINT

Je viens de passer quelques minutes bien agréables à me rappeler mon vieux maître en islam, le premier qui m'ait révélé le charme discret du mysticisme, le meilleur assurément et le plus doux des hommes. Il s'appelle Ben-Smaïa : il habite dans la haute ville d'Alger une petite maison très blanche, dont la porte basse est encadrée d'une bande bleue. Nous avions fait connaissance un jour que la lumière me semblait moins brillante, le regard des femmes moins puissant, l'horizon de la mer plus étroit que la veille, et je lui avais plu en lui traduisant quelques lignes de la « Cité de Dieu » de saint Augustin. « L'homme qui a écrit cela était musulman », m'avait-il dit comme je refermais le livre.

Depuis ce moment, il m'avait donné des leçons régulières. Il venait chez moi trois fois par semaine, vêtu d'un burnous très mince, un petit panier à la main (car c'était lui qui faisait le marché pour sa famille), et il s'asseyait à côté de moi, se donnant une peine infinie pour m'expliquer le « Livre de l'Or pur » du cheikh Abd-el-Aziz. Il était d'ailleurs beaucoup plus savant en grammaire arabe et en législation musulmane qu'un professeur au Collège de France.

De temps en temps, je l'interrompais pour qu'il me parlât de sa vie : il était répétiteur de Koran dans la mosquée voisine, et il y allait tous les jours pour 600 fr. par an. Deux de ses fils étaient marchands de tabac et mariés. Absolument content de son sort dans ce monde, il n'avait pas peur de l'autre : car il vivait en paix avec tous les hommes et tous les Esprits. Une vieille négresse morte chez lui venait souvent ranger de menus objets dans sa chambre et se retirait en le saluant. Quand je souriais de sa crédulité, il me reprenait doucement, et ajoutait : « Vous ne pouvez pas voir ce que nous voyons, nous autres musulmans, parce que vous ne voulez pas croire ».

Il y avait bien trois semaines qu'il m'expliquait le « Livre de l'Or pur », et je desirais lui offrir le prix de sa peine ; mais j'avais une sorte de honte à lui tendre ma bourse en échange des idées hautes et des sentiments délicats qu'il m'apportait. Cependant, je m'enhardis, et je lui demandai combien il me prendrait par mois pour achever de m'instruire. Il réfléchit pendant quelques instants et me répondit : « Cent francs ». La somme était forte, mais je m'inclinai, et du mois de janvier au mois de juillet, nous continuâmes d'analyser ensemble les formules les plus rares de l'abandon à la volonté de Dieu et du renoncement aux choses de ce monde; puis je partis pour la France, et j'y restai pendant les vacances.

De retour à Alger, je me hâtai d'aller le revoir, et le priai de me continuer ses soins. Il me serra les mains avec un air attendri et joyeux que je ne lui avais jamais vu, et me promit d'être chez moi le lendemain à l'heure habituelle. Quand il y fut, il s'assit sur une chaise, et, me regardant bien en face, me dit : « Je me suis repenti devant Dieu, et j'ai de grandes excuses à vous faire. L'année dernière, je vous ai demandé une somme exagérée, bien au-dessus de ma condition présente et de mon mérite; mais alors je devais marier ma petite fille, et j'avais besoin d'argent. Le mariage vient d'avoir lieu, et maintenant, je vous demande comme un service que nous reprenions nos entretiens pendant cette année-ci tout entière sans que vous me donniez la moindre rétribution. Ne me le refusez pas, je vous en prie : vous me feriez trop de peine ».

J'ai accepté, et, pour m'en remercier, il n'a jamais cessé de m'apporter des gâteaux au miel parfumés d'ambre et de musc à la fin du jeûne du Ramadan.

Je sens maintenant tout ce que je dois à cet homme aimé de Dieu ; car voici, grâce à lui, le quatrième jour que je subis un charme profond et rare, plus troublant que l'ivresse. J'ai rencontré, en me promenant autour d'Amoura avec Hadj Aïssa, un personnage dont la tête était enveloppée de mousseline blanche, et mon compagnon l'a salué avec vénération, en l'appelant Hadj Mahammed. Tous deux ont fait ensemble le pèlerinage l'année dernière et laissé le peu d'argent qu'ils avaient entre les mains des Anglais de la mer Rouge et des Bédouins campés près de la Ville Sainte ; mais ils n'en tirent pas vanité. Hadj Mohammed est même tout le contraire de mon heureux Tartuffe des Aoulâd Naïel. C'est un ascète sincère, amaigri par le jeûne.

Ses mains sont fines et très blanches, et dans ses yeux extraordinairement calmes on voit briller une âme immobile. Il nous a fait place à l'ombre près de lui, et j'ai gagné sa confiance en lui parlant du livre du cheikh Abd-el-Aziz. Il s'est bien tenu, d'abord, sur la réserve ; mais, le lendemain, il s'est piqué au jeu, et voilà qu'il entreprend de me convertir. Ce n'est pas tout à fait l'islamisme qu'il m'enseigne, c'est encore la doctrine mystérieuse dont Ben-Smaïa m'a fait balbutier les premiers mots inconnus du vulgaire, et je suis resté dans ce misérable village d'Amoura pour mêler mes pensées aux siennes. J'éprouve un plaisir singulier à sentir qu'il s'empare de moi et, bien loin de résister, je me livre à tout risque. « Le disciple, disent les mystiques, est un jeune oiseau dont le cheikh est le nid ; il est un corps inerte que le cheikh tourne et retourne, comme fait le laveur des morts. »

« Tu crois, m'a-t-il dit avant-hier, que tu possèdes beaucoup de science, et qu'au moins tu sais aimer. Détrompe-toi. Tu ignores tout et tu n'aimes rien. Tu as appris que la terre tourne autour du soleil, que le sang qui circule dans le corps de l'homme est un fleuve qui revient à sa source, qu'il y a, par-delà la mer des ténèbres, des terres couvertes d'arbres différents des nôtres et habitées par des hommes jaunes ; mais ni toi ni tes maîtres n'avez encore reconnu que toutes les créations et toutes les créatures de l'univers sont des signes.

« Tu poursuis la beauté des femmes, et tu te réjouis quand elles t'ouvrent leurs voiles, mais comprends-tu, sinon comme un païen, ce que disent leurs yeux et leurs lèvres ? Il y a des signes divins dans les femmes, des signes divins dans la mer quand elle s'étend, le jour, sous le soleil, ou se rétrécit, la nuit, sous les étoiles ; des signes divins dans les orges vertes qui sortent des champs fécondés et mûrissent pour nourrir les chevaux et les hommes ; des signes divins dans ton souffle, dans tes muscles, dans tes os et dans ta chair, jusque dans les vêtements dont tu te couvres, et dans ceux que tu dédaignes. Dieu te parle à toutes les secondes de ta vie une langue immensément riche et sonore, auprès de laquelle les milliers de mots que tes docteurs griffonnent dans leurs livres n'ont même pas la valeur d'une poignée de sable.

Voilà pour ta science. Et, dis-moi : confesse

ce que tu aimes. Depuis l'homme et la femme qui te sont le plus chers jusqu'aux objets les plus futiles dont tu détournes bientôt les yeux, n'est-il pas vrai que tu n'aimes que des fantômes ? Ils passent devant tes yeux sans s'arrêter jamais, déformés par les maladies ou par la vieillesse, et les regrets ou la crainte se mêlent sans cesse à ce bonheur que tu appelles l'amour. Toi-même tu n'es capable d'aimer de cet amour misérable que pendant un temps très court de ta vie. Après avoir tourmenté ton corps et avili ton âme pour amasser de l'or, le moment vient vite où tu ne jouis plus de ce qu'il te procure, et alors tu le donnes à d'autres pour les voir en faire un meilleur usage. Tu te fonds en tendresses, et bientôt les créatures que tu croyais si fortement chérir te deviennent indifférentes par le simple effet de ton impuissance. Tu aimes l'étude et tu te consumes dans les veilles : après cinquante ans de recherches aveugles qui t'égareront loin du monde présent et du monde futur, ton intelligence s'affaiblira et tu bégaieras comme un enfant. Tu en es là parce que tu aimes les signes de Dieu sans les comprendre, au lieu de Dieu lui-même, parce que tu es un homme des temps de l'ignorance, et que tu as refusé d'entendre les prophètes et les apôtres. Si au moins tu étais chrétien et si tu lisais l'Evangile comme je l'ai lu, tu m'entendrais tout de suite, et je n'aurais même pas besoin de t'avertir. »

Hier il m'a dit :

— « Ecoute-moi avec attention. Donne-moi bien toute ton âme. Ecarte le doute et tends fortement ta pensée pour me croire. Je vais te donner le moyen de connaître et d'aimer le vrai absolu et l'impérissable.

« Si tu pouvais effacer d'un seul coup toutes les impressions que ce qui t'entoure a faites dans ton âme, si tu parvenais en quelques jours à être bien certain que cette terre-ci et ce qu'elle porte, ton père et ta mère, ta maison et ton champ, tes biens et ton corps, sont des illusions, si tu te mettais ainsi en face du pur néant qui est la source de la vie et de la beauté, et dans lequel toute vie et toute beauté s'éteignent, tu deviendrais fou pour sûr, et ta raison fondue comme la cire devant un feu ardent laisserait ton corps vide errer à la façon des bêtes. Comprendre et aimer tout Dieu; tu l'as peut-être entendu dire par les sots et les hypocrites qui s'entre-payent de mots ; mais la vérité est que cela n'est point donné au commun des hommes. Il n'y a que les prophètes comme Aïssa (Jésus) et Mohammed qui aient reçu cette grâce formidable, et tu sais avec quelle terreur et quelle angoisse ils en ont parlé. Mais Dieu est clément et miséricordieux.

« Tous les autres hommes peuvent s'élever vers lui, lentement il est vrai, mais sans danger, en unissant leurs âmes à celles de ceux qu'il a manifestement choisis pour ministres, et qui sont heureusement innombrables sur la surface de la terre : car, depuis le commencement du genre humain, aucun de ces êtres privilégiés n'est mort, et les plus anciens comme les plus récents passent peut-être en ce moment près de toi dans la lumière, invisibles à tes yeux de chair. Dieu en suscite tous les jours de nouveaux là où il veut, sous nos tentes et dans les forteresses des sultans, jusque chez vous-mêmes ; — n'en doute pas, il y a des saints parmi vous ; seulement vous vivez avec eux sans les reconnaître…

» Eh bien, prends une résolution ferme ; cherche à découvrir un de ces hommes, non pas avec ton intelligence (car le démon t'égare), mais avec ton cœur ; et quand ton cœur t'aura dit « Le voilà, c'est lui », comme le cœur d'une femme parle à la vue de son amant, humilie-toi devant lui, aurait-il la figure d'un mendiant, et demande-lui qu'il te prenne. S'il te repousse, passe des jours et des nuits à prier devant son tombeau ou devant sa porte. Peu importe, je te le répète, qu'il soit mort ou vivant. Un jour arrivera où tu l'entendras te dire « Viens », et où tu le verras t'ouvrir les bras ; il te relèvera, il te serrera sur sa poitrine, et tu sentiras tout ton être s'enfoncer dans le sien comme dans un abîme. Alors tu seras sauvé. Tu seras une parcelle de lui-même, tu commenceras à t'affranchir, à comprendre et à aimer par lui. Il te révélera les noms par lesquelles tu dois invoquer Dieu pour qu'il t'attire, les prières que tu dois réciter la nuit pour purifier ton âme, toutes les paroles que tu dois dire et tout ce que tu dois faire dans ce monde visible, en un mot, le chemin que tu dois suivre sans en dévier d'une ligne, et tu goûteras, mon ami, les joies immenses de l'obéissance et de l'abandon complet aux volontés d'un maître et Seigneur. Soupçonnes-tu seulement ce que cela peut-être, vivre, toi homme ignorant et misérable, vivre par l'amour, de la vie intime d'un être surhumain, plus puissant dans l'univers que tous les sultans des nations infidèles, qui commande aux éléments et fait partie des conciles du Prophète? C'est là le premier degré de l'initiation : l'anéantissement de ta personne dans un autre homme. Il y en a six autres; mais ce premier pas est le plus difficile à franchir, parce qu'il faut briser bien des attaches, et le prophète Aïssa (Jésus) a eu raison de dire : « L'homme n'a pas de pires ennemis que les gens de sa maison. »

Là il s'est arrêté, et j'ai vu passer comme des lueurs et des nuées dans ses yeux ; ses paupières se sont abaissées, et il s'est tu pendant longtemps ; puis il a paru revenir à lui, et, me regardant avec un tel calme qu'il me faisait peur, il a repris :

« J'avais peut-être vingt ans quand j'ai quitté mon père et ma mère. Ils étaient alors dans le pays de Mouley Abd er Rahman, aux environs de Tanger, et je ne les ai plus revus. Je suis allé d'abord à Ouazzan me mêler aux fidèles qui prient sous la direction de Mouley Taïeb ; mais j'ai vu bientôt qu'ils n'étaient pas assez pauvres pour moi, et qu'ils s'occupaient trop des affaires de ce monde. Je les entendais discourir sur la puissance du sultan de Fez et sur l'amitié du roi des Français, comme si de pareilles choses méritaient qu'on s'en occupât, et leur chérif lui-même leur en donnait l'exemple. Je les ai quittés, j'aimendié sur ma route, et je suis arrivé presque au bout du monde, à Baghdad, dans le couvent de Sidi Abd el Qader el Djilâni ; mais quand je fus devant le tombeau du Saint, mon cœur resta dur comme une pierre. Le Sultan des Saints de l'Islam, l'étoile polaire de tant de milliers de fidèles, se détournait de moi.

Je m'obstinai dans la naïveté de mon âme, croyant qu'il était bien aisé d'entrer dans sa voi; car il a dit simplement: « Rejetez les pa« roles mauvaises, prononcez sans cesse le nom « du Très Haut, méprisez les biens de la terre, « et repoussez les amours humaines. » Un derviche me communiqua le secret de ses invocations, et je me mis à réciter tous les jours, après chacune des cinq prières obligatoires, 165 fois : « il n'y a de divinité que Dieu », 100 fois : « que Dieu pardonne », 100 fois : « ô mon Dieu, répandez vos grâces sur notre Seigneur Mohammed, le prophète illettré », 121 fois l'oraison qui ouvre le Koran, 121 fois le chapitre du Koran commençant par « lorsque viendra le secours », 121 fois quatre autres chapitres à mon choix. Je priais comme le veut la règle, assis et les jambes croisées, les mains ouvertes et les doigts écartés sur les genoux; je prenais tout juste assez de nourriture pour ne pas défaillir, et je tendais toute mon âme vers le Saint, comptant d'un moment à l'autre sur l'illumination de sa présence.

Cela dura deux ans de suite, et la seule grâce qu'il me fit fut de me maintenir en vie. A la fin, croyant que j'allais mourir, je revins à son tombeau, je le priai pendant trois jours en versant des larmes, puis, les yeux clos, j'attendis qu'il me parlât. Il resta inexorable. Le désespoir me prit, et je repartis pour chercher sur la terre l'homme vivant ou mort que je devais servir.

« J'ai lentement parcouru l'Egypte, la Tripolitaine, la Tunisie entière et l'Algérie. J'allais de zaouïa en zaouïa et de confrérie en confrérie, et mon désespoir augmentait en voyant tant d'hommes heureux d'êtres unis à leurs cheikhs: car, tu ne le sais peut-être pas, il y a, chez les seuls musulmans de l'Algérie, plus de 30,000 fidèles d'Abd el Qader el Djilâni. Les coupoles qui marquent les places où son corps aérien s'est posé sont dix fois plus nombreuses que vos villes. Elles s'élèvent sur les collines et servent de guides aux voyageurs comme les phares et les îles de la mer. Les Rahmanîa, qui sont peut-être deux cent mille, pullulent depuis les montagnes de la Kabylie jusqu'aux oasis du Zab. Ceux-là s'approchent de Dieu par la grâce d'Abd er Rahman bou Gobrîn, le Saint aux deux tombeaux. Les Tidjânîa qui vénèrent El Tidjânî de Laghuoat occupent tout le sud de la province d'Alger et étendent leurs prédications jusqu'aux Touareg du grand désert. Et les Châdelîa-Derqaoua, et les Kerzazîa, et les Hansalia, et les Taïbîa, vingt mille dans une région, quinze mille dans une autre, dix mille ailleurs, dispersés sous les tentes de poil et sous les gourbis de branchages : voilà la bonne semence, la réserve mystérieuse, le levain de l'Islam ! Ton gouvernement essaye de les compter ; il n'en saura jamais le nombre.

« Moi, je les connais presque tous. Pendant dix ans, j'ai, sans dire un mot à personne, visité leurs retraites, prié sur les tombeaux de leurs intercesseurs, emprunté leurs pratiques et leurs formules :

j'ai porté les guenilles des Derqaoua, je me suis flagellé avec les Hansalîa ; j'ai prié les pieds dans la neige au col de Chellala ; dans le sable, sous le soleil, à Temassinin ; et, pour, mon malheur, pendant ces dix ans, j'ai trouvé tous les cheickhs morts ou vivants également impitoyables. Je sentais bien que je ne priais que des lèvres, et que je restais comme un oiseau perdu dans le monde ; mais, pour me soutenir, je me rappelais le cheikh El Hansali. Celui-là, après avoir été agréé par Dieu et regardé comme un prodige de science, avait tout à coup perdu la mémoire. Au lieu de se livrer à la douleur, il avait recommencé d'apprendre ses lettres et avait reconquis toutes ses connaissances. Je me disais, quand je me sentais faible : « Tu n'en es pas encore à l'épreuve d'El » Hansali. »

« Enfin mon jour vint à Méquinez, comme je dormais contre le mur du tombeau de Sî Mahmed ben Aïssa. Il me sembla que j'étais porté sur une mer sans limites, ténébreuse et plaintive ; mon cœur était serré par une telle angoisse que je me sentais absolument mourir ; des regrets immenses naissaient en moi de toutes les choses que j'avais vues et de celles que je n'avais pas vues encore, et mon renoncement était pareil à celui des agonisants auxquels on élève la main droite en signe de témoignage. Tout à coup, la mer disparut, et j'étais assis devant une terre d'une richesse inimaginable, rayée de longues pleines bleues, sillonnée de fleuves bleus, parsemée de villes et de mosquées bleues ; j'étais enveloppé, inondé, pénétré d'une lumière bleue ; un bonheur inconnu dilatait ma poitrine, et je croyais me lever, les bras étendus, pour embrasser la radieuse immensité. Puis, cette terre bleue s'évanouit dans une autre plus merveilleuse encore, éclatante et jaune comme de l'or ; des montagnes aux formes inconnues étaient des buées d'or ; il en tombait de hautes cascades d'or ; les champs étaient des nappes d'or, et des vibrations d'or qui venaient des profondeurs du ciel gonflaient mon cœur qui palpitait d'une joie indicible ; je me sentais transporté, et je parlais ; je m'entendais parler, mais je ne comprenais pas mes paroles. Peu à peu la lumière d'or s'éteignit, et cependant le bonheur qui m'avait envahi me semblait devoir être éternel.

Enfin je m'éveillai, et, à ma grande surprise, je me vis entouré de gens qui criaient au miracle.

Il paraît que je m'étais levé et que j'avais marché, les yeux fermés, droit devant moi, toujours plus vite, en disant : « Les cœurs sont des jardins, les prières en sont les arbres, les mots sont une eau vivifiante... » J'avais récité, sans l'avoir jamais lu, le mandement de Sî Mahmed ben Aïssa. C'était lui qui me l'avait inspiré et qui m'avait entr'ouvert dans mon sommeil ce monde bleu et ce monde d'or.

« Depuis ce temps j'appartiens au cheikh Mahmed ben Aïssa. Par lui je sais tout ce que je puis savoir ; par lui j'aime autant que je puis aimer ; je l'entends s'il m'appelle ; il me répond si je l'invoque. En lui mon âme s'est élevée dans l'inaccessible et dans l'éternel, dans le calme absolu. La mort ni les souffrances ne m'inquiètent guère. Je me nourrirai de plantes vénéneuses devant toi ; je mâcherai du verre sans que mes lèvres en saignent ; je m'enfoncerai un poignard dans le flanc, et à l'instant même ma blessure sera guérie. Je puis, rien qu'en imposant mes mains sur la tête d'un homme, lui communiquer ma force et l'envoyer contre un mur hérissé de piques ou le lancer pieds nus sur un champ de charbons rouges : que sa chair se déchire ou qu'elle brûle, il se retournera vers moi en souriant, ivre de bonheur. Mon cheikh m'a même accordé davantage. Je puis entrer dans la chambre d'un malade, prendre tout son mal et l'en délivrer ainsi sans souffrir moi-même : il me suffit de le regarder et de tenir ses mains dans les miennes. Telles sont les œuvres de l'amour; mais il faut s'être donné pour les accomplir.

« Sais-tu, par exemple, comment Sï Mahmed ben Aïssa a choisi ses premiers disciples ? Un jour il convoqua devant sa maison tous ceux qui le suivaient d'ordinaire, et la place se trouva bientôt remplie. Il monta sur le petit escalier qui menait à sa porte, tira un long couteau de sa ceinture et dit qu'une révélation divine lui avait ordonné d'égorger un homme à l'instant même. Lequel d'entre eux l'aimait assez pour lui donner sa vie? Un homme répondit : « Moi ! », et s'avança. Ben Aïssa le fit entrer dans la maison, l'y suivit et referma la porte. On entendit un grand cri : un filet vermeil descendit sur les marches. Ben Aïssa reparut, tenant son couteau ensanglanté, et cria : « Un autre ». Une seconde voix répondit : « Moi! » La porte s'ouvrit et se referma ; un second cri retentit. Ben Aïssa revint et en demanda un troisième. Un troisième homme sortit de la foule, puis, ainsi de suite, un quatrième, un cinquième, jusqu'à quarante ; mais au quarante et unième appel, personne ne répondit. Les hommes de peu de foi restaient muets devant les marches rouges. Alors il sourit, et, enfonçant la porte d'un coup si violent qu'elle tomba tout entière à l'intérieur, il leur montra ses fidèles tous vivants et souriant eux-mêmes d'un bonheur presque divin. Il avait égorgé l'un après l'autre quarante moutons à leur place, et c'était lui qui avait poussé les cris de mort. C'est depuis ce moment que le Conseil suprême des Aïssaoua se compose de quarante membres. »

... Il m'a dit cela très doucement, d'une voix unie et calme comme son regard ; mais l'assurance impassible de cette voix et de ce regard me fascinaient comme la profondeur des eaux dormantes. Il m'est arrivé plus d'une fois, quand j'étais en barque sur un bras de fleuve très lisse et presque mort, à l'heure où le ciel lui donnait le reflet des perles, de me sentir attiré vers le gouffre par une force inconnue, et on raconte la même chose des jeunes marins qui naviguent sur la mer Rouge par les grands calmes. Il faut que les vieux veillent sur eux pour empêcher qu'ils s'y précipitent. De même, ma pensée vacillait indécise devant l'abîme au bord duquel il m'attirait. Ma raison se révoltait, et je lui répondais : « Qui sait ? » Aux objections de mon doute, un je ne sais quoi répliquait : « peut-être. »

A ce moment juste, il m'a pris la main, l'enchanteur, et m'a dit : « Accompagne-moi seulement à Messad. Tu devais y aller il y a trois jours. Faisons le voyage ensemble. J'y ai donné rendez-vous, pour demain, à quelques uns de mes disciples. Là, je te montrerai sûrement que notre amour est plus fort que la souffrance et la mort ».

EN VOYAGE AVEC LE SAINT

Hier soir, El Hadj Mohammed a reçu une vingtaine d'Aïssaoua qui passaient par Amoura venant je ne sais d'où pour se rendre à Messad. Il y avait là deux jeunes gens aux cheveux longs et souples, d'un noir de jais, que vous auriez dits partis du fond des Indes. Leurs jambes très fines étaient couvertes de poussière ; ils n'avaient que des chemises sur le corps et portaient de grands tambours pareils à des cribles. Trois autres, faces carrées et poils roux, étaient des Germains, pour sûr: ils étaient vêtus de burnous rudes et montaient des ânes qu'ils enveloppaient de leurs longues jambes, leurs pieds traînant à terre. Le reste était un mélange de tous les sangs qui roulent en Afrique depuis la création du monde, et Dieu sait s'il a passé des torrents d'hommes dans ce pays tout grand ouvert à l'Europe et à l'Asie ! Les uns marchaient comme des Romains, avec des profils d'Arabes ; les autres étaient des moitiés de Gétules noirs et d'Ethiopiens blancs ; d'autres encore, Chananéens ou Coptes aux joues bistrées, aux barbes d'encre, avaient les yeux bleu-pervenche des femmes du Nord ; et je sentais sans grand effort que des aïeux très anciens vivaient encore côte à côte, mal soudés et contradictoires, dans ces êtres profondément troubles et sans équilibre. D'ailleurs leurs regards étaient muets pour moi. Je n'avais encore jamais vu les lueurs fauves dont flambaient leurs prunelles immobiles quand ils contemplaient leur cheikh. Aucune pensée ne s'y laissait lire, et la passion qui en jaillissait, sublime à la fois et presque animale, m'était inconnue. Il les a bénis et dispersés d'un geste, puis il a fermé sa porte et a passé la nuit en prières. Son serviteur resté dehors abritait un plat de couscous et de viandes sous un pan de son burnous, et attendait en vain son appel. Sa voix toujours égale bourdonnait dans la maison sans lumière, et de temps en temps, par une fenêtre vide, un long soupir s'en échappait, montant vers le ciel étoilé.

Ce matin, son visage était plus calme encore

et plus reposé que les jours passés. Sa barbe, très grise, descendait bien peignée sur son burnous blanc, et les voiles qui entouraient sa tête étaient aussi d'une blancheur immaculée. Il n'était chaussé que de minces babouches noires; car un religieux ne porte jamais les bottes rouges des guerriers; sa mule l'attendait couverte d'un tissu de laine aux couleurs variées, présent du Ksar d'Amoura, et la place étroite qui l'en séparait disparaissait sous des bournous étendus. Quand il s'avança, tous les hommes près desquels ils passait prirent un pan de son vêtement et le portèrent à leurs lèvres; mais aucun ne s'enhardit à lui baiser l'épaule. Il appuya sa main droite sur le bât en repliant sa jambe gauche pour que son serviteur le mît en selle, et quand il y fut, les deux principaux du village ajustèrent ses pieds dans les plis de la couverture.

Alors seulement il dit : « Que Dieu bénisse les gens d'Amoura ! »

J'eus quelque peine à monter à cheval à mon tour : on me prenait les mains, on me tendait l'étrier avec une maladresse respectueuse; j'étais saint, moi aussi, par influence. Enfin je me dégageai et je le rejoignis. Il pressait sa mule et ne pensait pas plus à moi que si nous ne nous étions jamais connus ; mais quand, Amoura eut disparu, il me toucha le bras en souriant et récita plutôt qu'il ne me dit : « La fréquentation de la foule enlève au front de l'homme sa pudeur ; l'image de celui qui aura aimé le monde paraîtra au jour du jugement dernier comme une lune éclipsée. C'est là une des plus belles paroles du cheikh Mohammed ben Aïssa. »

Nous allons côte à côte. Mon spahi et son serviteur sont loin en arrière. Nous avançons au pas sur des ondulations très douces, hérissées de halfa gris, à travers des bas-fonds noirâtres, tachetés de gouft vert, et cette région-là, d'ailleurs inhabitée en cette saison, me paraît d'autant plus déserte que je sens le Sahara tout près de moi, sur ma gauche, de l'autre côté du Bou Kahil. L'air immensément profond et limpide qui m'enveloppe me rend la terre que nous foulons toute petite et vile. Le cheikh est retombé dans le silence ; mais je n'ai pas le moindre désir de lui parler parce que je vois maintenant très clair dans son âme, comme il a vu dans la mienne tout à l'heure. Explique qui le voudra par quels fils impalpables nos deux êtres sont liés : ils communiquent, ils sont ouverts l'un sur l'autre, transparents et sans ombres comme le ciel qui nous pénètre. Je devine tous les mouvements les plus secrets de sa pensée comme je vois à des distances prodigieuses un bout de chemin, une gazelle qui broute ou un arbuste rabougri.

Ses traits sont toujours immobiles. Ses yeux sont à demi clos sous la lumière violente que nous verse le soleil. Il pense uniquement à son cheikh Mohammed. Les objets extérieurs ne sont rien pour lui. Les ondulations sur lesquelles il passe n'ont ni pierres ni herbes, ni largeur ni hauteur ; le vent qui lui fouette le visage est sans haleine, et ce ne serait pas trop dire que pour lui le ciel est noir. Il a, par un effort habituel de sa volonté, supprimé toutes les sensations de son corps, isolé son cœur et son cerveau du monde réel, et uni sa conscience à celle de son bien-aimé. Il ne le voit pas, car il ne s'occupe pas de sa forme matérielle ; mais il sent tout ce qu'il a senti. Il revit sa vie entière, il a l'une après l'autre toutes ses vertus. Il est humble comme lui, il pense :

« L'homme attiré vers le vivant qui n'a point

de mesure est un grain de sable. Qu'il se sache misérable et soit humble comme le commun des dévots, cela ne suffit pas : son humilité doit être celle du chien qui caresse son maître quand il lui donne sa nourriture, et se couche à sa porte sans murmurer s'il ne la lui donne pas.

Il y a un signe éminent dans le chien, et c'était un bien grand saint que celui qui se rangeait de côté quand un chien venait devant lui, afin de lui faire place. S'enorgueillir, s'accroupir sur des coussins de soie devant les mets des riches, quelle honte et quelle misère ? Quand je serai forcé de prendre part à quelque grand festin, j'apporterai dans ma manche un morceau de galette d'orge, et je m'en contenterai pendant que les plats passeront devant moi.

L'humilité est la meilleure préparation à tous les degrès de l'amour, depuis l'amour par l'intelligence qui a commencé de purifier mon âme jusqu'à l'amour inexprimable qui accomplira ce soir une fois de plus par mes mains de si surprenants prodiges. Le sang coulera par vingt blessures et la chair brûlera sous vingt râteaux rouges, sans qu'aucun des martyrs faits de ce sang et de cette chair cesse de sourire, et j'absorberai ensemble toutes leurs joies et toutes leurs douleurs sans m'en émouvoir et sans en souffrir : il me suffira d'étendre les mains sur eux s'ils défaillent, pour les renvoyer au combat contre Satan le lapidé. »

Midi vient. Nous nous arrêtons à l'ombre de deux pistachiers dont les branches serrées font de loin deux dômes, et de près deux grands cercles noirs sur le sol incolore. Son serviteur l'aide à descendre et étend à terre le tapis d'Amoura. Il s'assoit et lui fait signe de s'éloigner. Il ne désire ni manger ni boire, et j'ai vraiment honte de casser la galette d'orge et d'avaler la gorgée d'eau que mon cavalier vient m'offrir. Je dors et je sens qu'il veille, immuablement tendu comme un arc prêt à se rompre. Il ne bougerait plus, si je ne prenais soin de l'avertir quand l'air devient plus doux et les ombres plus longues.

Alors nous nous remettons en marche encore au pas, vers l'Ouest.

Cependant, le pays que nous traversons change de visage. Toujours désertique et sans arbres, toujours vide et absolument pur, il s'entr'ouvre, bordé par des collines exactement parallèles, si bien que j'ai devant les yeux une longue avenue, barrée dans le fond par une petite bande d'azur.

Elle devient bientôt si belle, cette avenue de plus de quatre kilomètres de largeur, que j'en oublie le cheikh qui continue de murmurer, les paupières closes. La nature me reprend par l'harmonie de ses formes, par sa grâce souveraine. Une fois de plus, je la revois sans voiles et telle que je l'aime, délicate, divinement mince et poudrée de couleurs fines.

Le soleil est devant moi, un peu plus haut que mes yeux. Il s'abaisse tout doucement et, avant une demi heure, il sera descendu sous la terre.

Le sol sur lequel je suis porté est couvert d'un tapis de sable inviolé, ondulé et plissé de rides légères. Ça et là des touffes de halfa le hérissent comme des pompons

La colline sans nom qui m'accompagne à droite est découpée en croupes tellement régulières qu'elle semble un rideau tendu par des génies pour le plaisir de mes yeux: elle est toute grise, d'un gris-souris, et striée de bande d'ocre rougeâtre qui se superposent comme des veines d'onyx.

Sur ma gauche, le dernier plissement du Bou Kahil est tout aussi net et divisé en petits mamelons égaux : il est seulement un peu plus sombre et comme teinté par de la limaille de fer. A mesure que la lumière y glisse de moins haut, ce couloir admirable devient doux à la vue comme les perles qui meurent, et en même temps la barre d'azur un peu lointaine qui le traverse s'élève singulièrement dentelée sur la poussière d'or du couchant.

J'y découvre des carrés de maisons, le minaret d'une mosquée. C'est Messad qui m'apparaît, et je suis sous un tel charme qu'il me semble, non pas que ce soit moi qui marche, mais que ce soit elle qui vienne à moi. Quand le soleil a jeté dans l'immensité du ciel ses dernières flammes, au moment où la lumière semble revenir de dessous la terre pour donner à toutes les choses ses extrêmes et plus troublantes caresses, le souvenir des êtres que j'aime par-dessus tout au monde, et qui sont si loin, m'envahit dans un élan de tendresse et d'adoration indicibles, sans que je sache comment, puis mon extase cesse quand ce pays enchanté commence à pâlir.

— Voilà Messad, me dit le cheikh, sortant à

son tour de sa rêverie. Une troupe de cavaliers vient au-devant de nous. En tête, ce sont le caïd et son frère. Tu souperas chez eux. Quand la nuit sera close, un de mes fidèles ira te chercher et te conduira chez nous ».

En effet, juste à ce moment, des chevaux magnifiques apparaissent au tournant d'un tertre, montés par des hommes de haute taille dont les coiffures cerclées par des cordes noires sont pareilles à des tiares.

On se salue : le cheikh se sépare de notre groupe et se dirige, suivi de son seul serviteur, vers une extrémité du village ; mes hôtes m'emmènent, et, sans m'interroger, me regardent avec curiosité.

Je dîne auprès de la mosquée bâtie par les soins du général Margueritte. Elle est fort belle et domine le bourg de cailloux et de boue qui s'endort au milieu de ses jardins noirs, tout remplis de pêchers et d'abricotiers frémissant au vent sous le bruissement métallique des hautes palmes.

Les exploits de Margueritte, sa générosité envers les gens de l'Islam, sa noble mort sont sur nos lèvres pendant une heure. Mes hôtes l'admirent encore du fond du cœur, un peu plus et mieux que bien d'autres : ces hommes-là, qui n'ont pas de patrie, comprennent qu'on aime son pays comme un Dieu. Je les remercie, et ils me laissent seul. L'attente me paraît longue ; mais mon cavalier pousse enfin ma porte et m'amène un pauvre diable aux yeux lourds, tout en guenilles, et qui répand une forte odeur d'encens.

— Viens ! me dit-il. Le cheikh te demande.
Et nous partons dans la nuit.

LES AISSAOUA

Tout au bout du village, dans un quartier en ruines, une cour très grande, rectangulaire. Sur les quatre faces, des rangs d'hommes, d'adolescents et d'enfants accroupis dans leurs burnous. Au milieu et aux coins de l'espace libre, des foyers creusés en terre, pleins de charbons et de flammes. Çà et là sur le sol, des barres de fer, des pelles, des sabres, des sacs dans lesquels remuent des choses vivantes. En première ligne, sur un des petits côtés, des tambours très larges, et, près de ces tambours, un homme debout, tout blanc, qui me regarde venir. C'est le cheikh Mohammed. J'enjambe des enfants, je dérange des hommes, et je me place derrière lui. Il m'a salué légèrement en posant sa main droite sur sa poitrine, et s'est assis entre deux religieux drapés comme lui dans des voiles blancs.

Des poignées d'encens tombent dans les brasiers, et les lourdes fumées bleues, tournoyant en l'air, fléchissent au-dessus des têtes, puis s'écroulent en nappes, et l'odeur sacrée circule à travers les rangs des hommes. Il s'y ajoute je ne sais quoi d'abord d'âcre et de traître, une fumerolle grise, un parfum vénéneux ; mais je ne tarde pas à le reconnaître : à l'encens voluptueux et mystique on a mêlé le chanvre des orgies. En même temps les tambours commencent à vibrer agités en l'air d'un tremblement rapide. Les mains brunes qui les tiennent les abaissent et les élèvent ensemble comme des cribes vus de face, et de longs frissons sonores les parcourent, semblables au grondement du vent. Un d'eux, frappé d'un coup violent tonne, et les autres, lui répondant, s'accordent en une seconde comme des chanteurs. A leurs saccades, à leurs secousses brusques, à leurs roulements lourds, à ce tonnerre rythmé qui saisit l'âme et la jette hors du corps dans le monde tournoyant des danses folles et des vertiges, s'unissent peu à peu des voix humaines qui chantent des litanies, voix souffrantes et lentes comme celles des femmes qui psalmodient le soir à la lueur des cierges. Elles invoquent par leurs noms tous les saints invisibles qui passent dans la nuit noire étendue sur nous. Entre temps, un homme va prendre des barres de fer et des pelles, et les met à chauffer dans les brasiers, puis regagne sa place avec la mine d'un desservant qui revient de l'autel.

Tout à coup, un cri perçant traverse la cour si rapidement que je ne puis savoir d'où il est parti ; mais il est si plaintif et si étrange que j'en frémis j'usqu'aux moelles.

Je ne pense pas qu'un désespéré qui lâche la pointe d'un rocher, au bord d'une falaise, ou qui lève ses bras raidis en s'enfonçant dans la mer, puisse en pousser un plus terrible. Un mouvement se fait en face de moi, et je vois un homme debout qui chancelle. Il se balance en avant comme s'il était ivre. Deux autres lui enlèvent son burnous et sa chemise, et le lâchent : il s'affermit sur ses jarrets et va droit devant un brasier. Il s'incline au-dessus du feu, un flot d'encens enveloppe sa tête, il l'en retire, il l'y replonge, et se redresse enfin en criant : « Le feu ! le feu ! »

On lui tend une pelle et une pique rouges. Il prend la pique et se sillonne la poitrine, les épaules et les bras, de traits qui flamboient comme des éclairs. Sa chair fume depuis les hanches jusqu'au cou, et il crie encore : « Le feu ! » On vide le brasier, et on en répand les charbons sur le sol : il les piétine, il les écrase, il en prend à pleines mains, il en mange, et voilà qu'un second cri s'élève aussi lamentable à travers la tempête déchaînée des tambours. Trois autres pareils éclatent ensemble, puis deux, encore, et sur l'arène dix hommes au moins à demi-nus titubent devant les flammes.

Ils crient, la foule chante. Ils demandent des supplices : on leur jette à l'envi les pelles et les piques rouges, les sabres tranchants, les poignards, les feuilles de cactus hérissées d'épines, les sacs dans lesquels grouillent les bêtes venimeuses. Ils se brûlent, il se lacèrent, ils broient les épines et les avalent ; ils ouvrent les sacs, et des vipères cornues s'en échappent avec des scorpions. Les vipères se replient et fuient de côtés à petits coups : les scorpions sautillent sur place à un pied de hauteur. Ils les saisissent, ils les déchirent avec leurs dents, ils les poursuivent jusqu'entre les jambes des spectateurs. Les yeux égarés, leurs cheveux longs, leurs corps torturés font de cette scène religieuse un cercle de l'Enfer.

En voici un qui s'est jeté, le ventre nu, sur le tranchant d'un sabre que deux hommes tiennent horizontal. Il se laisse aller, les bras et les pieds pendants. Sa poitrine devrait tomber d'un côté et ses cuisses de l'autre ; il se relève et se rejette en arrière, en criant : « Dieu vainqueur ! » et je vois sur son ventre un sillon rouge.

Un autre s'est fait sortir l'œil droit avec une pointe et se promène en le tenant dans sa main à la hauteur du nez, puis il le replace dans son orbite. Un autre encore appuie sur son flanc la pointe d'un poignard, et un homme qu'on me dit être l'assesseur du cheikh en frappe le pommeau avec une pierre. La lame entre peu à peu dans la chair, et y reste bientôt fixée.

Le martyr étend un bras, saisit une pelle rouge au passage et la lèche en criant : « Dieu vainqueur ! » après chaque coup de langue. Cependant, l'encens et le chanvre pleuvent toujours dans les brasiers, et le vent qui passe au-dessus de la cour en rabat toujours la fumée sur nous. Il s'y mêle des vapeurs subtiles de chair brûlée.

Je reconnais là presque tous nos visiteurs d'Amoura. C'est un des blonds pareils à des Germains qui s'est couché sur le tranchant du sabre.

La foule qui les regarde est très calme. Les voix qui chantent restent douces et claires : on n'y surprend ni l'amour ni la terreur.

Elles me rappellent maintenant celles que j'entendais dans nos paroisses normandes, à vêpres, quand j'étais enfant. Tout à l'heure, quand le premier sac a vomi sa cascade de vipères et de scorpions jusqu'aux premiers rangs des spectateurs, personne n'a bougé, pas même un bambin de six ans assis sur les genoux de son père, et le père, qui le tenait dans son bras gauche, s'est contenté de repousser du pied un scorpion noir. Un Aïssaoua a pris la bête et l'a croquée : l'enfant l'a regardé tranquillement de ses beaux yeux bruns.

Quant au cheikh, il est absolument impassible. Je me suis avancé presque à côté de lui pour le mieux voir : ses traits sont comme fixés pour l'éternité. Sa bouche est de pierre, ses joues sont exsangues ; ses yeux, plus merveilleux que jamais, ont des reflets d'une douceur féminine et des transparences d'aurore. Son âme entière jouit de la félicité suprême : elle exulte et triomphe devant tant de tortures méprisées, tant de défaites de la chair; elle est indépendante et presque séparée de son propre corps.

Pas un frisson dans les membres de cet homme, pas un mouvement dans ses mains posées sur ses genoux. Je suis sûr, à ce moment, que les démons bronzés qui se tordent en face de lui le voient à travers les nuages de l'encens imposant et beau comme un Dieu.

Il me sent près de lui, sort de sa rêverie, se penche vers moi et me dit :

— Que t'en pense ? Le cheikh n'est-il pas vainqueur ?

Je lui réponds :

— Sans aucun doute ; mais es-tu sûr que personne ne te trompe ?

— J'en suis sûr. Ils jouent en ce moment avec la douleur ; mais je les sens tous prêts à accepter la mort qui, d'ailleurs, leur serait bonne, car ils sont en état de grâce. »

A peine m'a-t-il dit cela qu'il se lève et se tient debout, les bras entr'ouverts. On lui amène tout défait et presque sans vie l'homme qui le premier a demandé la pique rouge.

On le dresse contre sa poitrine, et il croise ses bras sur lui en murmurant des paroles sacrées.

L'homme laisse tomber sa tête sur l'épaule de son maître et demeure ainsi quelques instants, puis il aspire fortement l'air, et son regard est celui des jeunes gens qui se réveillent. Il cambre ses reins ; on lui jette son burnous et sa chemise sur les épaules, et il sort de la cour encore soutenu par deux aides.

Plusieurs lui succèdent et retrouvent comme lui la force et la santé dans les bras du Bien-Aimé ; mais de nouveaux lutteurs prennent place à mesure qu'ils se retirent. Les cris d'appel déchirent l'air, de plus en plus aigus et lamentables. On va manquer de scorpions, de piques et des sabres ; on court chercher du charbon pour nourrir les réchauds. La moitié de l'assemblée veut passer par le feu pour être embrassée par ce saint, et s'anéantir, puis revivre sur son cœur.

Alors un des deux jeunes gens aux cheveux noirs, longs et lisses, que j'ai pris pour des Indiens, laisse son tambour rouler à terre, et d'un bond dressé, déchire sa chemise en deux, rejetant avec violence sa tête en arrière, criant à fendre l'âme. Sa poitrine étroite, cerclée de côtes minces, halète comme une forge ; son maigre corps d'adolescent se plie et se tourne sur ses reins, comme tordu par une main invisible et formidable. Il bondit des deux pieds sur un brasier, en tire lentement une barre de fer, l'agite en l'air et saute à travers toute la cour. Sa chevelure de jeune fille qui tombe jusqu'à la naissance de son cou, son visage imberbe, ses membres grêles rendent absolument terrible cette barre à demi-blanche qu'il fait tournoyer comme une paille, et les autres insensés eux-mêmes le regardent avec stupeur.

La barre décrit un cercle autour de sa tête et retombe sur son épaule gauche ; il s'en élève une légère fumée. Elle descend par saccades sur ses côtes, sur ses cuisses et sur ses jambes ; il la met sur ses pieds, et tous les assistants s'écrient, d'une seule voix : « Dieu vainqueur ! » ; car il est vraiment surhumain qu'un être si frêle puisse supporter une pareille douleur.

Des sons rauques sortent de sa gorge ; il crie des mots inentendus, il balance sa tête avec force suivant la cadence des tambours, et ses cheveux tombent sur ses yeux. Il demande évidemment quelque chose à son compagnon qui reste assis et feint de ne pas le comprendre. Ce dernier se lève enfin, va chercher deux épées nues et les tend en avant, les bras bien raidis. L'adolescent vient en face de lui, se balance encore, les dents serrées, puis s'arc-boute pour prendre son élan comme une bête fauve, et le voilà qui, tout droit, donne de la poitrine contre les deux pointes. Il saisit les lames et les enfonce encore, il allonge les mains jusqu'aux poignées pour les soutenir, et il marcha ainsi vers le cheikh en criant toujours : « Allah Akbar ! »

Il est à deux pas devant lui, tenant toujours les épées fixées sous ses seins, distendant son pauvre corps noirci par les brûlures, et il le regarde dans les yeux d'un regard si pénétrant, si humble, si tendre, et en même temps si puissant et si hardi que le cheikh en est troublé lui-même. Une légère rougeur monte à son visage pâle et mat comme l'ivoire ; ses mains se serrent sur ses genoux, et ses yeux à son tour, traversés par des éclairs radides, se fixent avec une ardeur subite sur cet être qui lui donne son âme entière dans un abandon si impétueux. Un dialogue s'engage entre eux sans paroles, et le peu que j'en puis comprendre fait passer en moi un frisson de terreur.

Le jeune homme arrache une des épées, puis

l'autre, et les jette à terre. Deux trous sont visibles dans sa poitrine; mais le sang ne coule pas. Il reste en place une seconde, puis va devant le brasier qui reste allumé près de nous, et d'où s'élève encore une grosse colonne d'encens. Il s'y plonge la tête, se balance à plusieurs reprises et revient, devant le cheikh et criant : « Le poignard ! » L'assesseur du cheikh ramasse la lame, longue d'un demi-pied, montée sur un fort manche en corne ; il applique la pointe brillante sur son ventre nu, un peu au-dessus de l'aîne, frappe le pommeau de l'arme à tout petits coups avec un marteau, comme un bûcheron qui ajuste un coin dans un arbre, puis lève le bras plus haut et enfonce résolument le fer.

Cependant le jeune homme regarde le cheikh avec un assurance et une douceur égales à celles que nos peintres donnent aux anges dans les adorations du Christ, et le cheikh est pareillement calme ; mais ses traits deviennent impérieux et presque durs. Leurs deux âmes se sont comme croisées, et ne se quittent plus. Le poignard s'enfonce toujours, toujours un peu ; le fer a disparu d'un tiers. Le marteau s'élève encore, et il est évident que, s'il s'abaisse, la mort est certaine.

Chose étrage, inoubliable, j'entends le martyr et le cheikh murmurer ensemble : « *Zid*, encore ! ». L'assesseur se recule un peu ; et donne le coup décisif. On ne voit plus que la moitié de la lame, et les yeux du jeune homme se ferment, puis se rouvrent immensément tristes dans son beau visage livide. Le cheikh devient aussi horriblement pâle et se lève en lui tendant les bras.

Le poignard est resté dans son corps, personne n'ose l'en arracher, et lui-même n'en aurait pas la force. L'assesseur le soutient sous les deux épaules, et le jette entre ces bras qui sont son refuge, son nid, son océan, comme ils disent ; mais le cheikh a beau l'embrasser et le serrer de toutes ses forces : ses paupières se soulèvent à peine sur ses prunelles blanches, il défaille, et il retombe dans les mains de l'assesseur qui l'emporte les pieds pendants et la tête renversée, très vite ; car il est léger comme un enfant.

Maintenant, j'ai hâte de m'enfuir. Je suis affolé d'horreur. Le spahi qui n'a pas voulu s'endormir pour m'attendre me demande mes ordres pour le lendemain. Je lui réponds qu'il faut que mon cheval soit sellé dès l'aurore.

Il préviendra mes hôtes, je m'excuserai de mon mieux ; mais à tout prix je veux partir et ne revoir jamais cette homme terrible. Je dors très mal, je ne rêve qu'anges et démons, ciel et enfer, et, dès que l'horizon s'éclaire, je me mets en route. Je traverse le village : toutes les maisons en sont closes. Je passe devant la porte de la cour où s'est passée la scène d'hier : elle est close aussi ; mais elle fait le coin d'une rue, et, juste au tournant, mon cheval se cabre. Le cheikh est assi là sur une pierre : il se lève et me dit : « Je l'attendais. Je le savais depuis hier dans l'après-midi. Ta pensée s'est séparée de la mienne en entrant dans Messad, mais ce n'est pas toi qui l'as voulu : c'est Dieu qui l'a decidé. Le cheikh ben Aïssa lui-même n'a pu m'obtenir la grâce de te convertir. Va maintenant en paix où ton destin te mène. » Je n'avais rien à répondre. Je me contentai de m'incliner en le remerciant de ses bons soins, et j'ajoutai : « Qu'est devenu le jeune homme d'hier, celui qui s'est évanoui un peu avant mon départ ? » — « Son heure était venue, me répondit-il. Dieu lui a fait miséricorde depuis une heure. »

Et voilà comment, élevé dans la religion catholique, apostolique et romaine, ex-secrétaire de M. Cousin, normalien, j'ai failli devenir un Aïssaoua. Depuis j'ai vu de grosses supercheries chez les fidèles de Si Mohammed ben Aïssa, j'ai fait connaissance avec les pires jongleurs de la bande et j'ai même pris plaisir à découvrir leurs misérables artifices. Ce plaisir là, je l'ai éprouvé plus d'une autre fois en ramenant à la réalité d'autres illusions ; mais j'en suis encore à me demander (et jamais je ne le saurai) si, chaque fois que je suis rentré dans mon bon sens, je n'ai pas fait une sottise. Je m'en console en pensant aux bonnes heures que j'ai passées avec des fous sincères, et j'envie tour à tour ce cheikh Mohammed d'Amoura et son jeune disciple aux longs cheveux noirs. Ce serait un curieux problème à résoudre que de chercher lequel des deux, quand ils ont dit ensemble « Encore » éprouvait le plus de bonheur.

LE SAHARA

Est-ce à la fin d'août, est-ce au commencement de septembre que j'ai vu pour la première fois, du haut d'une montagne, le Sahara illimité s'étendre en demi-cercle sous le ciel bleuâtre? Je me rappelle seulement que les Arabes disaient qu'on touchait à la fin de l'été blanc, et que le soleil était haut quand je traversais le dernier chaînon de Boukahil.

Il me revient d'abord à l'esprit quand j'y songe, une image vague et démesurée, quelque chose comme le cadre d'un immense tableau vide, puis je retrouve la trace de mes pas sur une longue pente pierreuse entre des touffes de halfa gris, et je me reconnais sous mon chapeau de paille pointu, garni de flocons de laine, à côté du spahi au manteau rouge. Nous montons en zigzag, le visage et les mains brûlés par le souffle d'un vent rapide qui descend sur nous, et je sens que, dans un instant, je vais revoir ce grand désert de Laghouat aussi net, aussi terrible, aussi puissant sur mon âme qu'autrefois ; mais j'ai oublié pour toujours la date exacte de l'émotion unique et décisive qu'il m'a donnée.

Peu m'importe : je ne sais jamais non plus l'âge de ceux que j'aime.

Nous montons toujours. Messad, d'où je me suis enfui le matin, a disparu depuis longtemps. Derrière moi s'étend un petit désert fait de mamelons et de vallées ou de plaines tachetées de plantes très basses ; mais je sens qu'au delà de la crête que je vais franchir, une solitude bien autrement vaste va m'apparaître.

Le ciel parfaitement pur a la lueur que lui donne l'Océan quand on le contemple en arrière d'une falaise ou d'une dune du Nord.

Je vais évidemmment tomber dans un abîme d'air et de lumière, et cet instant me paraît si délicieux que j'invite le cavalier à aller moins vite. Il me semble que je vais éprouver une suprême joie, et j'en retarde le moment à mesure que j'en approche. Crains-je de trouver la réalité moins belle que mon rêve ? Sais-je que le plaisir que j'espère, une fois goûté, ne reviendra plus ? Non, mais la crise de l'attente m'est douce à prolonger.

Le voilà venu, l'instant souhaité depuis je ne sais combien d'années, ardemment désiré depuis un mois que j'use mon corps à travers tant de régions diverses, et, par un singulier raffinement, à cette dernière minute, je pèse sur la bride de mon cheval en me disant : « Pas encore ! » Tout à coup, en deux bonds, je franchis la mince croupe qui m'en sépare, et je regarde devant moi tant que je le peux, les yeux grands ouverts.

Abîme de lumière et d'air ; c'est bien cela. Mais, grand Dieu, que la terre est laide ? Elle est toute crayeuse, d'un gris terne ou d'un blanc sale, sillonnée de rides profondes qui s'entrecroisent, bosselée de mamelons énormes, et elle fuit au loin, très loin, toujours monotone et vulgaire jusqu'à la courbe qui l'enserre, un peu brumeuse.

Elle n'est pas plane et sablonneuse, largement étendue comme un tapis fauve, elle n'est pas striée de longues collines parallèles s'étageant comme des vagues ; elle n'est point parsemée de bouquets de palmes ; elle n'a pas de reflets ; elle n'est ni rosée ni violette ni bleuâtre ; elle n'est même pas rayée d'ombres.

Je la vois sous une clarté brutale et presque odieuse, telle que je l'ai vue dans tous les pays dont j'ai gardé le plus mauvais souvenir, et son immensité me la rend effroyablement lamentable. Tant de collines, tant de plateaux qui ne sont que des plaques chauves, tant de chainons bleuâtres comme des épines dorsales de squelettes, tant de ravins dans lesquels je n'imagine même pas qu'il ait jamais coulé d'eau, éveillent en moi l'idée d'une dévastation presque surnaturelle, et je me recule, pris d'une sorte de terreur.

L'air au contraire, sans le moindre nuage blanc, sans la moindre vapeur rousse, d'un bleu très fin, limpide, insondable de toutes parts, est d'une beauté souveraine. Mes regards se perdent au-dessus et en avant de moi dans de telles profondeurs qu'il me semble que je m'élève ou que je m'enfonce dans la lumière.

Je l'ai entrevue déjà, cette clartée divine, plus d'une fois, depuis que j'ai commencé d'aller vers elle : ici, nous sommes bien face à face : elle m'enveloppe, elle m'inonde ; je respire à pleins poumons comme en plein ciel. Le soleil qui flamboie dans cet infini n'est plus qu'une petite roue qui tourne, et les aigles qui s'y égarent deviennent imperceptibles.

En même temps, je me sens dans un fleuve incommensurable, dans une mer de cristal animée d'un courant rapide, et qui va tout entière vers l'ouest. Le vent brûlant qui descendait sur ma tête tout à l'heure me frappe maintenant sur le côté et en plein visage. Il est puissant, tenace, infatigable ; il dessèche ma gorge, il excite mes nerfs, il redouble ma vie, mais il la consume. Je le devine d'une avidité prodigieuse. C'est lui, c'est ce merveilleux ciel qui ruine cette terre au-dessous de moi et la rend si misérable.

Il passe sur elle incessamment pur. A peine est-il traversé pendant quelques journées d'hiver par les débris des tempêtes du Nord.

Il est presque toujours d'une sérénité implacable; il ne donne rien. Du printemps à l'automne, il n'admet pas au-dessous de lui le plus mince écran d'ombre. Infiniment plus redoutable que toutes les armées des hommes et toutes les forces animales de la nature, on dirait qu'il vit et qu'il veut, à le voir dépouiller sa victime dont il boit la sève, dont il torture et défigure le corps. L'eau qui descend dans les minces rigoles, ou qui s'amasse par hasard dans les mares peu profondes, il la prend, il l'élève, il la dissipe en vapeurs dans son gouffre bleu. Les arbres, il les rapetisse et les durcit, il amincit leurs feuilles il tord leurs branches, il en fait des nains mal venus, bossus à faire pitié.

Les rochers même, il les fendille, les lime et les brise. Pendant le jour, il laisse passer toute la force du soleil, et pendant la nuit il scintille piqueté d'étoiles, comme un ciel polaire. Les grès et les calcaires, violemment distendus, puis resserrés par la chaleur et par le froid, craquent et s'effritent ; des écailles en tombent, qui se réduisent en parcelles brillantes sans cesse atténuées, puis cette poussière de roches se met en marche. Je vois de loin dans les sillons et sur le bord des grands plateaux comme une légère fumée, C'est la terre qui se désagrège et qui brûle pour ainsi dire.

Les fumées sont parallèles et vont lentement, s'amincissant dans le même sens. L'air toujours en mouvement les emporte et en forme tout doucement d'énormes dunes qu'il pousse peu à peu vers l'Océan.

Comme je me sens ici sur le bord d'un autre monde, et comme il est loin, le ciel tumultueux et nourricier de mon pays !

Là-bas, à quatorze cents kilomètre de moi maintenant, entre l'Angleterre et la Normandie, sur la mer d'émeraude rayée de volutes blanches, des pyramides de nuages floconneux et touffus s'élèvent comme des Alpes dans le firmament. Ils sont cuivrés ou noirs, laiteux ou violets : ils marchent, ils montent, ils s'écroulent, laissant entre eux de beaux espaces libres tout bleus.

Le soleil rouge du soir se couche dans leur ouate les franges de lumière, et ouvre derrière eux un écran d'or. Là-bas, la terre est vêtue et parée par le ciel qui nourrit ses arbres et gorge d'eau ses prairies.

Les pluies descendent en longs rideaux gris ; elles remontent en nuées cendrées qui flottent le long des bois comme des banderoles ; et les collines sont des croupes vertes arrondies et douces à l'œil comme des coussins de velours ; et les ravins sont des lits sombres où pullulent les noisetiers et les pervenches ; et les plaines, toutes brunes l'hiver du brun des bons labours.

sont tendues pendant l'été d'un haut tapis de moissons blondes.

Ici rien que l'air et le roc, élargis sans cesse, agrandis à l'infini, incolores, infertiles, engagés dans un duel formidable, comme si l'un d'eux était encore de trop dans ce pays du vide ; mais il est bien vrai de dire que tout est beau dans le monde. Mes nuages et mes forêts, ma mer et mes prairies, je crois que je les donnerais justement pour ce vide qui m'attire et me garde fasciné, troublé par un mal étrange. Je m'adosse à une touffe de halfa, je m'étends, je dors, et quand je me réveille, je reste là devant sans pouvoir partir. Je n'ai pas le moindre désir d'aller plus loin sur cette terre maudite, ni sous ce ciel de fer ; mais je suis comme leur captif, je n'ose pas leur tourner le dos : ce serait presque un sacrilège.

Peut-être aussi n'ai-je jamais encore trouvé dans ma vie une heure comme celle-ci, où rien, absolument rien, ne me distrait de moi-même. Je ne pense, dans ce silence parfait, qu'à des êtres bons et à de belles choses, et je crois que je prierais, si je savais une prière assez large pour être dite à haute voix devant cette immensité.

Je suis enfin touché si avant dans l'âme que je songe à mon propre état autant qu'à l'infini qui m'environne. Du moins, je retombe de bien haut quand mon spahi me touche l'épaule et me dit que décidément il faut que je redescende, si je veux coucher sous une tente, chez les Larbaa.

Depuis, j'ai vu, en débouchant de l'Aurès par un petit col voisin de Biskra, le Sahara tout bleu et tellement lisse que la petite ville blanche posée sur son rivage semblait être un port italien avec son môle. J'avais devant les yeux, s'arrondissant à l'horizon, une mer de lapis endormie sous le soleil couchant, et je jouissais délicieusement de cette illusion d'une seconde Méditerranée sur laquelle j'attendais presque des voiles safranées, aux antennes aiguës comme des ailes d'oiseaux.

Une caravane passait près de moi, ondulant et se balançant, chargée d'hommes et de marchandises. En avant, un chameau gris dont la tête et le poitrail étaient ornés de franges et de guirlandes de laine rouge et verte, comme la proue d'un navire, portait le pilote assis sur sa haute selle, les jambes croisées à la façon des marins de l'Adriatique. Il tanguait doucement et son cou recourbé fendait l'air limpide, tout droit vers un point invisible dans l'azur, Tougourt, Ouargla peut-être. Les autres suivaient son sillage, roux et noirâtres, goudronnés aux jarrets, charpentés fortement comme des vaisseaux de charge. Des deux côtés de chacun, des sacs gros et longs. rayés de noir et de rouge, gonflés de blé, étaient attachés par de fortes cordes, et faisaient équilibre.

Ils tanguaient aussi, mais leurs secousses étaient plus dures, les jeunes gens qui s'étaient accroupis entre les sacs s'inclinaient et se relevaient comme s'ils passaient sur des vagues. Tous ces hommes étaient hâlés, tannés et endurcis par le vent ; ils avaient dans les yeux l'habitude morne des longs voyages, et ils n'avaient pas négligé de prier le Dieu unique et leurs saints préférés avant de partir, afin d'être préservé de l'égarement et des corsaires.

J'ai vu la hamada de Metlili, en allant de Metlili à Beni-Sgen. C'est une plaine de pierre toute ronde et sans bords, sur laquelle le ciel est posé comme une coupole. Elle est couverte de cailloux bruns et rouges. Des aiguilles de pierres en émergent et tranchent durement sur l'azur pâle

Aucune plante n'y pousse, aucun insecte ne la traverse, aucun oiseau ne s'y aventure. Les pieds des chameaux y saignent, les fers des chevaux s'y rayent et s'y fendent comme le verre sur des pointes de diamant, et des hommes qui s'ignoraient deviennent amis quand ils ont traversé ensemble ce pays de la faim, de la soif et de la peur. Le soleil monte et descend d'un bord à l'autre sans rencontrer la moindre nuée ; aucune vapeur ne voile son aurore ni son crépuscule ; puis les étoiles se lèvent et décrivent leurs courbes étincelantes dans la nuit stérile au-dessus de la plaque sombre.

L'homme isolé dans ce morceau du monde fait exclusivement de lignes, de lumières et d'ombres est comme au centre d'une horloge immense, exilé sur une terre sidérale, au milieu des espaces du ciel.

Puis j'ai campé dans les dayat de Nili. C'était au printemps, par une suite de jours d'une merveilleuse douceur. Le fond de chaque daya était couvert d'herbes fines comme les cheveux d'un enfant blond, et ombragés de pistachiers très vieux, arbres superbes à l'écorce grise, au bois ambré, au cœur noir, tout ronds et étalés au-dessus du sol à la hauteur d'un homme en selle. Des jujubiers bleuâtres aux petites feuilles très vertes poussaient çà et là. Elles se suivaient comme les grains d'un collier, à peine séparées par des terrains tout nus qu'on eût dit être des ponts jetés sur une rivière.

Les unes n'étaient pas plus grandes que la place d'un village, et brillaient comme des écrins enchassées dans le plateau pierreux du désert ; les autres s'allongeaient et s'étendaient comme nos plus beaux parcs, et c'était merveille que fouler une herbe si délicate, ou s'asseoir sous de si beaux ombrages. Dans leurs parties les plus creuses, des mares encore pleines reflétaient le ciel. A travers presque toutes, des troupeaux de moutons aux toisons épaisses et frisées, parents des mérinos d'Espagne, paissaient à leur aise sans chiens ni maîtres, et dans les coins les plus riants s'étalaient des tentes toutes grandes ouvertes où tous les visages étaient joyeux, toutes les sacoches et toutes les outres pleines.

Là on nageait dans l'abondance, et l'hôte de Dieu n'avait qu'à dire « salut » pour qu'on posât devant lui des quartiers de viande parfumée, des galettes fraîches et des jattes de lait.

J'ai vu enfin, au milieu d'un réseau de collines toutes nues, à trois jours de marche au sud de Laghouat, ces merveilles qu'on appelle les villes saintes du Mezâb : Ghardaïa la riche, Beni-Sgen la savante, Melika la querelleuse, Bou Noura la borgne, El Atef la désolée, élever les cônes gris de leurs mosquées pareilles à des forteresses auprès de leurs jardins. Je me suis reposé dans ces jardins plus sombres que des cathédrales, sous des dômes de palmes entrecroisés.

Une forêt inférieure de pêchers, d'abricotiers, d'orangers et de grenadiers, épaississait leurs ombres, et des filets d'eau couraient de toutes parts devant mes pieds. J'ai vécu là pendant deux mois d'été avec des dévots pour lesquels l'histoire du monde s'arrêtait au gouvernement d'Othman, troisième khalife du Prophète, avec des marchands heureux qui gardaient le secret de leurs entreprises comme ceux de Sidon et de Tyr, avec des travailleurs sobres qui se faisaient un jeu de creuser des puits à trente-cinq mètres de profondeur, et bêchaient leurs jardins comme des parterres. Tout autour de notre retraite, à l'heure de midi, le désert n'était que feu et flammes.

Là se sont conservées, justement à l'abri de ces flammes, la foi pure des martyrs qui tombèrent sous les coups d'Ali, et les vieilles mœurs des puritains de Bassora. Ce petit cercle ignoré, ou inabordable autrefois, renferme le dépôt le plus antique de l'Islam. Plaise à Dieu que j'en puisse bien parler un jour !

J'ai appris ainsi pour ma part à connaître combien le Sahara est varié, prodigieusement terrible et fertile tout ensemble, plus affreux encore que je ne l'avais vu d'abord, plus riant que je ne le pouvais soupçonner du haut du Bou Kahil ; mais je n'oublierai jamais ce moment où il m'est apparu pour la première fois, et je retiens comme juste et définitive l'impression que j'en ai reçue.

Ce n'est pas la terre qui y compte. L'air y est tout, l'air y règne. C'est l'air qui le colore ; c'est l'air qui en façonne les montagnes et les vallées ; c'est contre l'air que luttent tous les êtres qui s'obstinent à y vivre ; c'est lui qui les tue quand ils sont faibles, qui les fortifie et les défend quand ils sont robustes, qui tend leurs ressorts et les affine, depuis les herbes jusqu'aux gazelles et jusqu'aux hommes voilés qui le parcourent sans boire pendant huit jours ; c'est encore lui qui leur accorde dans certains coins privilégiés la faveur extraordinaire des prairies fraîches et des eaux à fleur de sol. Sans l'air, le Sahara ne serait pas plus ce qu'il est que l'Angleterre sans la mer, et voilà pourquoi les peintres y reviendront, puis désespéreront sans cesse, incapables de l'exprimer avec vérité.

Le plus habile de tous ceux qui l'ont tenté, Fromentin, a eu mille fois raison de jeter ses pinceaux pour prendre une plume, et ce jour-là il a fait un pur chef-d'œuvre. On ne fixe pas sur une toile un fleuve de vent, surtout quand ce fleuve a seize cents kilomètres de large, et peut être trente lieues de hauteur.

FROMENTIN

Quel écrivain que Fromentin ! Je viens de relire son chapitre de Laghouat, et je me demande encore comment il a pu dégager de la confusion des choses et du tumulte des hommes une œuvre si harmonieuse et si claire. Ses pages sont pleines de réflexions exactes et d'observations fines ; tous ses mots, qui sont de choix, s'ajustent commes les pièces d'une mosaïque florentine. Avec quelle décision il a écarté tous les souvenirs vagues et toutes les images sans contours qui venaient l'assaillir ! C'est d'abord là ce que j'admire. Son style est la pureté, l'élégance même.

On a dit souvent qu'il a peint avec sa plume comme avec son pinceau. Quelle hérésie ! On ne peint qu'avec des couleurs. L'art dans lequel il avait excellé, et qui suffisait bien à sa gloire, lui paraissant incomplet ou débile, il a eu recours à un autre, et il s'est bien gardé de les confondre. N'y a-t-il pas, en effet, comme un abîme entre le peintre qui charme d'abord les yeux et l'écrivain qui parle d'abord à l'âme.

Sans doute le premier atteint l'âme et y provoque la joie ou la douleur ; sans doute aussi le second fait passer devant les yeux, par la magie des mots, toutes les formes et toutes les couleurs de la terre et du ciel ; mais ils suivent deux courants contraires : ce sont deux fleuves qui prennent leurs sources face à face, et qui roulent en sens inverse, uniquement semblables en ce qu'ils se troublent à mesure qu'ils s'élargisent. Plus la peinture devient suggestive, plus elle s'égare dans la région des songes incertains et incolores; plus la littérature se fait pittoresque, plus elle descend des hauteurs de la pensée pure dans le mécanisme des sensations. Le propre de l'une est de faire voir ; celui de l'autre est de faire comprendre : elles s'unissent merveilleusement pour aviver en nous le sens total de la vie ; mais on ne saurait attendre les mêmes effets des deux sans les corrompre. A mon avis, il faut choisir entre elles et se résoudre le plus souvent à ignorer l'une pour bien jouir de l'autre. Les maîtres seuls, comme Fromentin, sont capables de renverser leurs facultés et, pour ainsi dire, de traverser la nature deux fois de part en part.

Il s'est bien gardé d'écrire en même temps qu'il dessinait sur place. Tout au plus a-t-il pris ici ou là quelques notes destinées à réveiller ses souvenirs. Il a laissé pendant quatre ans tout ce qu'il avait vu, senti, compris dans les régions lumineuses et muettes du Sud, se grouper dans son âme et s'ordonner sur des plans successifs en vertu d'une loi mystérieuse.

Les images inutiles, les idées banales, qui, peut-être, l'avaient le plus vivement frappé d'abord, se sont peu à peu dégradées, puis éteintes : il n'en est bientôt resté que les lignes maîtresses, les couleurs larges et prédominantes, les scènes capitales, les détails rares, et ces choses harmonieuses ont pris un sens qu'elles n'avaient pas autrefois. A grande distance, et comme du fond d'un espace indéfini, la nature qu'il aimait lui est revenue purifiée et vivante d'une vie presque pareille à la sienne, elle l'a hanté comme une personne, elle l'a possédé et il l'a prise. On n'est pas écrivain sans cela.

« Un esprit invisible nourrit le monde, une âme court dans ses membres. — L'esprit de Dieu flotte sur les eaux. — Zeus réunit les hautes nuées ; Poseïdon ébranle la terre profonde. » Ainsi parlent Virgile, la Bible, Homère. En vain, vos yeux se seront ouverts mille fois sur le bleu du ciel, le vert des prés, la nacre des fleuves, sur les flocons des nuages qui montent aux flancs des montagnes, sur les plaines glauques de la mer ou sur les toisons noires des forêts, toutes ces merveilles vous demeureront étrangères tant que vous n'aurez pas senti derrière elles un Dieu ou des dieux, une âme ou des âmes. Pour cela, il faut se recueillir dans le silence et dans la paix des yeux, comme dans un rêve, loin de l'éclat, du tumulte et de la tyrannie de la matière. Un moment vient où la cause première qui suffit à notre intelligence nous apparaît, et tout se groupe autour d'elle avec harmonie. Alors, serions-nous les plus simples des esprits, ce que nous écrivons n'est jamais faux ni vulgaire, et peut se rencontrer avec le beau véritable, parce que notre dessin se rapproche le plus possible du plan de la nature. Autrement, nous ne copions que des accidents, nous n'assemblons que des lambeaux disparates, et les plus beaux génies du monde n'enfantent à force d'étude que des caricatures.

Qu'importent les années pour en venir là ? Qu'importent-elles encore s'il s'agit d'expliquer et de faire revivre, non plus seulement la nature, mais des hommes étrangers, et, parmi eux, les plus éloignés de notre race, les fils de Cham et de Sem ? Ce qu'on en voit d'abord n'a souvent pas plus de sens que l'herbe des prés ou les vagues des eaux. Des gestes, des yeux qui s'allument ou s'éteignent sur des visages blancs ou olivâtres, des barbes noires ou grises, taillées en pointe, des draperies descendant à beaux plis depuis le cou jusqu'aux pieds, ou lourdement rejetées sur les épaules, qu'ils soient beaux ou ridicules, pareils à des mannequins ou à des statues, voilà tout ce qu'ils nous livrent, quand nous nous contentons de les interroger par les yeux. S'ils parlent, les plus sincères voilent toujours un coin de leur pensée ; plus d'un ment ; presque tous n'échangent avec le voyageur que des banalités misérables. Pour les atteindre dans le refuge de leur conscience, il faut percer un épais brouillard, et l'écrivain qui y parvient n'est encore qu'au milieu de sa tâche ; car il doit mêler sa vie à la leur et se confondre avec eux en sentiments et en pensées, s'il veut exprimer ce qu'ils sont avec vérité.

Il faut que toutes leurs croyances, quelques absurdes qu'elles lui paraissent, aient passé par son âme, que toutes leurs passions aient troublé ses sens, quil ait été Bédouin avide et sceptique sous leurs tentes de laine, sédentaire craintif et crédule sous leurs huttes de branchages, citadin amolli et fourbe dans leurs maisons de boue et sous les arcades ombreuses de leurs villes, marchand de laine à Boghar, marabout à Temasinin. Médium volontaire entre deux foules absolument dissemblables et séparées par plusieurs centaines de lieues de terre et d'eau, il est d'autant plus puissant qu'il a le plus souvent renoncé à sa propre personne pour s'incorporer dans d'autres êtres, et c'est là peut-être le charme le plus profond de son art, car il exige pendant une longue période un dédoublement et comme une extension incessante de sa vie.

Ensuite il redevient lui-même, et toutes les existences qu'il a vécues perdent peu à peu de leurs émotions vives, comme les régions qu'il a traversées s'estompent à ses yeux. Elles se réduisent à des sentiments premiers en même temps que les horizons qui les encadrent se dépouillent de leurs ornements inutiles. Elles s'approndissent par la réflexion, et les causes très simples dont elles dérivent apparaissent.

Un accord s'établit ainsi entre les hommes et le monde revus à distance, et, dans le tableau d'ensemble qui en résulte, les caractères, sans rien perdre de leur vérité, ont toute l'ampleur et la sobriété des paysages.

Voilà comment Fromentin s'est préparé à son œuvre. Ajoutez-y le travail du style, le choix patient, tenace, presque infaillible à la longue, des mots justes dont chacun répond à une chose précise par son sens intime, son poids, sa sonorité et sa couleur, les uns roulés pêle-mêle devant nous dans les scories de la langue courante, les autres cachés dans des veines profondes où il faut savoir les découvrir; l'art difficile de les unir et de les enserrer dans des phrases souples et nuancées ou rigides et cassantes au gré de la pensée, soit qu'elle effleure, soit qu'elle serre au plus près la réalité; le souci cuisant et presque la crainte incessante de l'être invisible et prodigieusement multiple auquel on s'adresse, tout ensemble simple et raffiné, masculin et féminin, jeune et vieux, savant et frivole.

Fromentin les a connues, toutes les peines intimes et toutes les langueurs de cette passion d'écrire qui nous donne si cruellement la mesure de nos forces. Il en a surtout connu toutes les joies :

— Je ne cacherai pas, dit-il dans sa préface, combien j'étais ravi quand je me flattais d'avoir tiré quelque relief ou quelque couleur d'un mot très simple en lui-même, souvent le plus usuel et le plus usé, parfaitement terne à le prendre isolément. Notre langue, étonnamment ferme et expressive, même en son fonds-moyen et dans ses limites ordinaires, m'apparaissait comme inépuisable en ressources. Je la comparais à un sol excellent, tout borné qu'il est, qu'on peut indéfiniment exploiter dans sa profondeur, sans avoir besoin de l'étendre, propre à fournir tout ce qu'on veut de lui, à la condition qu'on y creuse. »

Il n'est pas surprenant, après cela, qu'il nous ait donné dans son « Laghouat », qui est la pièce capitale de son meilleur livre sur l'Afrique, un morceau de vingt pages, absolument hors de pair.

Le Ksar de Laghouat, quand il l'a vu, en 1853, venait d'être détruit de fond en comble. Trois ou quatre mille hommes aussi braves que ceux de Zaatcha avaient attendu là, sans reculer d'une semelle, Pélissier et ses zouaves. Ils avaient prié, jeûné, invoqué tous leurs saints, et s'étaient immolés par avance à l'Islam. La colonne infernale avait fait brèche dans leur enceinte, et, une heure après, leur sang coulait à plein ruisseaux dans leur ville basse. Ils s'étaient battus devant leurs portes et sur leurs terrasses comme des hommes sûrs de mourir.

Ensuite le fleuve rouge avait monté sur le mamelon des Aoulâd Serrin et tout autour la lutte avait atteint le comble de l'horreur. Là étaient tombés les meilleurs et les plus braves des nôtres, Bessières, Morand, général Bouscaren. Les balles y pleuvaient au ras des pierres, brisant les crânes et cassant les membres des mieux abrités.

A la fin, ils s'étaient enfuis et étaient allés se tapir dans leurs trous comme des hyènes : alors le massacre régulier avait commencé.

Les femmes et les enfants y avaient passé avec leurs maris et leurs pères. Le moindre obstacle en travers d'une rue accumulait les cadavres qui roulaient l'un sur l'autre comme des troncs d'arbres. Il s'en était élevé jusqu'à la hauteur des voûtes, et la fusillade n'avait pas cessé de pétiller jusqu'au soir. « Le lendemain, on avait empilé les morts dans les citernes, dans les fossés des jardins, dans les silos et dans les caves, puis un silence funèbre s'était étendu sur toute cette chair pourrie, et une armée de vautours planait au-dessus. Les tourterelles qui peuplaient les bois de palmes avant notre arrivée avaient disparu, et les chiens mêmes s'étaient sauvés tous ensemble sur une montagne. Redevenus sauvages, ils y mangeaient des cadavres ou se battaient entre eux la nuit avec des aboiements horribles. »

Dieu nous avait fait la grâce de nous préserver de la peste; les soldats s'étaient mis à tuer les vautours, et quelques hommes avaient reparu qui avaient baisé la main des vainqueurs pour être autorisés à retrouver les corps de leurs frères et de leurs enfants.

Ils avaient fouillé toute la ville, cherchant dans des milliers d'os déjà blancs un chiffon qui leur donnât quelque espérance. Plusieurs s'étaient persuadé qu'ils étaient tombés juste et avaient emporté dans leurs burnous des squelettes qu'ils avaient ensevelis décemment, entre deux pierres droites, la tête tournée vers le soleil levant. Un plus grand nombre leur avait succédé : quelques boutiques s'étaient rouvertes, et des Mozabites s'y étaient assis entre des piles de cotonnade, des foulards bariolés, des paquets de ficelle, des pots de henné, et des piments rouges. Des marchands de café avaient allumé leurs fourneaux dans des maisons abandonnées; on avait joué de la flûte devant leurs portes; on y avait dansé, et le bruit s'était répandu au loin qu'on pouvait vivre encore sous le sabre des infidèles. En quelques mois, des étrangers avaient rempli tous les vides et s'étaient mis à cultiver les palmiers des braves tombés pour la cause sainte. Dans le même temps, le milieu de la ville éventré, faisait place à l'administration française; les coups de mine éclataient sur toute la longeur des trois collines qui la dominent. Le mamelon des Aoulâd Serrin commençait à porter une forteresse ; en dessous s'élevait un hôpital; plus bas encore, le commandement et le bureau arabe occupaient des maisons façonnées à l'européenne et toutes blanches. La petite ville renaissait ainsi sous une forme nouvelle, désormais double, en face de son désert.

Fromentin l'a prise à cet instant de sa renaissance. A demi calcinée sur sa terre sévère, sans grâce et sans douceur, dans son grand pays de collines expirant dans un pays plus grand encore et plat, baigné d'une éternelle lumière, la première impression qu'elle lui avait faite était poignante ; mais son œil s'était accoutumé à la beauté de ses lignes, au vide de l'espace qui l'entourait, à l'impassibilité de son ciel bleuâtre, et elle avait fini par lui plaire comme une créature étrange, à la fois splendide et misérable.

Elle ressuscitait criblée de points d'ombre, au milieu d'un horizon tout rose avant le lever du soleil. Il y avait dans l'air des bruits et des chants vagues qui faisaient comprendre que le réveil était joyeux dans tous les pays du monde, et d'innombrables chuchottements d'oiseaux arrivaient du Sud. Puis elle perdait ses ombres à mesure que le soleil montait dans le ciel, elle devenait toute grise dans une campagne uniformément fauve, et midi venait fondre sur elle, rapide, aveuglant, lugubre. Elle dormait alors frappée de stupeur, muette et comme une masse toute violette. Ça et là, quelques trous noirs marquaient des fenêtres ou des portes intérieures, et de minces lignes d'un violet foncé indiquaient qu'il n'y avait plus qu'une ou deux raies d'ombre dans toutes ses rues. De chaque côté, l'oasis se pressait contre ses deux flancs avec l'air de vouloir la défendre plutôt que l'égayer ; dans de rares clairières on voyait poindre une terre sèche, poudreuse et couleur de cendre ; enfin, tout l'immense désert environnant se transformait en une plaine obscure.

« Le soleil suspendu à son centre l'inscrivait dans un cercle de lumière dont les rayons égaux le frappaient en plein, dans tous les sens et partout à la fois. Ce n'était plus ni de la clarté ni de l'ombre ; la perspective indiquée par les couleurs fuyantes cessait à peu près de mesurer les distances ; tout se couvrait d'un ton brun, prolongé, sans rayure, sans mélange : c'étaient quinze ou vingt lieues d'un pays uniforme et plat comme un plancher. Il semblait que le plus petit objet saillant y devait apparaître, et pourtant on n'y découvrait rien ; même on ne savait plus dire où il y avait du sable, de la terre ou des parties pierreuses, et l'immobilité de cette mer solide devenait alors plus frappante que jamais. On se demandait, en la voyant commencer à ses pieds, puis s'étendre, s'enfoncer vers le Sud, vers l'Est, vers l'Ouest, sans route tracée, sans inflexion, quel pouvait être ce pays silencieux, revêtu d'un ton douteux qui semblait la couleur du vide, d'où personne ne venait, où personne ne s'en allait, et qui se terminait par une raie si droite et si nette sur le ciel. »

A partir de trois heures, la journée finissait comme elle avait commencée par des demi-rougeurs, un ciel ambré, de longues flammes obliques qui allaient à leur tour empourprer les montagnes, les sables, les rochers de l'Est. L'ombre s'emparait du côté du pays que la chaleur avait fatigué pendant l'autre moitié du jour, et la cité morte se reprenait à vivre jusqu'au lever des étoiles.

Le matin et le soir, allant aux fontaines, et passant justement dans cette ombre transparente et bleuâtre qui caresse si doucement les yeux au bord du désert, s'avançaient de grandes femmes aux formes viriles, avec des yeux cerclés de noir, le visage mièvre et flétri, les bras nus jusqu'à l'épaule avec des bracelets jusqu'au coude, enveloppées de couvertures abondantes en plis. « Elles avaient la marche légère le pas souple et faisant peu de bruit, quelque chose de gauche à la fois et de magnifique dans les habitudes du corps, qui leur permettait de prendre, accroupies, des postures de singe, et, debout, des attitudes de statues. »

Des petites filles les suivaient avec des airs dignes et des gentillesses farouches de chats sauvages, et il y avait là de jolis pieds à foison des mains parfaites, des sourires tristes et des rires plus gais. Les hommes étaient graves, également drapés avec aisance même dans des guenilles, blêmes et lents.

A voir la lassitude de leur air, on les eût pris pour des ancêtres. Tout en eux était pesant et nonchalant, et cette fatigue ajoutait à la dignité de leurs personnes, et cette dignité était épique. Presque toujours silencieux, ils avaient tous de grands traits, et les plus hébétés conservaient la beauté d'une sculpture. Leur vie réelle ne se retrouvait que dans leurs yeux. « Ils étaient grands et obscurs ; on y voyait passer des lueurs ; à mesure que les cils s'écartaient, la prunelle noire se dilatait et les remplissait. A peine restait-il un point plus clair à l'angle externe des paupières, un point couleur de sang à l'angle intérieur ; on aurait dit deux trous noirs ouverts dans un masque discret, et par où l'âme, à certains moments qu'on prévoyait, pouvait se manifester par jets de flammes. »

Il faut bien que je m'arrête. Je citerais tout. Ouvrez vous-mêmes l'*Eté dans le Sahara*, prenez et lisez. Vous verrez ce que ce merveilleux artiste a fait de cette misérable bourgade qui sans lui ne serait qu'un amas de briques comme bien d'autres, et comment il l'a récréée, à quatre ans de distance, dans le silence de sa pensée. Il s'en est emparé, il l'a faite impérissable, et elle lui appartient à meilleur titre que Stamboul au Sultan et Londres à la reine d'Angleterre.

Il en est l'unique roi, lui-même immortel, et je l'y sens tellement maître, que, vingt ans après, quand je vais entrer dans un Laghouat tout autre, mais innondé des feux du même soleil, j'hésite comme si j'allais franchir le seuil d'un temple interdit : mais je m'enhardis à l'invoquer comme un génie propice, et peut-être le culte dont je l'honore me conciliera-t-il au moins un peu d'indulgence, à défaut de son inspiration.

LE RAHBA DE LAGHOUAT

J'ai erré pendant trois jours dans le désert, depuis que je suis descendu du Bou Kahil, et maintenant j'entre par le sud dans le faubourg méridional de Laghouat.

Mes mains sont brûlées, et mon visage est balafré d'un coup de soleil. Il est près de midi. La ruelle que je suis est étroite et bordée de maisons basses, faites d'une boue grise qui s'écaille et tombe en poussière. Le sol est mou, étrangement silencieux sous les pas des chevaux, et la lumière du soleil s'y est comme éteinte. Cependant le bas des maisons est frangé d'une ombre noire, et le ciel resserré entre les bordures des terrasses paraît une dalle de pierre bleue. La chaleur est cuisante; mais je la supporte bien, parce que je suis tout pénétré de l'air du large. J'en ai tant bu que je n'ai ni soif ni faim, et ma peau est insensible comme du cuir.

Je m'étonne, en vrai barbare, de voir ces demeures étroites. Des hommes s'y introduisent, en courbant l'échine, par des ouvertures basses, et ils y restent serrés comme des renards, sans parler ni remuer un membre. Leurs mains sont molles et leurs faces livides; des loques tachées entourent leurs têtes et retombent sur leurs épaules; ils n'ont que des chemises, et elles sont sales. Leurs femmes et leurs enfants, aussi misérables, se cachent dans de profondes ténèbres. J'aperçois une cour ouverte dans laquelle un monceau de paille brille du reflet de l'or, puis les petites maisons grises recommencent, et je me sens envahi par un insurmontable mépris. En ce moment j'entrerais très bien dans une cour comme celle-là et j'y prendrais toute la paille et toute l'orge nécessaire à mon cheval sans me soucier du propriétaire. La force accumulée dans mes poumons, dans mes veines et dans mes muscles se détend en mouvements brusques, en paroles brèves, je n'ai peur de rien, et ces êtres qui fuient le jour me semblent faits pour m'obéir.

J'ai déjà vu d'autres *ksour*, comme disent les Arabes, ne serait-ce qu'Amoura où j'ai failli me convertir à l'Islam ; mais quand j'y suis entré je venais du Nord ; je n'avais pas encore passé trois jours dans le Sahara à courir après les gazelles et à dormir à la belle étoile. D'où viennent ces hommes qui ont eu l'idée de s'enfermer dans ces cubes de boue ? De quelle espèce sont-ils ? La terre a-t-elle donc une vertu pour qu'on s'y attache, qu'on s'y incruste ainsi, et qu'on vive dans ses entrailles ?

Ça et là, au-dessus des murs, s'élèvent des têtes de palmiers. Le vent les secoue et fait bruire leurs feuilles rigides comme des bouquets d'épées. Je n'en ai encore jamais vu en si grand nombre, et le désir me prend d'aller me promener sous leur ombrage avant d'entrer plus loin dans Lagouat. D'ailleurs qui m'y recevrait par cette chaleur torride ? Je traverse sur ma droite un champ sablonneux, je contourne un petit mur de pierres sèches, et je m'arrête devant une forêt de colonnes brunes et grises d'une élégance royale qui supportent comme un toit lamellé d'émeraude et de lapis. Encore un pas, et ce ne sont sur ma tête qu'énormes étoiles vertes découpées dans l'azur du ciel. Aux colonnes que j'ai devant moi d'autres succèdent dans une profondeur indéfinie, et l'entrecroisement des palmes fait au-dessus d'elles un treillage très sombre que le soleil traverse de minces flèches d'or. Pas un homme ne paraît là ; pas un insecte n'y bourdonne. Tout ce gigantesque édifice où le silence règne absolu est enveloppé et défendu du dehors par un orage de feu.

Je descends de cheval, je promène mes regards de bas en haut, et, chaque fois que je les élève, une émotion singulière me trouble le cœur. Il me vient à l'esprit des souvenirs très vagues, et il me déplaît qu'ils se précisent. Tous ces troncs striés et comme peints de la couleur foncée des vieilles églises sont des piliers larges à la base, serrés un peu au-dessus, renflés doucement ensuite, amincis à la fin, et tout en haut élargis en chapiteaux d'où pendent, régulièrement opposés, des régimes de fruits jaunes qui paraissent sculptés dans leur masse ; puis de ces chapiteaux partent des nervures qui se courbent en arcs de toutes parts, et dont les points d'intersection font des clefs de voûte. Sur le sol, de longues bandes de sable très pur sont étendues sans rides comme des tapis de prière.

A quoi bon rêver des temples de l'Egypte et

des cathédrales du nord ? Je suis là devant le modèle de toutes les architectures que les artistes de tous les temps ont imaginées pour emprisonner une idée divine. Encore ont-ils été forcés de peindre leurs voûtes massives des couleurs du ciel, et de les faire supporter par des pierres ou des pièces de bois mort, tandis qu'ici c'est le ciel même que j'entrevois, et ces merveilleuses colonnes d'une seule venue sont des personnes qui vivent à peu près comme moi.

Vivantes et féminines, elles aiment et elles enfantent ; leurs chapiteaux sont des seins gonflés ; leurs palmes sont des chevelures. « Voyez-vous le doukar ? », me dit mon cavalier en me montrant un arbre plus fort et plus haut encore que les autres. Le *doukar* est le mâle. Il est seul dans la forêt où mes regards pénètrent, et tout le reste est un gynécée fécondé par lui au printemps. Je suis dans un harem de sultanes aux tailles élancées, aux aigrettes fines, sur lesquelles le vent ou la main des hommes a répandu un mince nuage de poussière ambrée, et qui maintenant portent allègrement chacune huit ou dix régimes de trentes livres qui seront avant un mois des blocs de miel couleur de bronze. Il

y en a d'origine plébéienne dont les fruits épais
sont empilés en gâteaux et vendus à vil prix sur
les marchés ; il y en a de patriciennes qui donnent aux riches ces dattes translucides, fermes
et parfumées, que les Arabes appellent si bien
des « doigts de lumière », *deglet en nour*. Ce sont
des patriciennes qui m'entourent, et j'apprends
vite à les reconnaître. Leurs flancs sont plus
minces que ceux de leurs robustes rivales, et leurs
folioles se découpent sur le ciel en lamelles plus
étroites et plus longues ; mais elles osent s'élever plus haut sous le flamboiement du soleil.
Elles ont tant de race et de charme que des
hommes peuvent devenir amoureux d'elles.
On raconte qu'un roi d'Asie s'éprit de la plus
belle de son jardin, qui grandissait seule au bord
d'un ruisseau ; il la fit entourer de buissons des
fleurs les plus rares ; il sertit son corps de colliers
de pierres précieuses, et tous les jours jusqu'à sa
mort il vint s'asseoir devant elle, ne s'aperce-
vant même pas qu'elle vieillissait comme lui.

Les pieds dans l'eau, la tête dans le feu, nourricières, elles donnent aux misérables qui vivent
à leurs pieds presque toute leur subsistance. Elles
défendent leurs champs d'orge contre le vent et

le soleil. Ils font tous leurs repas de leurs fruits. Ils vendent ce qui leur en reste, et se procurent ainsi la laine dont ils tissent leurs vêtements. Elles leur versent même l'ivresse qui les console de leurs soucis, et elles en meurent. J'en vois deux décapitées juste à la naissance de leurs palmes ; ce sont celles-là dont mes voisins boivent la sève et la vie. Cette sève monte comme du sang jusqu'au sommet de leur tronc évidé en entonnoir ; elle s'y accumule transparente et teintée d'opale, et on y puise plusieurs fois par jour. D'abord douce et sucrée, elle fermente dans les outres, puis se trouble, s'aigrit ; alors on la fait passer à la ronde dans une écuelle de bois les soirs de festin, et les hôtes repus de dattes s'en abreuvent jusqu'à perdre la raison. De même, au bord des déserts de l'Asie centrale, les Tartares s'énivrent du lait de leurs cavales en mangeant leur chair.

Bonnes pour la guerre, elles se dressent devant l'ennemi en colonnes serrées comme des palissades, et ni les balles ni les baïonnettes ne peuvent rien contre elles. Les haches mêmes rebondissent sur leurs fibres entrecroisées comme les fils de fer d'une cotte de mailles. Elles sont pour les gens du village qu'elles défendent un abri plus sûr que les murs les plus larges des forteresses. A deux cents pas d'elles, les cavaliers tourbillonnent et fuient ; tous leurs interstices sont d'étroites meurtrières, et leur ligne sinueuse est toute frangée d'une bande de fumée blanche piquée d'éclairs Les fantassins ne les abordent qu'en se glissant à plat ventre comme des reptiles, et s'ils se dressent sur leur pieds, la mort les attend. L'oasis de Zaatcha n'a qu'une rivale dans l'histoire : Saragosse. L'artillerie seule peut avoir raison de leur muette et formidable résistance : il faut dresser des batteries contre elles, et les écraser à distance de boulets pleins. Elles se renversent alors et se couchent les unes sur les autres, ouvrant de larges rues, et c'est pitié de voir de si belles créatures brisées pour la vile bourgade qui paraît dans le fond toute nue, poussiéreuse et laide comme une taupinière.

Je vais devant moi. La forêt s'épaissit encore. Le sol, tout à l'heure sablé d'or fin, devient peu à peu noirâtre ; des ruisselets passent devant mes pieds ; des abricotiers, des pêchers des orangers, des figuiers, des grenadiers, luxuriants et noirs, pleins de fruits blancs, jaunes et rouges, pullulent autour de moi, et font de hauts bosquets sous les dômes toujours plus sombres des palmes. L'air devient tiède et lourd. Des bataillons de moustiques y flottent en vapeurs grises ; des moineaux à la gorge bleuâtre sautillent d'une branche à l'autre, ouvrant à peine les ailes : au-dessus de ma tête j'entends des roucoulements doux de tourterelles. Je franchis des murs de pisé percés de trous comme ceux des environs de Paris pendant le siége ; j'aperçois une grosse maison grise et muette comme un fort abondonné : je suis là, juste au milieu de jardins enchevêtrés, inextricables, et force est que je m'arrête.

Une torpeur lente m'envahit. L'eau tiède qui baigne les racines de toutes ces plantes qui m'entourent et l'air humide qui les enveloppe leur donnent une extraordinaire vigueur, et elles poussent de longs jets vers le soleil ; mais elles demeurent enfermées comme dans une serre immense, aux piliers innombrables, où la nature épand et concentre toutes ses forces productrices, dans laquelle on entre avec délices, et d'où on ne peut bientôt sortir.

Au loin, dans l'intervalle de quelques palmiers

s'étend, tout en travers, une bande blanche qui scintille comme la lame d'un sabre. C'est le désert qui reparaît dans sa splendeur farouche. J'y attache mes regards un instant, et je les ramène autour de moi dans mon refuge. Alors je me sens captif dans une énorme prison crépusculaire, semée de couleurs étranges, fiévreuses et malsaines. Il faut que je fasse un véritable effort pour me remettre en marche et fuir.

A ce moment, je vois un homme vêtu d'une longue chemise passer par la brèche d'un mur de clôture. Il tient un petit panier d'une main et une piochette de l'autre. Il va tout doucement, et s'arrête entre deux palmiers : il dépose son panier, et se met à gratter le sol, plié en deux.

Au pied de ces colonnes altières, il a l'air d'une souris blanche. Un autre apparaît un peu plus loin, puis deux, puis trois, qui se mettent aussi à creuser des rigoles dans la terre, et bientôt j'en compte une vingtaine accroupis ou courbés, le nez près du sable.

Ces petites taches blanches qui remuent dans la pénombre, et font une besogne que je ne comprends pas de loin, me donnent l'impression d'une troupe de bestioles attachée au service de grands arbres ; et je ne me trompe guère ils rouvrent le réseau des canaux qui doivent abreuver les *deglet en nour*.

L'heure est venue de leur donner à boire, et aussi de remuer la terre tout alentour, afin qu'elles respirent à l'aise. Ce soir, celles qu'ils auront soignées seront satisfaites comme peuvent l'être des juments de pur sang pansées par leur palefreniers ; puis demain viendra le tour d'un nombre pareil d'autres, et ce labeur ne cessera jamais.

Là pas de grèves, pas de discussions, pas de caprices, mais un contrat indissoluble entre ces Ksouriens qui ont faim et ces arbres qui leur donnent leur récompense. Moindrement qu'ils soient négligés, les arbres diminuent immédiatement le salaire, Ils sont inexorables, et c'est un contraste saisissant que leur insensibilité superbe et le travail acharné des êtres doués d'intelligence qui piochent à quatre pattes sous leurs diadèmes.

Comme je regagne l'espace libre, j'en vois un groupe qui va au travail, puis, à travers la plaine sablonneuse qui sépare l'oasis des maisons, j'en aperçois de tout âge qui se dirigent, muets et l'air triste, vers la masse noire des palmes, Je les reconnais presque. Ce sont les mêmes hommes que j'ai vus livides, montrant quand ils parlent des dents cariées, accroupis en dedans de leurs portes, avec de grands yeux noirs et sans éclairs qui n'ont rien de pareil aux nôtres.

La journée recommence pour tous ces termites qui ont passé l'heure de midi dans leurs tannières. Ils ont été là-bas dès l'aurore : ils y retournent jusqu'au crépuscule. Il ne font que cela. Ils ne lisent pas, ils ne savent rien du monde, ils ignorent la forme de la terre et les nations qui l'habitent, et la seule chose qui les élève au rang des hommes est cette navrante prière : « Seigneur, maître souverain du visible et de l'invisible, aie pitié de nous ». Le voudraient-ils, qu'ils seraient incapables de faire autre chose que servir ces plantes comme des esclaves, les élever, les soigner, être attentifs à leurs amours, et au besoin mourir pour elles.

Si leur oasis était détruite, il faudrait les transporter dans une autre, et les poser chacun au pied d'un palmier, comme des lézards. Ils recommenceraient alors tout simplement leurs deux petits voyages journaliers avec leurs paniers et leurs piochettes, et répondraient encore au voyageur qui les interrogerait comme je le fais :

— Nous ne savons rien que cela ; nous ne faisons que ce que faisaient nos pères.

« Chiens fils de chiens », murmure près de moi un chamelier aux muscles de bronze, qui regarde passer leur dernière bande terreuse et gueuse à faire pitié ; et je me surprends à dire de mon côté :

— Quelle canaille !

La canaille, c'est pour moi tout ce monde qui travaille la terre, qui cultive des jardins et vit dans des maisons ; ce sont ces sédentaires frères des paysans de là-bas où les sarments de vigne donnent bien autant de mal que les palmes. Oui, voilà où j'en suis venu, après trois semaines de vie libre et de grand air.

Jeunesse, souplesse de l'âme et du corps, don adorable ! Tu n'es pas seulement la vie, tu as en toi vingt vies différentes, des forces multiples et des formes innombrables. Tu fais d'un homme, à ton gré, dans un mois ou dans une heure, un savant et un amoureux, un débauché et un ascète. Il t'a plu de me camper sur une selle, de me mettre en main la bride d'un cheval robuste, de me griser d'air, et voilà que je vais renier mes dieux de la veille, prêt à mépriser tout ce qui me paraissait jusque là beau et honorable.

Il y a quinze jours à peine, du haut de la montagne de Djelfa, je contemplais les steppes vides avec une sorte d'horreur, et les tentes basses que j'y apercevais me semblaient être uniquement faites pour abriter des êtres aussi différents de moi que des lévriers ou des vautours. Mon âme était encore pleine de réminiscences ; je continuais de vivre sans m'en rendre compte dans quelque prairie herbeuse, au bord d'un bois touffu, ou dans une ville aux maisons hautes toute remplie d'hommes ; et non seulement cette vie là me paraissait être la seule qui pût me convenir, mais encore tous mes raisonnements dans ce jour fugitif étaient pour moi définitifs et comme éternels. Je m'en souviens : j'étais un petit-fils de Tubal-Caïn, fondateur des cités, et j'avais devant moi les fils d'Abel.

Maintenant, comme si un autre sang battait dans mes artères, j'aime ardemment les espaces sans limite et sans maître sur lesquels le soleil et les étoiles se lèvent et se couchent dans un ciel aride, et ma raison leur appartient comme mon cœur. Les petites troupes d'hommes qui s'y aventurent avec un peu de farine et de viande séchée dans leurs besaces sont ma famille. J'ai épousé leurs joies, j'aime leurs misères, et je suis fier d'avoir galopé comme eux où bon me semblait, à droite, à gauche, sans recevoir l'avis de personne, sans avoir besoin d'un toit ou d'un lit, sans m'attacher à rien, sans rien prévoir.

En même temps que mon corps s'est fortifié, mon âme s'est dépouillée de toutes les affections misérables qui l'emprisonnaient comme du lierre et la rongeaient comme de la mousse ; elle est saine et droite comme un roseau. Avoir une idée générale du système du monde et de la place qu'on y occupe, la plus simple possible, aimer son père et sa mère, son frère ou sa sœur, sa fiancée ou sa femme, son ami, s'il s'en trouve, vivants ou morts, faire un métier qui n'exige pas qu'on remue des choses sales ou des idées méprisables, n'obéir ni ne commander à personne, ne se fatiguer que pour son plaisir, voilà ma règle à cette heure bénie de mon existence, et je la trouve, par ma foi, si bonne que je prends gravement la résolution de m'y tenir.

Il me ferait bien rire à ce moment celui qui me dirait que les hommes sont prédestinés à tel ou tel genre de vie, et m'expliquerait doctoralement que les Arabes sont faits pour être nomades et les Normands pour être sédentaires. Je me sens nomade jusqu'au bout des ongles, et j'en connais, dans mon pays de pommiers, qui le sont autrement que moi, par exemple tous ceux qui s'échappent des entailles blanches de nos falaises pour courir dès leur jeune âge sur la plaque verte de la mer. Leurs oasis s'appellent les Orcades, l'Islande, ou Terre-Neuve.

Ceux-là ont devant eux un Sahara bien autrement vaste et aérien que celui que je viens de découvrir ; leurs champs de glace et leurs brumes sont autre chose que les dunes de sables et le simoun. Ils sont aussi sollicités au repos et au bien-être par une terre autrement riche que les steppes de l'Algérie. Or, vous savez comment ils l'appellent, cette terre riche : « le plancher des vaches », et ils continuent de père en fils d'errer au loin, mal payés et misérables, parce qu'ils aiment mieux la fraternité étroite de leurs barques que l'égoïsme et l'avilissement des villes, parce qu'ils préfèrent la santé et la bravoure dans l'exercice du péril à l'anémie ou à l'apoplexie dans la paresse, enfin parce qu'ils se sentent nobles dans leur rude vie. Il n'y a pas besoin d'avoir des ancêtres dans le Yémen ou dans le Hidjaz pour sentir cela, et la meilleure preuve que j'en puisse encore donner est justement le groupe de soi-disants Arabes que je regarde charger leurs chameaux pendant que je discute ainsi avec moi-même. J'y aperçois clairement mêlés à des hommes très bruns, des châtains aux yeux très clairs, dont les aïeux lointains parlaient peut-être le latin ou le celte dans quelque ville de la Méditerrannée, il y a vingt ou vingt-cinq siècles. Leurs arrière-grands-pères sont descendus peu à peu dans le Sahara comme des graines roulées par le vent, et on reconnaît facilement en eux des plantes venues de bien loin, durcies et affinées sans doute, mais qui gardent toujours quelque chose de leur port et de leur couleur.

UNE PLACE DE LAGHOUAT

Voilà l'état exact de mon esprit au moment où je débouche sur la place d'où l'on voit Laghouat d'ensemble. Je l'ai revue plus tard, mais avec moins de plaisir, parce que je n'ai pu la comprendre et la sentir aussi bien une seconde fois. Il en est des villes comme des femmes et des hommes. Quand deux âmes sont faites l'une pour l'autre, le croisement de leurs regards suffit à les unir, et elles se traversent en une seconde jusque dans leurs plus secrètes profondeurs. De même les choses sont à nous et nous leur apparaissons pendant un instant précis et non plus pendant tel autre, quand elles nous conviennent justement et que nous sommes disposés comme il faut pour elles. Un éclair passe, et elles nous redeviennent étrangères. Alors nous nous plaignons, et nous disons : « Quel dommage ! Le tableau que j'ai vu hier n'est plus le même » ;

mais le tableau, s'il pouvait parler, nous répondrait que c'est nous d'abord qui avons changé.

A ma droite, une mosquée joliment décorée, un peu banale de ton, mais neuve et agréable; en face, l'hôpital, imposant comme tous les bâtiments militaires de la période de la conquête ; à gauche, le fort Morand, bâti comme une acropole sur le mamelon funeste des Aoulâd Serrin. Dans les intervalles, des maisons blanches et des maisons grises, cubiques, inégales, mais visiblement corrigées, redressées, alignées par des mains françaises; le tout étagé sur une arête qui s'abaisse de droite à gauche et fait un feston dentelé sur le bleu du ciel.

C'est l'heure des belles ombres transparentes qui s'étendent jusqu'au milieu des ruelles : elles encadrent des masses toutes blanches ou rosées qui sont trouées par-ci par-là de meurtrières noires. Rien n'échappe aux yeux dans cette peinture éclatante. Deux femmes assises bien loin au bord d'une terrasse dans des vêtements rouges sont comme des fleurs de grenadier qu'on va cueillir.

De minute en minute toutes les oppositions de l'ombre et de la lumière, et toutes les couleurs délicates ou vives qui en résultent, diminuent ou grandissent, passent et changent, palpitent, comme les vibrations d'un être vivant. On sent, plus qu'on ne voit, que le jour marche. Chaque nouvelle ligne d'ombre qui se dessine s'avance avec une netteté merveilleuse, et cependant le mouvement n'en est pas perceptible ; chaque nuance nouvelle qui paraît jette une lueur brillante, puis ne tarde pas à s'évanouir et à se se fondre dans une autre ; mais l'œil est impuissant à saisir le moment précis de son éclat ou de sa défaillance. Cette continuité parfaite d'évolutions et d'expressions lumineuses dans la clarté divine d'un si bel instant ravit l'âme comme une chant sans paroles, comme un poème sans fin, comme un rêve heureux.

Ranimés par la brise des steppes qui se lève juste alors et dure jusqu'au coucher du soleil, comme celle du matin souffle depuis l'aurore jusqu'à dix heures, des zouaves en tenue de corvée, pantalons rouges et blouses grises, la chechia posée en arrière de la tête, des chasseurs d'Afrique serrés dans de hautes ceintures rouges, coiffés de bonnets tout droits et sertis de coiffes blanches, des spahis bleus et rouges, montés sur des alezans dorés qui piaffent la crinière ondulée et la queue élargie en éventail, passent devant moi et se croisent dans tous les sens. Leurs reins sont larges, leurs mains sont brunes, leurs visages sont tannés, leurs regards sont assurés et mâles. Un d'eux me dit : « Bonjour, camarade », et je lui réponds : « Bonjour, mon ami » ; car j'ai plaisir à me sentir son compagnon.

Des Arabes à pied vont par petits groupes vers une sorte de ruelle : ils se suivent comme des moutons. Quelques-uns ont des burnous d'une étonnante blancheur. Ils saluent un officier qui leur répond en arabe, et ils lui sourient, découvrant des rangées d'émail dans leurs barbes noires. D'autres, sur des chevaux couverts de petites housses de soie bleue et rose, ont des burnous bruns ou gris de perle, de hautes coiffures faites de tresses de laine, de belles bottes rouges : ils font claquer leurs étriers, et leurs chevaux courbent leurs cous de cygnes, grattant le sol de leurs sabots teints de henné couleur de sang, mâchonnant leurs mors, jetant au vent des flocons d'écume. Tout ce monde a un air de joie qui m'enchante. Les Mozabites mêmes qui restent d'ordinaire au fond de leurs épiceries, accroupis comme des Bouddhas entre des pyramides de conserves, se sont répandus dehors.

J'en vois une dizaine réunis devant une boutique bariolée de foulards et de guirlandes de piments. Leurs jambes courtes disparaissent dans d'énormes culottes grises, brodées de ganses noires: les plus gros ont des pistolets passés dans leurs ceintures ; les plus petits ont des fusils longs qu'ils tiennent comme des gaules. Ils ont noué leurs haïks sous leurs épaules comme s'ils allaient à la guerre, et ils se distribuent de la poudre. Leurs yeux tout noirs sont illuminés, et leurs joues d'ivoire sont presque roses.

Dans un coin de la place est un cercle d'hommes, de femmes et d'enfants qui semblent regarder quelque chose, et il en vient des sons nasillards et lents. Là deux hommes en chemise font danser des serpents. Ils soufflent dans de petits fifres, et devant eux trois vipères brunes se balancent à demi dressées. Elles se déroulent à mesure que l'air devient plus vif, elles se renversent en gonflant le cou, et font miroiter les écailles blanches de leurs gorges.

Les charmeurs leur versent tour à tour l'ivresse et la colère. Elles se raidissent et se détendent, elles ondulent comme si des caresses invisibles passaient sur elles, ou se penchent en avant, droites comme des épées, prêtes à planter leurs crochets dans les bras nus de leurs maîtres, et tous leurs instincts d'amour, de crainte, de volupté et de fureur, excités puis calmés, puis ravivés encore, font une sorte de poème bestial adapté tout juste à l'étrange musique qui les rend folles.

On sent à certains moments qu'une fausse note serait mortelle, et je me demande avec ravissement comment des hommes ont pu inventer un pareil art. Ceux-là encore ont les yeux luisants, les barbes noires et peu fournies, le teint exsangue et les corps minces que j'ai déjà rencontrés dans la bande des mystiques d'Amoura, ou quelquefois sous les tentes des Aoulâd Naïel. Ils viennent de très loin sans doute, d'un pays et d'un âge ou l'on adorait les bêtes dans de somptueuses cavernes tapissées d'étoffes riches au fond des temples ; ils descendent inconsciemment des prêtres de l'Inde et de l'Egypte qui reconnaissaient des âmes divines dans les monstres pullulant sur la fange des grands fleuves ; ils sont les derniers des Psylles qui comprenaient leurs regards et parlaient leur langue.

La foule qui les entoure est aussi primitive, infiniment douce et profondément brutale. Elle a des faces inertes et grises de prolétaires blancs attachés à la glèbe et confondus avec la terre depuis les temps anciens de Rome et de Carthages, des masques simiesques de mulâtres courtiers de toutes les industries et serfs de tous les vices, des profils de vieilles femmes aux nez crochus qui disent les sorts en jetant des bâtons devant elles comme les magiciens des Pharaons, des têtes de nègres aux grosses lèvres, aux petits yeux, aux cheveux de laine, mal taillées et frustes comme des proues de navires. Elle comprend ce chant étrange qui charme les terribles bêtes, elle les sent inoffensives, elle n'en a pas la moindre peur, et, sous la pression des derniers venus, elle se resserre autour d'elles. Un nègre chante ; un autre balance la tête comme les vipères qui sont à ce moment-là debout, côte à côte, juste en face des fifres, et oscillent en cadence d'avant en arrière à la façon des Aïssaoua fumeurs de chanvre.

Cependant une dame passe tout contre nous. Elle est jeune et bien prise dans sa taille mince.

Sa robe faite d'une étoffe de haïk de soie blanche lamée de violet clair s'ajuste à merveille sur ses épaules rondes et moule ses beaux bras ; sa ceinture est violette ; sur son large chapeau de tulle blanc court une guirlande de pervenches ; elle s'abrite du soleil encore brûlant derrière un éventail espagnol noir et semé de roses. La splendide lumière dont elle se défend, tamisée et presque opaline, lui donne un éclat doux et charmant qui la transfigure. Elle est certainement plus belle sur cette place que sous les ombrages du Nord d'où elle est venue peut-être il y a quelques mois. Ses yeux bleus sont déjà plus sombres ici que là-bas ; l'or de ses cheveux est plus fauve, et ce teint de nacre rose et d'ambre, c'est bien à notre ciel qu'elle l'a pris.

Derrière elle une servante robuste, coiffée de larges rubans comme les femmes de la Lozère, porte sur ses bras un enfant couvert de dentelles blanches, et tient dans sa main droite une ombrelle écossaise qui la couvre de taches rouges.

Elle marche un peu vite entre une douzaine de gueux qui ne se dérangent pas pour elle, et se heurte presque contre deux danseuses qui débouchent d'une petite rue. Celles-là ruissellent d'argent et d'or.

Sur leurs poitrines plates et larges comme des poitrines d'hommes s'étagent des colliers de sequins, de louis et de guinées mêlés à des perles de verre et à des grains de corail, qui battent comme des franges ; leurs visages tout peints d'ocre, d'indigo et de vermillon sont entourés d'une rivière de chaînettes ; leurs hautes coiffures de laine sont cerclées de diadèmes ; leurs bras musclés sont armés de tous leurs lourds bracelets de parade, et elles n'ont pas oublié de passer autour de leurs chevilles leurs grands anneaux brisés qui sont les entraves anciennes des femmes esclaves. De haute taille, et drapées dans de belles étoffes rouges et bleues, elles s'avancent avec un cliquetis d'armures comme des guerriers en uniforme, et ce sont là certainement les filles de quelque bandit du Sud qui expéditionne du côté d'In Salah ou de Timmimoun sans se soucier d'elles.

La première s'efface un peu pour faire place à la « Romaine », et promène ses grands yeux noirs avec surprise sur la délicatesse de ses charmes, la seconde s'arrête devant l'enfant, sourit à la nourrice, soulève le voile de dentelle, et s'écrie :

— Seigneur ! de la neige !

La jeune femme se retourne et lui sourit aussi.

— Où allez-vous comme cela, filles de bien ? leur dit mon cavalier.

— Nous allons voir jouer les chevaux, répondent-elles.

— Et où font-ils la course ?

— Là-bas, de l'autre côté des palmiers.

— C'est donc fête aujourd'hui ?

— Eh quoi ! Tu ne sais donc pas que le général est arrivé ?

L'ARRIVÉE DU GÉNÉRAL

« Djeninar dja », le général est arrivé ! Voilà le mot magique qui a mis aux mains des Mozabites leurs tromblons et leurs pistolets. Ils vont faire une fantasia et se tirer dans les jambes en sautant comme des possédés. Je m'explique maintenant les burnous blancs, les housses de soie, et le joyeux tumulte des cavaliers qui s'enfoncent toujours dans la même ruelle sur ma gauche : ils veulent saluer ou du moins voir le général.

Allons, moi aussi je veux être de la fête. Je pousse mon cheval au milieu d'eux, et je me trouve à côté d'un grand diable monté sur un bai superbe, aux yeux injectés de sang, qui pèse rudement sur son mors.

Les deux animaux se déplaisent : ils échangent un défi ; et tout à coup, le mien reçoit une ruade à lui briser les côtes. Heureusement, le coup tombe sur une de mes sacoches bourrée de linge, et se contente de mettre en miettes mon miroir.

Je fais un bond en avant ; mon compagnon d'aventure tourne sur lui-même ; les autres chevaux se bousculent et hennissent de colère, car ils prennent parti et se battent comme des hommes ; mais voilà qu'on entend de loin des flûtes et des tambours qui jouent une marche des steppes, et peu à peu ils ce calment, allongeant leurs pas rythmés sur le sol meuble.

La rue finit bientôt, et une place nouvelle s'ouvre devant nous.

Un remous me refoule contre une muraille ; mais, en me dressant sur ma selle, je vois bien au-dessus des têtes. Je suis là au cœur même de Laghouat, sur le plus petit côté d'un espace rectangulaire bordé de maisons qui me paraissent belles comme des palais ; car elles ont des fenêtres, des perrons et des arcades, et je trouve cela admirable, ayant laissé dans le désert du Sud mes souvenirs et mes visions des années passées. La maison de commandement, au bas de laquelle des spahis sont rangés le sabre au clair, me fait l'impression d'un ministère, et le cercle qui vient ensuite est aussi grand pour moi que la demeure d'un pacha du Caire ou de Stamboul. Je ne connais rien, d'ailleurs, de plus gracieux que le bouquet de palmiers qui le surmonte, et si jamais j'étais amoureux d'une *deglet en nour*, je sais bien celle que j'y choisirais : ce serait la plus haute et la plus fine, celle qui s'est isolée en penchant la tête.

Un groupe d'officiers est devant les arcades de ce cercle. Leurs vestes et leurs tuniques bleues ou noires rehaussées d'or, leurs képis galonnés, les poignées de leurs sabres dont l'acier reluit, font un bloc sombre, piqué de lumières. Il s'en détache deux qui traversent la place absolument vide et blanche, et j'admire encore la beauté de leurs costumes, comme si je ne les avais jamais vus. Quelle allure décidée, quelle correction de gestes, quelle belle race d'hommes née pour servir d'exemple aux autres et s'en faire obéir !

Cependant, les flûtes que nous avons entendues se rapprochent, et je les sens qui débouchent d'un coin que je ne puis voir.

— Regarde, me dit avec un mouvement d'orgueil un petit vieux rapiécé qui se penche sur le cou de sa maigre jument rouge ; regarde vite. « Voici le mîad des Aoulâd Naîel. »

Ce ne sont plus là les pauvres hères dont j'ai mangé les dattes sèches et le couscous au beurre rance. Trois hommes enveloppés de grands burnous rouges, des vieillards blancs dont le visage est encadré de mousseline et surmonté d'une coifffure un peu évasée, noire et grise, commencent à contourner la place, assis dans des selles hautes comme des fauteuils et brodées d'or.

Les chevaux qui les portent sont noirs et bais, d'une souplesse de gazelles, avec des démarches de lions, et des housses de soie couvrent leurs croupes, traînant jusqu'à terre comme des voiles.

En avant vont des musisiens également montés. Un d'eux tient un tambour long en travers de sa selle, et le frappe avec un bâton recourbé; les autres soufflent à perdre haleine dans ces flûtes qui m'ont ravi plus d'une fois déjà sous les étoiles de leurs plaines; mais ce qu'ils leur font dire est tout nouveau pour moi, délicieux à la fois et incompréhensible. C'est encore là un de leurs airs primitifs, inventés au temps des Amazones et des Centaures.

En arrière, une vingtaine d'hommes bruns et d'adolescents imberbes, fils et petits-fils des

trois vieillards, sont drapés dans des burnous gris
ou violets, noirs ou amaranthes ; leurs chevaux
sont pommelés, blonds, alezans brûlés ; leurs
selles vertes et brodées d'argent ; leurs housses
diaprées de vert, de bleu clair et de rose : toutes
les couleurs qu'ils portent sont aussi jeunes
qu'eux. Puis s'allonge une masse toute blanche,
un fleuve ondulant d'amis, de clients et de serviteurs, au-dessus duquel deux drapeaux cla-
quent au vent : l'un est vert et rouge ; c'est celui
des Aoulâd Naîel. L'autre est tricolore : bleu,
blanc, rouge.

Comme ils arrivent à la hauteur du cercle, une
autre musique fend l'air, et, d'une allure plus
vive, les rangs moins bien tenus, mais tous
bronzés, musclés et maigres comme des loups,
d'autres cavaliers font irruption sur leur piste.
Ils sont menés par des fifres aigus, et leurs chevaux détachent leurs sabots du sol comme s'ils
voulaient sauter en l'air. Il y a là de rudes bêtes au poitrail bosselé et dur comme du fer, aux
jambes rayées par le feu, aux flancs striés de
lignes blanches, des juments qui restent trois
jours sans boire, et forcent des autruches le troisième jour.

Quatre chefs aux mauteaux rouges, tellement droits en selle qu'ils ont l'air d'être debout sur leurs étriers, maintiennent du bout d'un doigt des étalons gris-fer : ils n'auraient qu'à ouvrir ce doigt pour les lancer comme la foudre sur les Aoulâd Naîel. Ils n'ont pas de housses ; les broderies de leurs selles, mi-partie or et argent, sont fanées ; le cuir de leurs harnais est écaillé par le soleil, et peu leur importe la couleur des robes ou des crinières pour la parade. Leurs fils et leurs amis les suivent pêle mêle. Deux enfants de quatorze ans, enfouis dans des selles d'hommes, ont seuls des burnous violets. Tout le reste est noir ou blanc, monotone et même pauvre ; mais quels yeux de braise, quelles dents de lévriers, quels profils d'aigles ! «— Qui sont ces gens-là ? dis-je à mon voisin. — Les Chaanba. — D'où viennent-ils ? — Ils n'ont pas de demeures. — Dans quel Sahara vivent-ils ? — Dans tout le désert entre El Goléa et Ouargla. Attention encore. Voici leurs plus grands ennemis d'autrefois, les Larbaa. Ils vont défiler tout près de nous. »

En effet, à dix pas de moi, voilà que quatre danseurs, battant le sol, bondissant et, tournant sur eux-mêmes, précèdent une rangée de fifres et de tambours. Leur danse ne s'accorde en rien avec la musique. Ce sont des mimes pareils à ceux qui annonçaient les triomphateurs de Rome. Les caisses des tambours sont couvertes de drap rouge, et les fifres jouent avec une étonnante douceur.

Séparé d'eux par un petit espace, un homme dans la force de l'âge, toujours drapé de rouge, et la tête entourée de gros cordons gris, manie avec art une des plus jolies créatures du monde, une jument toute blanche, crinière d'argent et sabots orangés. Il est de taille moyenne et très blond, du blond ardent de l'Angleterre. Tous les arabes autour de moi le nomment : « Lakhdar ! » Presque à ses côtés, à la distance d'une encolure, trois autres caïds rouges maintiennent des alezans harnachés plus sobrement que ceux des Aoulâd Naîel, mais qui valent bien ceux des Chaanba.

L'ordre de la suite est admirable; elle a je ne sais quoi de féodal et de militaire. Les burnous gris et noirs sont drapés comme des uniformes; les jeunes gens ne vont pas avec les hommes, et la troupe blanche qui termine le défilé est massée comme un escadron. Seulement le drapeau qui flotte là près de celui de la France est déchiré et étrangement sale. Il est jaune et rouge et une large tache brune s'étend au milieu du triangle jaune. Mon voisin me dit : « C'est une tache du sang de Lakhdar. Dans un combat aux environs du Mezab, il a été blessé et est tombé sur ce drapeau. On le croyait mort. Dieu l'a sauvé. Depuis ce temps, il n'a jamais voulu qu'on y touchât, même pour le recoudre. »

Les Larbaa ont tourné la moitié de la place de droite à gauche : les Aoulâd Naîel et les Chaamba de gauche à droite. Ils s'arrêtent devant la maison de commandement, et presque tous descendent de cheval. Ils sont rangés en trois petits groupes et les serviteurs tiennent les montures de leurs maîtres.

La porte s'ouvre toute grande, et le général paraît, en petite tenue, coiffé de son képi, entouré de ses officiers ; derrière lui sont des personnages voilés de soie blanche, deux marabouts fameux dans l'Islam, presque des saints. Les chefs rouges montent lentement les marches du perron, s'approchent de lui en s'inclinant, lui baisent l'épaule comme s'ils étaient ses fils, serrent la main de ses officiers, et passent dans le vestibule, puis, sur un signe de l'interprète, des vieillards et des hommes jeunes, qui se tiennent prêts à les suivre, montent à leur tour, baisent le bout des doigts qui leur sont tendus, et disparaissent aussi dans l'intérieur.

Personne autre n'oserait poser le pied sur les marches sacrées, et cependant Dieu sait si tous ces hommes qui ont vu vingt fois la mort en face sont capables d'avoir peur; mais ils ont, ces barbares, un sens suprenant des convenances, et ils se regarderaient comme déshonorés s'ils paraissaient indiscrets ou maladroits dans une solennité pareille; ils respectent aussi, ces idéalistes qui croient trop en Dieu pour ne pas croire au droit divin, le symbole de la couronne brodée sur le képi qui brille au milieu des autres, la petite couronne aux feuilles d'or.

L'homme qui la porte est hors de pair à leurs yeux. Il est celui que le Seigneur a choisi pour être, dans toute leur terre, le maître du conseil et de l'épée. Ils n'ont de regards que pour lui, et moi-même, ébloui par la grandeur spirituelle d'une telle scène, je ne vois comme eux que l'homme de commandement avec ses insignes, sans traits définis, dans une idée plus belle que la réalité.

Je saurai plus tard que le général de Loverdo a les cheveux gris, la carrure de Bugeaud, le visage ouvert et énergique, les lèvres fines, les yeux pleins d'esprit. Ici, je suis en face d'un fétiche, je le vénère sans réfléchir, je suis naïf comme ce peuple rude qui peut-être au fond sent et comprend ces choses simples encore mieux que moi.

Je n'ai pas besoin d'être dans cette maison pour savoir ce qui s'y passe. Les chefs rouges et leurs lieutenants montent tous au premier étage ; ils se rangent en cercle dans un grand salon : le général, entre, s'adosse à la cheminée, le commandant à sa droite, l'interprète à sa gauche, et il leur dit :

« — Mes enfants, la France est une grande tente. Ceux qui l'aiment et la respectent vivent dans l'abondance ; ceux qui la méprisent et l'insultent meurent dans la misère. Vous le savez, elle est toujours puissante et distribue la justice également entre tous ceux qui lui obéissent ; mais elle préfère encore la paix à la guerre. Dieu soit loué ! cette année-ci s'est écoulée sans qu'une goutte de sang ait été versée; vos silos sont pleins, et tous les pays de mon commandement que j'ai traversés pour venir jusqu'à vous sont dans la prospérité.

« Maintenant parlez, dites-moi si la sécurité est complète sur vos territoires, s'il y a des travaux urgents à y entreprendre, ou de graves misères à y soulager : car c'est pour vous entendre que je suis ici. »

Puis il va très lentement de l'un à l'autre, et les interroge.

Cependant les cavaliers qui entouraient la place pour jouir du défilé se sont répandus au milieu, ont reconnu dans les trois groupes des parents ou des amis, et se sont confondus avec eux. Ils les saluent d'une exclamation brève, leur tendent la main par-dessus le col de leurs montures, et leur demandent dix fois comment ils se portent. La foule se desserre, occupe peu à peu la place entière, et reflue dans les rues latérales; mais les Chaamba ne se mêlent ni aux Larbaa, ni aux Aoulâd Naîel, de sorte qu'au moindre signal ils retrouveraient tous en un clin d'œil leurs rangs et leurs places, comme dans un branle-bas de combat.

Ils ne parlent pas haut, et le hennissement d'un cheval suffit à couvrir le murmure rauque de leurs voix. Tous leurs gestes sont mesurés ; quelques-uns sont absolument silencieux et immobiles. Ils resteront peut-être deux heures sans impatience. Singulière race d'hommes, qui se tient si bien en public sans l'avoir appris, et ne s'ennuie jamais !

J'ai grand'peine à sortir de là pour aller au cercle m'informer d'un officier de mes amis qui naturellement est de service, puis je laisse mon cheval dans la plus vilaine auberge que j'aie jamais vue. Il n'y en a pas d'autre dans ce pays où l'hospitalité privée est encore aussi large qu'au temps d'Abraham. Je revois la maison de commandement toujours fermée, la place toujours couverte de chevaux et de burnous de vingt couleurs, et je me décide à monter seul au fort Morand par la rampe des Aoulâd Serrin.

Je passe près d'une tour qui faisait partie de leur enceinte, et peu à peu je m'élève sur cette pente tragique où le sang coulait par ruisseaux le jour de la conquête. Qui se rappelle aujourd'hui l'héroïque tuerie ? Les Arabes qui se sont battus là sont tous morts, et leurs vainqueurs sont loin, s'ils vivent encore. Les masures qui se suivent à ma gauche sont bâties sur des ruines, et peut-être ces ruines sont-elles d'hier. Le chemin est encore raide, poudreux, bosselé, à peu près tel qu'il devait être quand les zouaves de Bouscaren y grimpaient comme des tigres; mais il est redevenu muet et triste comme toutes les ruelles du sud. L'ombre et la lumière le partagent en deux longues bandes : d'un côté, des enfants en chemise me demandent l'aumône; de l'autre, des lézards gris courent après des mouches. Vingt ans ont passé depuis 1853. Quel espace énorme ! Est-il bien sûr que tous ceux qui sont tombés sur ces pierres auraient bravé la mort de si bon cœur s'ils avaient su quelle est la largeur de ce fleuve d'oubli ?

LE FORT MORAND

Me voilà au sommet. Je regarde les bois de palmiers, qui sont tout noirs, ainsi vus de loin, la basse ville grise et rosée, le désert qui fuit, bosselé, grisâtre, marbré de taches sombres, comme une mer aux croupes monstrueuses, le ciel souverainement pur, la montagne des Chiens, métallique et déchiquetée comme un îlot des côtes de la Provence, l'espace libre ouvert dans le steppe du côté du Nord, la crête de l'hôpital et des maisons qui le suivent. Comme un livre attendu qu'on ouvre d'abord avidement en vingt endroits divers sans le lire, je parcours cet immense tableau sans y arrêter mes yeux, et je jouis de la surprise mêlée de crainte qui me frappe toujours en face des grandes étendues ; puis tout s'y ordonne, et mon esprit lui donne un sens.

J'examine mieux les maisons d'en bas. Elles

sont grises et vilaines au loin, près de la bordure des palmes ; plus près de moi, les terrasses sont blanches et séparées par des rues droites, dans lesquelles défilent des chevaux et des hommes ; devant moi, la crête que je domine est couverte de constructions régulières, et subitement je crois que c'est la France que je revois.

J'entends monter les sons perçants des fifres et les battements des tambours qui remmènent les cavalcades. Il s'y mêle un pétillement de coups de feu qui m'annonce les fantasias ; mais un clairon sonne à quelques pas de moi ses appels clairs et saccadés comme des cris.

J'écoute ce clairon avec délices. C'est la France qui parle.

Je suis en France, dans une France toute petite, mais solide et bien armée. La ville mixte qui l'entoure est sa cuirasse ; le village arabe et la forêt de palmiers sont ses bastions. De cette crête qu'elle occupe, elle règne sur un pays énorme, double ou triple de celui que je viens de parcourir ; car il n'y a rien entre elle et sa sœur de l'Est, Biskra, sa sœur de l'Ouest, Géryville, sa sœur du Nord, Djelfa. Rien en face d'elle que l'infini du désert. Et elle est sans peur : elle brille tranquille et joyeuse, rose et violette, sous la flamme adoucie du soleil. Elle est presque dans l'ivresse sous le ciel aride, bravant cette sauvage immensité.

Elle est hardie, elle est puissante, et ce n'est rien encore : elle est aimée. J'en ai pour témoin son drapeau porté si haut tout à l'heure, les hommages de ses hôtes barbares, toute cette fête guerrière dont le bruit me parvient encore. Elle a beau être tachée de sang et rester légère dans ce pays grave, sceptique dans un monde qui ne discute jamais, irréligieuse au milieu d'un peuple dont chaque pensée est un article de foi, rieuse et bruyante, buveuse de vin, mangeuse de viandes défendues, on l'aime ici quand même, j'en suis sûr. Je le sais, je le comprends avec mon instinct de nomade, et je vais vous dire pourquoi, sans craindre de vous surprendre. On l'aime dans ce désert parce qu'elle est la France des soldats.

Le soldat n'est rien par lui-même. Il tient tout de l'être invisible qu'il appelle la patrie ; il vit par elle, il meurt pour elle. Il ne travaille pas, les jambes croisées dans une boutique ; il ne trafique pas ; il n'amasse pas. Que les temps soient durs, qu'il soit pauvre et relégué loin des siens, il ne se plaint jamais de sa maîtresse, et continue de lui donner son temps et son âme. En retour il reçoit mieux que de l'argent et de l'or, un bien ultra-précieux, invisible, impérissable, insaisissable comme elle, l'honneur.

Quoi qu'elle lui commande, ce qu'il fait pour elle n'est jamais vil. Un galon, un ruban, le distinguent de la foule, le désignent aux regards, lui assurent les deux plus belles parts de la vie, le sourire des femmes et le respect des hommes. Son service lui donne la santé, la force, de belles armes et un beau cheval, la joie, toujours nouvelle, de parcourir la terre sans s'y laisser prendre. Il a des supérieurs, mais il n'a pas de maîtres.

Il fait partie d'une famille immense, unie par des liens plus forts que ceux de la naissance, et mère de toute noblesse ; ses frères sont tous ses égaux, honorés comme lui. Il court enfin la chance de mourir d'un coup rapide, sans avoir connu les maladies ni la vieillesse, dans la certitude ou dans l'espoir d'un triomphe, et sa dernière souffrance rejaillit en gloire sur tous les siens.

Le nomade aussi méprise le lucre. Il gagne tout juste, en vendant ses laines, ce qu'il lui faut pour vivre : il ne ferait pas un pas pour s'en procurer davantage. C'est une solde qu'il tient de son Dieu. A lui aussi son Dieu donne la force, le courage, l'endurance, le calme souverain, le regard assuré et profond comme les steppes qu'il parcourt. Il est également de race noble, et l'honneur est la lumière de sa vie.

Son honneur est d'avoir une tente épaisse, aux bandes nombreuses, pour recevoir beaucoup d'hôtes, des moutons gras pour en faire largesse, un beau cheval et des harnais brodés pour parader devant les femmes, d'être prêt à partir le premier pour la guerre et de charger en tête d'un goum, rejetant sur son épaule gauche le pli d'un manteau rouge, de ne payer aucun impôt, et quand le décret de Dieu l'exige, de ne s'y soumettre qu'après avoir fait parler la poudre et versé son sang.

Sa famille, ce sont tous les braves qui vivent dans la même plaine que lui et courent les mêmes dangers. C'est d'elle qu'il se glorifie, et non de sa personne, c'est en elle qu'il met son orgueil à bien mourir. Quand son heure sonne, ses camarades l'étendent sur un lit de sable, frappé d'une balle, et lui ferment les yeux en tenant sa main droite levée vers le ciel.

Or, Laghouat est un des rares points du globe où ces deux genres d'hommes se sont rencontrés. Leurs âmes pareilles se sont d'abord éprouvées par la guerre ; ils se sont livrés les combats nécessaires pour se bien connaître, et maintenant, après de beaux coups de sabre échangés, des milliers de silos mis à sac, des centaines de morts glorieuses, quelques têtes coupées, ils se sont mis d'accord comme Dieu l'a voulu. Ni les soldats n'ont abusé de leur victoire, ni les nomades ne se sont attristés de leur défaite. Il se forme là comme une nation nouvelle en face du désert.

Il s'élève toujours là-bas, ce Sahara immense, barrant la moitié du ciel ; mais les feux du jour qui va finir l'éclairent d'une lueur douce et comme attirante. Est-ce le reflet des pensées qui viennent de m'envahir ? Est-ce l'effet de l'heure qui me révèle un côté nouveau des choses ? Ce n'est plus en cet instant le pays gris et monotone, répulsif et terrible que j'ai vu du haut de Bou-Kahil, ou même aujourd'hui dans le milieu du jour.

Une vapeur ténue et d'un violet presque insensible se mêle sur toute sa surface à d'impalpables poussières d'or, et, bien loin de le voiler, en fait ressortir les formes, en adoucit les contours, lui donne le charme des mers vermeilles qui appellent les navires. De petits ravins et de petites plaines, des nervures de collines et même des bois qui s'étaient évanouis sous la lumière haute et crue du soleil dans sa force, reparaissent embellies de toutes les nuances des pervenches, et des chemins étroits s'y entre-croisent pareils à des sillages orientés vers des villes inconnues.

C'est par là que les Chaamba vont retourner demain vers leurs tentes ; c'est là-bas, bien au delà de l'horizon tremblant, à cinq ou six cents lieues peut-être, qu'est le pays fantastique auquel nous avons tous songé dans notre enfance, la terre de l'or et des nègres, des mimosas broutés par des troupes d'éléphants, Kano, Kouka, Sokoto, Timbouctou, noms étranges qui nous émerveillent et nous fascinent comme ceux de tous les êtres que nous sommes prédestinés à connaître un jour.

En vérité, la Providence n'a pas pu mieux

faire qu'ouvrir ainsi tout grand un espace aussi vaste à des hommes si bien créés pour s'y élancer côte à côte et oublier à jamais dans des expéditions fraternelles les derniers préjugés qui les divisent. Aghas et généraux, caïds et capitaines, spahis et chameliers, tous ces hommes que je viens de voir n'ont pas été vainement forgés et soudés ensemble ; tout cet arsenal de force et de courage n'a pas été rempli pour que les portes en restent fermées. Assurément ce jour-ci qui défaille sombrera dans la nuit, puis bien d'autres encore décriront leurs courbes de l'aurore aux ténèbres, sans que nous comprenions ces signes éclatants, aveugles ou timides que nous sommes ; mais une heure sonnera dans laquelle nous serons secoués et poussés en avant comme par une main puissante vers cet empire africain qui nous attend depuis quarante ans. Alors, toujours obscur et vieux peut-être, je me consolerai de bien des choses en pensant que je l'ai entrevu.

ENTRE JEUNES HOMMES

Dans une salle à manger d'officier, autour d'une table de bois blanc, sur laquelle un flambeau à quatre branches est un luxe énorme, nous sommes une dizaine qui avons toutes nos dents et qui rions de bon cœur. Il y a là des sous-lieutenants et des lieutenants de chasseurs et de zouaves, pas un capitaine. Un Arabe enveloppé de kaïks de soie blanche vide un verre de chartreuse en faisant claquer sa langue. Il s'appelle Si-Brahim (seigneur Abraham). A côté de lui est un civil épinglé et modeste, qui se croirait d'une correction parfaite s'il avait pensé à mettre son habit noir. Il est délégué du ministre de l'intérieur pour étudier la condition sociale des tribus herbères.

Notre hôte est un officier d'administration qui n'a pas besoin de trente mille livres de rente pour être un châtelain merveilleux. Nous avons bu à la glace. Le fumet d'une gazelle rôtie flotte encore dans l'air, et nous en sommes au champagne. Quel champagne et quels cigares ! Ah ! mes amis, rendez-moi mes vingt-cinq ans et versez-moi du poison : j'en ferai de l'ambroisie. Vingt-cinq ans et la misère ! j'en ferai du bonheur.

Tous les yeux sont brillants, toutes les bouches sourient, tous les corps sont minces. Nous nous renversons sur nos chaises en causant. Nous jouissons de la large part de la vie qui nous est donnée, du sang abondant qui passe dans nos artères, de l'air qui descend jusqu'au fond de nos poitrines, de la flamme qui court dans nos membres, des idées légères qui montent à nos cerveaux, de la santé complète, vigoureuse, enivrante, intarissable, incompréhensible, dont nous usons sans souci. Nous jouissons aussi, sans nous en rendre compte, de la nuit immense qui nous enveloppe, du silence profond de tous les êtres qui dorment ou qui se cachent au-dessous de nous dans le ksar de Laghouat noir comme de l'encre, autour de nous dans le désert infini et indiscernable qui se confond avec le ciel étoilé.

Tout ce que nous disons pourrait se résumer

d'un mot : « Demain. » Nous sommes sûrs de « demain ».

Nous vibrons de désirs, nous sommes fous d'espérances ; tous les obstacles nous sont aplanis, toutes les issues ouvertes : nous écartons d'un mouvement d'épaule les plus grands embarras du monde. Nous vivons, en pleine force, une de ces heures divines que les fumeurs de chanvre et les buveurs d'éther payent de leur vie, heures irrévocables, les seules peut-être où l'action, comme l'a dit Baudelaire, soit la sœur du rêve. Nous n'avons jamais eu ni le temps ni l'idée de discuter avec nous-mêmes ; nous n'avons encore rien fait qu'aimer et dormir. Ici pas de théories, des faits ; pas de discours, des aventures ; un entrecroisement joyeux d'anecdotes personnelles, de prouesses extraordinaires, de vanteries charmantes.

Nous en sommes aux femmes. Un lieutenant de zouaves, un blond aux yeux bleus, récemment arrivé de Bougie ou de Fort-National, pose ses deux coudes sur la table, et dit :

— Moi j'ai déjà failli me marier là-bas, et voici comme :

« Sachez bien d'abord que dans la Kabylie du

Djurdjura les femmes sont gardées par les hommes avec une jalousie féroce. Il y a, dans ce monde-là, que vous croyez sauvage, des règles d'honneur inflexibles. La tribu a son honneur, le village a son honneur, l'individu a son honneur, ou, comme ils disent, sa *horma*.

On ne touche pas impunément à la horma d'un kabyle. La femme soupçonnée est tuée sur l'heure. J'ai vu dans le Djurdjura des bandes de femmes aller sarcler de l'orge ; elles étaient précédées et suivies par deux Anciens qui les rangeaient en ligne au bas du champ, et ne les perdaient pas de vue du matin au soir. Il est interdit de se trouver sur leur chemin, et les Kabyles qui s'y risquent sont sûrs de payer vingt francs d'amende à leur djemâa, qui est quelque chose comme leur conseil municipal. On n'en rencontre pas sur leurs portes, et, si jamais on en croise une dans une rue, elle se retourne et s'aplatit contre la muraille. Vous comprenez que je me sois tenu tranquille pendant mon année de séjour à Fort-National. A Bougie, je voyais bien de près quelques beaux yeux ; mais ces yeux-là tout noirs étaient si sauvages qu'ils me faisaient presque peur.

Or un jour je reçus l'ordre d'aller chez les Guifser. Un quartier avait cassé les tuiles de l'autre ; il y avait sur la place une trentaine de morts. Je partis comme un juge, comme un Dieu, suivi de cinq spahis, et je descendis de cheval devant une foule énorme. Il y avait des curieux jusque dans les oliviers et dans les frênes. Mes cavaliers écartèrent les plaignants de leur mieux, et un d'eux me murmura à l'oreille : « Dis que tu es l'hôte de la maison. » Je n'eus pas le temps d'en entendre plus, et je fus comme porté au milieu du village. Là, il me fallut bien toute l'après-midi pour savoir qui avait cassé la première tuile ; mais je pus terminer mon rapport avant le coucher du soleil. Alors les chefs du parti auquel j'avais donné raison vinrent me baiser les mains en m'appelant leur père, et le mieux mis de tous, un bel homme, ma foi, au regard très fier, me dit :

« Seigneur Capitaine, il faut que tu passes la nuit ici ; mais veux-tu être l'hôte de l'assemblée, ou l'hôte de la maison ? » Voyez à quoi tiennent les choses. Si ce spahi ne m'avait rien dit, j'aurais répondu certainement : « Hôte de l'assemblée », et savez-vous ce qui me serait arrivé ?

On aurait dressé mon lit dans la salle du Conseil, c'est-à-dire sous la porte même du village, en plein courant d'air ; on m'aurait apporté là un plat de couscous gris inondé d'huile, et c'est à peine si l'on m'aurait dit « bonsoir ».

Au lieu de cela, à peine eus-je répondu « hôte de la maison », que le bel homme s'inclina jusqu'à terre, me prit la main et me conduisit en grande pompe au bout d'une rue dans une sorte de petit château barbare, extrêmement propre, où je vis d'abord une créature admirable dont les bras étaient beaux comme ceux d'une statue grecque, les lèvres rouges comme des cerises, et les yeux bleus, tout bleus, comme les miens.

Ne vous hâtez pas de conclure. On a commencé par m'offrir un repas extraordinaire. Je n'aurais jamais cru qu'on pût faire si bien les choses dans la montagne.

Il va de soi que les femmes s'étaient retirées, puisqu'il est inconvenant, en Kabylie comme dans le Sahara, de manger ou de boire devant elles. Trois jeunes gens me servaient sans mot dire avec une correction et une discrétion admirables ; mon hôte se tenait debout devant moi et se précipitait pour m'offrir de la galette, de l'eau et du sel. On m'apporta premièrement une soupe de jus de viandes très pimentée, puis des œufs hachés et pilés avec des herbes dont l'odeur m'était inconnue, puis trois ragoûts de mouton, de bœuf et de poulet, découpés en petits morceaux dans des sauces pourprées, puis un couscous très blanc et d'une hauteur pyramidale dans un plat de bois large comme un guéridon. Au-dessus, deux poulets ; à gauche, un pot de beurre ; à droite, un pot de miel. Ensuite vinrent des gâteaux au miel parfumés de musc, des feuilletés d'une extrême délicatesse, des bouchées de fleur de farine saupoudrées de gingembre, et en même temps, pour arroser ce dessert évidemment pétri par d'exquises mains de femmes, une bouteille de corton, je dis bien « de corton », qui avait au moins douze ans de cave, car on l'avait acheté en 1860 quand on avait failli recevoir là je ne sais quel général ; mais cet excellent homme avait préféré être l'hôte de l'assemblée. Après le corton, du moka de contrebande, apporté par des marabouts revenus d'Arabie. Je n'ai jamais été si content de moi et des autres. J'avais pacifié le pays ; j'étais royalement traité.

J'aurais embrassé tous les Guifser.

Eh bien ! croyez-moi si vous le voulez, mais il n'y avait pas un quart d'heure que mon hôte et ses fils s'étaient retirés en me souhaitant de dormir sur le bien et de m'éveiller de même (je lançais en l'air les bouffées bleues de ma cigarette, et je pensais tout doucement aux si beaux bras que j'avais vus), quand une porte sur ma droite s'ouvrit peu à peu. Je ne vis rien d'abord que le battant gris qui tournait comme poussé par une main craintive, puis je me frottai les yeux : la porte était toute grande, et la jeune fille aux bras blancs s'avançait dans une longue robe bleue serrée à la taille par une large ceinture amaranthe. Quelles dents, et quelles lumières dans ses yeux ! Elle n'avait sur la tête qu'un bandeau noir frangé d'argent ; autour de ses poignets, deux bracelets d'argent, pas davantage. Je n'y voulais pas croire ; j'ai cru d'abord qu'elle se trompait : je suis allé vers elle, et je lui ai pris la main :

— Qui es-tu ? lui ai-je dit.
— La fille de ton hôte.
— Comment te nommes-tu ?
— Yamina.

Sa main serra la mienne.

— Viens, me dit-elle. C'est à notre tour de t'offrir l'hospitalité.

Puis me montrant sa chambre, elle ajouta : « Hormet en nisa », *l'honneur des femmes!*

J'en suis devenu amoureux fou. J'aurai peut-être d'autres maîtresses, mais jamais je n'en trouverai de plus belle, ni de plus chaste, ni de plus digne d'être la femme d'un honnête homme. Si cela vous paraît absurde, c'est que je suis incapable de l'expliquer. Je suis revenu dix fois en six mois dans sa montagne, et, plus je l'ai revue, plus j'ai senti ma passion grandir. Je l'ai même amenée à Bougie dans ma chambre de lieutenant, au grand étonnement de ma propriétaire. A la fin, j'ai pris la belle résolution de l'épouser. J'ai fait venir de France tous les papiers nécessaires, et j'étais décidé à rendre mon grade, si le ministre me refusait son autorisation. Nous avons d'ailleurs assez d'exemples d'officiers et même de généraux qui ont épousé des indigènes.

Mais voici le comble. Quand je lui ai proposé décidément d'être la femme unique et légitime d'un maréchal en herbe, savez-vous ce qu'elle m'a répondu : « Jamais, mon ami. Sois raisonnable, ô mes yeux. Que dirait-on de moi chez les Guifser ? »

UNE FIN DE MISSION

Je me promène dans les rues désertes de Laghouat avec le délégué du ministre de l'intérieur et le cheikh Si-Brahim. La nuit est très douce, et le velours noir du ciel est piqué de gros diamants blancs et jaunes. Tout est si calme au-dessus de nous qu'il me semble qu'il n'y a plus d'air ; le sol est si meuble que je ne pense plus marcher sur la terre. Nos sentiments et nos pensées jeunes s'unissent à merveille dans ce large monde infini, sans trouble, et comme immatériel. Notre petite fête est terminée : nous avons reconduit chez eux tous nos camarades l'un après l'autre. Un peu de fatigue aidant, nous en sommes aux langueurs des confidences, et je sens, à la façon dont mon nouvel ami le délégué passe son bras sous le mien, que je vais apprendre enfin une de ses aventures. Il s'est tenu sur la réserve pendant que les histoires des zouaves et des chasseurs d'Afrique défilaient avec leurs panaches et leurs airs de bravoure ; maintenant son heure est venue, et voici ce que ce jeune homme très épinglé, futur conseiller d'Etat, se met à conter :

« J'étais allé dans la plaine de Medina, au pied du Chellia, dans l'Aurès. J'étudiais les mœurs et les coutumes des Aoulâd-Daoud, et chaque semaine j'envoyais un rapport à mon ministre. Vous savez sans doute que ces gens-là ne sont qu'à demi sédentaires : ils sont tantôt dans le Sahara et tantôt près de Lambèse. J'avais dû faire comme eux, supprimer mes gros bagages, me contenter d'une tente bien doublée, d'un matelas et d'un haïk de laine, abolir le pain, les conserves et le vin. Je vivais au jour le jour, reçu et fêté par tous les caïds que je trouvais sur ma route, et j'allais toujours de l'avant, escorté d'un cavalier au manteau noir. Jamais mon ministre n'a été mieux servi. Je pensais à lui tous les soirs, étendu sur mon haïk aux raies rouges.

« Or, une fois, au coucher du soleil, comme j'étais sur le bord de cette plaine de Medina, à peu de distance d'une montagne remplie de sangliers, et qu'ils appellent : « la Pointe du cœur » (ich m oul), un cheikh de mes amis qui se trouyait là voulut m'offrir aussi un repas extraordinaire. C'était bien le meilleur homme du monde, âgé de cinquante ans, entouré d'enfants comme un patriarche. Il n'avait jamais eu qu'une femme, et il avait bien fait de s'y tenir. Announa n'était plus jeune ; elle avait donné tous ses bijoux à ses filles ; elle était simplement vêtue de guinée bleue ; mais quelle finesse de traits et quelle bonne grâce ! Je vais vous la peindre d'un mot. Quand je descendis de cheval devant sa tente, elle vint à moi, les pieds nus sur le gazon, serrant à la hâte son foulard rouge sur ses cheveux gris, et elle me dit : « Soyez le « bienvenu, monsieur. Nous sommes dans l'abon-« dance. Je regrette seulement qu'il n'y ait ici « qu'une vieille femme pour vous recevoir. »

« Pendant qu'on préparait le repas, la nuit était venue. Je regardais les silhouettes qui passaient devant le feu. Le cheikh ayant fait appel à tous ses amis, beaucoup d'hommes et même de femmes apparaissaient tour à tour à la lumière. Une d'elles était certainement jeune. Elle était comme engloutie dans un gros haïk de laine ; mais je devinais ses dix-huit ans à la souplesse de sa taille, et son front scintillait, entouré d'un bandeau d'argent. Les hommes vinrent bientôt me chercher et m'assirent devant un monceau de viandes. Mon voisin de droite découpait des lanières de mouton rôti et me les portait à la bouche ; mon voisin de gauche me mettait dans les mains des brochettes de foie grillé, et j'ai peut-être répondu cent fois : « Dieu vous bénisse ! » Cependant la jeune femme était assise à l'écart dans l'ombre, les yeux dans les étoiles, et j'étais assez sot pour ne pas comprendre la suprême délicatesse de mon hôtesse. Quand on apporta le couscous, je faisais de la sociologie, et je croyais tenir un succès en épiant dans la conversation de mes compagnons des traits de mœurs que je notais pour mon prochain mémoire. Eux clignaient de l'œil et se disaient que je n'étais qu'un imbécile. En effet, je me fis reconduire solennellement à ma tente, et m'y enfermai avec soin de peur des voleurs.

« Six mois après, je suis revenu là. Ah ! je n'étais plus le même. J'avais dans la tête cette fille exquise que je n'avais même pas vue, quand il m'eût suffi d'un mot discret pour la prendre. Son nom m'était resté : *Fatmo bent él Qâdi*

(Fatma fille du juge). J'avais chassé son souvenir je ne sais combien de fois ; mais à la fin il avait fallu céder, et j'avais fait cinquante kilomètres d'une traite pour arriver vers midi au col des Terres-Rouges d'où la plaine de Medina se découvre tout entière. Là, je m'étais arrêté avec mon homme au burnous noir, et je lui avais dit que je la voulais. Nous avions reconnu les tentes des Aoulâd-Daoud, et nous étions descendus tout doucement le long du Chellia dans un lacis de ravin cendrés ; mais où était-elle ? je n'en savais rien, et malheureusement aussi je comptais sans mon prestige. On m'appelait dans ce pays-là le « Fils du ministre » ! Deux notables qui m'avaient reconnu arrivèrent à bride abattue et me dirent que mon ami le cheikh était allé camper bien loin, on ne savait où, mais qu'ils feraient de leur mieux pour me recevoir. D'autres les suivirent. C'était une ambassade. On me baisait l'épaule, on me serrait les mains, on me faisait asseoir sur un tertre, on me comblait de compliments, on montait ma tente de toile, et, pour me faire honneur, on dressait quatre tentes arabes tout autour. J'étais pris. Heureusement mon fidèle serviteur avait piqué des deux bien auparavant pour me tirer de peine.

« Elle viendra, me murmura-t-il à l'oreille au
« moment où je désespérais, car le soleil était
« déjà couché. Elle demeure loin d'ici ; mais elle
« viendra, j'en suis sûr. Elle m'a donné comme
« gage un bracelet, que voici, et je lui ai laissé
« mon pistolet en échange. » En même temps, le plus âgé de mes hôtes me prenait la main pour me conduire devant le repas qui m'était préparé. Les quatre tentes qui entouraient la mienne étaient éclairées par des bougies, et on me faisait remarquer avec complaisance que ma chère personne serait bien gardée. De grands feux flambaient en avant et jetaient de vives lueurs sur ma petite maison blanche comme un lit d'hyménée.

« Je répondis bravement à la politesse de mes amis, car j'avais un appétit d'enfer, et je me disais que c'était encore faire honneur à mon gouvernement que me conduire en gentilhomme dans un cas pareil ; mais, tout en les assurant de ma protection, je me demandais comment j'allais sortir d'affaire. Tant de soins, tant de dévouement, tant de lumières surtout m'accablaient.

Prétexter le sommeil était lâche; fuir, impossible. A la fin, je me dis que le plus pratique était de compter encore sur un miracle. Je vidai quatre ou cinq tasses de lait fermenté, et je me montrai de si belle humeur que tout le monde me félicita d'avoir enfin lâché mes livres, et loua hautement mon père le Ministre d'avoir mis au monde un tel fils.

« Je ne sais pas si Allah s'en est mêlé. Il a trouvé des solutions plus difficiles. Toujours est-il que, lorsque je fus rentré dans ma tente, je vis à travers la fissure de ma portière entr'ouverte ces effroyables lumières s'éteindre plus vite que je ne l'aurais cru, puis mes admirables gardiens soufflèrent leurs bougies, et je ne distinguai plus sur le tertre noir que deux ou trois paquets blancs, immobiles comme des pierres. Enfin le silence absolu se fit et la nuit seule régna, très sombre et très douce, sans bruit ni clarté. Je m'assis sur mon haïk de Gafsa que mon cavalier avait étendu, non sans art, sur le gazon vert. Ma bougie, dans un petit globe, était près de ma tête, éclairant l'intérieur de ma tente doublée d'une étoffe à palmes noires sur un fond rougeâtre. Je relus le commencement d'une note, puis je m'étendis et j'oubliai le monde. Ma bougie brûlait toujours. Alors j'entendis comme en rêve un cliquetis de métal, et, sans ouvrir les yeux, dans une demi-conscience de la réalité, j'eus la sensation délicieuse d'un appel argentin au plaisir. Je prolongeai volontairement pendant une seconde peut-être ce moment étrange que je ne retrouverai certainement jamais, et je levai les paupières. Elle était toute droite au milieu de la tente, à un pas de moi, frappant doucement les uns contre les autres les bracelets de ses chevilles, et ses pieds étaient étroits et souples comme des mains d'Andalouse. Elle était toute vêtue de laine blanche, et sa taille était serrée par une ceinture rouge. Elle était tout sourire, et je ne savais que regarder, ses dents ou ses yeux. Ses joues étaient deux pétales de roses pâles, ses lèvres deux fines bandes de sang, ses sourcils deux arcs noirs. Son cou de lait était comme coupé par un collier de corail ; sa tête coiffée de rouge était cerclée de ce diadème d'argent que j'avais vu étinceler sous la lune. Elle me tenait sous son regard sans mot dire, et moi aussi je restais muet de surprise et de bonheur. Elle parla la première : « Je t'ap-

« porte, me dit-elle, le salut d'Announa, Dieu
« veut peut-être aujourd'hui ce qu'il n'a pas
« voulu il y a six mois. »

« Quatre heures après, elle me toucha l'épaule.
Elle était assise et nouait son foulard rouge.
Elle me dit : « L'aurore va bientôt venir ; je le
« sens, bien que la nuit soit encore noire ; et il
« faut que je parte. Tu ne sais pas à quel dan-
« ger je me suis exposée en venant te voir. J'ai
« déjà été mariée une première fois à un homme
« tellement jaloux que lorsqu'il m'a répudiée,
« il m'a imposée de dix mille francs pour que
« je ne me remarie pas. Un autre a payé les dix
« mille francs, puis nous nous sommes séparés
« encore, et celui-là m'a imposée de vingt mille.
« J'ai vingt mille francs sur la tête; mais per-
« sonne ne possède une somme pareille chez les
« Aoulâd-Daoud. J'ai pris un amant, et c'est
« l'être le plus féroce que j'aie rencontré. Il m'a
« juré sur la tête de son père qu'il me tuerait si
« jamais il me voyait parler à quelqu'un. Je de-
« meure en ce moment à une heure d'ici, au delà
« du bois de Tellaten, dans une maison entourée
« de jujubiers, avec ma mère et ma sœur, un peu
« plus jeune que moi. Je suis sûre qu'il est venu

« m'y chercher : il ne sait pas où je suis ; mais
« il m'attend peut-être. Il a déjà été déporté à
« Cayenne, et il porte toujours un fusil à deux
« coups. Ecoute-moi bien : Il faut que tu m'ac-
« compagnes : je ne veux pour défenseur ni ton
« cavalier, ni quelque autre des gens d'ici. Tu
« me feras bien ce plaisir-là, si tu m'aimes
« comme tu l'as dit. »

« Diable ! vous auriez certes fait comme moi ;
mais je me disais, en bouclant la ceinture de
mon révolver, que décidément le métier de mis-
sionnaire avait des aspects bien imprévus. La
sociologie berbère allait en fin de compte m'exposer à tuer un homme, ou, ce qui me paraissait
un minimum, à me faire casser un membre,
et cette jeune sorcière de Fatmo bent el Qâdi
trouvait cela tout naturel. Un demi-sourire
fugitif avait passé sur ses dents de loup et sur
ses lèvres fines. J'avais compris qu'elle me mé-
priserait comme un chien si j'hésitais ; mais, en
retour, quel scandale à l'Académie, quel effare-
ment au ministère, quelle dissillusion chez mes
illustres maîtres ! Elle me passa ses deux bras
autour du cou et me donna un baiser qui valait
bien à lui seul les cinq classes de l'Institut. Je

poussai d'un coup de pied mon sac de notes, j'ouvris les boucles de ma porte de toile, et nous sortîmes ensemble.

« La nuit était noire à faire peur. Les tentes arabes étaient absolument muettes ; mais j'avais encore là des amis et au besoin des défenseurs. Quelques pas plus loin, j'entrai dans la zone dangereuse. Une toute petite plaine relativement claire s'étendait devant nous ; au delà s'élevait un bois si sombre que je n'en distinguais pas les arbres. Nous y pénétrâmes en suivant un chemin étroit, dont je ne voyais la trace grise qu'en me penchant. J'avais bientôt tiré mon revolver de sa gaine et pris la main de ma compagne : nous allions ainsi tout doucement sur une terre meuble, moi regardant bien en avant, elle singulièrement lente et comme alourdie par la terreur. Nous marchâmes pendant un quart d'heure, sans dire un mot, jusqu'au point d'intersection d'un autre sentier qui me fit, je ne sais pourquoi, passer un frisson dans tout le corps.

« J'hésitai, ne sachant quel côté prendre, et je sentis la petite main que je tenais se contracter comme un ressort. Je murmurai :

« — Fatmo, à droite ou à gauche ?

« Elle me serra plus fort, puis, se dressant contre moi sans parler et m'enveloppant de tout son corps, elle me poussa à droite. A partir de ce moment, et cela m'est encore inexplicable, je n'eus plus d'incertitude.

« La petite main devenue chaude et vibrante me guidait, me poussait dans les ténèbres avec une assurance qui me donnait une confiance absolue ; j'allais sur les pierres et sur les racines invisibles d'un pas très sûr ; j'étais comme ces hypnotisés qu'une volonté plus forte que la leur dirige, les yeux bandés, vers un objet qu'ils ignorent. Je n'avais plus conscience du danger, et j'aurais même parlé haut, si cette légère pression qui semblait pressentir tous mes mouvements ne m'en eût empêché. Enfin, le bois s'éclaircit et le vide d'une clairière m'apparut.

« Là, Fatmo s'allongea entre deux arbres comme une couleuvre, perça la brume de ses yeux et me dit:

« Viens !

« Elle marcha devant moi, regardant toujours à droite et à gauche, s'approchant d'une haie d'épines derrière laquelle j'entrevoyais comme une masure, l'entr'ouvrit et sauta de l'autre côté. J'entendis :

« — Merci ! Que Dieu te protège !

« Et je me trouvai seul.

« Le jour se levait quand je revins à ma tente. Quelques-uns de mes hôtes faisaient déjà leurs ablutions et priaient, tournés vers l'aurore. Ils me firent un petit signe très discret sans m'adresser la parole, et, quelques heures après, quand nous nous réunîmes, aucun d'eux ne fit allusion à mon départ qu'ils avaient bien vu, encore moins à la visite que j'avais reçue. Peut-être mon cavalier les avait-il avertis ? En tout cas, je leur étais redevable de leur savoir-vivre. Ces feux éteints, ce silence parfait, ce sommeil universel, à l'heure où la moindre lumière et le moindre bruit m'auraient troublé, n'étaient pas tout à fait l'œuvre de la Providence, et je doute qu'on trouve jamais une réunion d'une cinquantaine d'hommes aussi bien élevés.

« Quant à Fatmo, je ne l'ai pas revue. Cependant, un mois après, comme je rentrais à Batna, je traversai un groupe de gens réunis devant la maison du caïd, à peu de distance du village nègre. J'envoyai mon homme au manteau noir, cet excellent Larbi ben Youcef, savoir la cause du rassemblement, et il me dit qu'on venait d'amener là deux femmes de l'Aurès qui avaient attiré un homme chez elles, puis l'avaient tué pour le voler.

« Je le renvoyai demander leurs noms. C'était elle, Fatmo bent el Qâdi, et sa jeune sœur. Je n'en ai jamais su davantage ; mais en me rappelant la pression de main de la forêt de Tellaten, je me demande si ma vieille amie Announa n'avait pas été un peu imprudente en m'envoyant cette belle amoureuse. J'imagine maintenant que son maître m'attendait de connivence avec elle et qu'au moment de me faire tuer, l'amour naïf que je lui témoignais l'avait subitement décidée à me pousser sur une autre route. Si jamais je suis victime d'un coup de foudre, en voilà un du moins qui m'aura sauvé. Peut-être encore est-ce de l'homme de Cayenne qu'elle s'est débarrassée. En tout cas, je me suis bien promis, depuis cette nuit-là, de revenir à mes chères études. »

« — Vous auriez tort de vous repentir, monsieur le délégué du ministre de l'intérieur, interrompit gravement Si Brahim. Votre père le vizir n'aurait qu'à se louer de votre conduite, comme les Aoulâd Daoud vous l'ont déjà dit. Vous n'êtes pas forcé de l'en instruire ; mais si jamais vous en faisiez l'objet d'un rapport, ajoutez-y l'anecdote suivante qu'on raconte souvent chez nous :

« Un jour, un Arabe qui avait perdu son âne arriva dans le douar de l'agha mon grand-père, au moment où une foule de nomades venait se faire rendre la justice. Il y avait, sous notre tente, des cadis, des cheikhs et des marabouts d'une sagesse et d'une expérience consommées. On fit asseoir l'Arabe au milieu du cercle, et il exposa sa plainte. Mon grand-père se mit à sourire et dit :

« — Y en a-t-il un parmi vous, messieurs, qui n'ait jamais perdu la tête pour une jolie femme ?

« Tous se turent, les marabouts comme les hommes de guerre ; mais un marchand, qui s'était faufilé par là, s'écria :

« — Moi, agha.

« — C'est bien ! répondit mon grand-père ; puis, se tournant vers l'Arabe :

« — Tiens, mon ami, prends cet homme : voici l'âne que tu as perdu. »

IN-SALAH

Il y a, dans le Sahara, à 420 kilomètres au sud de Laghouat, à 880 d'Alger, à 2,400 de Paris, un village de pierraille enveloppé d'un mur, posé de travers sur un petit rocher, et des palmiers en contrebas près d'une lagune d'eau saumâtre. Tout autour, un cercle de plaines nues, dont les bords tremblent dans l'air, est piqueté de tentes noires, aplaties comme de grands oiseaux morts. Il sort de ces tentes des nomades bruns, tannés par le vent et durs comme des pierres ; il descend du village des faces morbides de sédentaires ; et tous regardent partir un officier français monté sur un chameau de course blanc, les jambes allongées des deux côtés d'un pommeau de selle taillé en croix, à la mode des Touareg. L'officier est vêtu de blanc, coiffé de blanc, et le bas de ses manches est rayé de trois galons d'or. Derrière lui, quarante chameaux gris-clair ou fauves, fins comme des lévriers, harnachés de longues bandes de cuir vert et noir, portent sur des selles pareilles des tirailleurs aux pantalons bleus. Où donc est leur caserne ! La France dort sur la terre et sous un toit de palmes à El-Goléa.

L'officier part en reconnaissance dans la plaine vide. Il laisse au pied du village son lieutenant, un interprète et trente tirailleurs qui partiront à leur tour quand il reviendra. Ses hommes sont des Kabyles qui vivaient comme lui dans des maisons, et qui sont devenus sous ses ordres des buveurs d'air. Ils ne songent pas plus à leurs *tiddar* entourés de cactus et ombragés de frênes, qu'il ne regrette le boulevard d'Alger au bord duquel les hiverneuses s'accoudent en face du golfe bleu et du Djurdjura neigeux. Ils coupent le vent au trot de leurs montures légères, et la terre inconnue s'ouvre devant eux, tantôt plate et dure comme un océan de pierre, tantôt sablonneuse et douce comme un grand lit, effroyablement usée sur de grands espaces, puis tout à coup souriante sous de longs colliers d'arbrisseaux verts, dans la vallée d'une rivière antique dont les eaux ont disparu. Des rochers isolés, très lointains, pareils à des îlots, leur servent de guides. Ils les nomment par leurs noms comme les étoiles. Des flots d'air poussés des bords du Soudan, du Nil ou de l'Atlantique à travers des solitudes absolument pures gonflent leurs poitrines, et peu à peu ils revivent la vie libre et puissante des barbares des âges héroïques, Arabes et Tartares, qui ont deux fois renouvelé le monde.

Ils vont loin ainsi. Un peu d'eau qu'ils emportent, quelques poignées de farine et des lanières de viande séchée leur suffisent comme aux Touareg leurs rivaux, et d'ailleurs les puits ne manquent pas dans ces régions qui ne sont mortelles qu'aux hommes alourdis. Leurs admirables bêtes, qui peuvent franchir cent kilomètres par jour pendant une semaine, allongent leurs jambes et leurs cous de gazelles, et le sol noirâtre ou blanc fuit sans cesse sous eux. Ils s'arrêtent où bon leur semble, sondent le sable, étudient des pistes ignorées comme les lignes d'un livre qu'ils épèlent, vont au Sud-Ouest, puis au Sud-Est, puis piquent droit vers le Sud. Quel beau moment et quelle secrète joie ! Les voilà qui descendent dans la vallée de Moungar entre des chaînons de petites dunes. Des buissons de tamarins et de genêts aux brindilles fines couvrent les bas-fonds ; des touffes de toulloul, qui ressemblent à des joncs très délicats, bordent les pentes sablonneuses ; çà et là des jujubiers, des acacias épineux, des pistachiers aux dômes arrondis et au feuillage sombre, semblent des restes de forêts détruites. A gauche se profilent des champs de pierre infinis ; à droite le sol se relève en falaises, bordures échancrées d'un haut plateau. La rivière souterraine qui coule à trente mètres sous leurs pieds irait, si rien n'interrompait sa pente naturelle, jusqu'au pays des Noirs. Où sont-ils au juste? A 450 kilomètres d'El-Goléa. Une ligne noire paraît dans le Sud-Ouest, un trait d'encre sur le bord de l'horizon derrière lequel le soleil va disparaître dans une nuée d'or. Allons, encore un kilomètre. Le trait s'allonge et s'épaissit. Halte-là. Ce sont les palmiers d'In-Salah. On ne va pas à In-Salah.

Fascinante et haïssable bourgade, ou plutôt ramassis de bourgades où la cotonnade de Rouen s'échange contre des esclaves, où les Saints du désert libyque fraternisent avec ceux du détroit de Gibraltar, où les plus vieilles races et les plus vieilles idées du globe se heurtent aux plus nouvelles, république pareille à celle de l'Italie du moyen âge, d'où s'élève contre nous un long cri de mort! Excepté un voyageur, un seul, l'Allemand Rohlfs, qui jura sur son honneur qu'il n'était pas chrétien, aucun de ceux qui l'ont vue n'est revenu pour nous en parler, et plus d'un qui voulait la voir est tombé sur la route, frappé par des mains suspectes. Laing qui se disait hautement chrétien, Douls qui se déclarait, comme Rohlfs, médecin musulman, ont péri dans le Sahara après l'avoir traversée. Les Pères Blancs ont été hachés par des Touareg qui s'étaient chargés de les y conduire : Palat a été poignardé par son guide. Elle est funeste et tue de loin comme une plante vénéneuse. Elle se réjouit hautement de notre sang qui coule autour d'elle.

C'est chez elle que le massacre de la mission Flatters a été tramé ; nous en avons la preuve sûre. Elle a sur elle toutes les traces ineffaçables et inoubliables de ce drame auquel il n'a manqué qu'un Eschyle : Flatters percé de coups de lance, Masson abattu d'un coup de sabre, les deux jambes tranchées. Dianous empoisonné.

Pobeguin mourant de soif après avoir mangé de la chair humaine.

D'ailleurs aucune entente possible avec elle. Un soir que Soleillet s'était présenté subitement devant un de ses faubourgs au nom d'une chambre de commerce avec une audace et une naïveté presque touchantes, tout ce qui représentait quelque chose dans son sénat s'était réuni en hâte et lui avait fait répondre que, s'il était encore visible dès l'aurore, il serait tué. Soleillet avait eu raison de fuir.

Derrière la ligne noire des palmes six villages inégaux bâtis avec des briques grises entourent une lagune ovale, toute couverte d'une nappe blanche. La terre y sue du sel. Autant de villages, autant de forteresses grossières et fragiles, mais percées de meurtrières. Les hauts jardins qui les flanquent sont des palissades de colonnes qui montent dans le ciel comme celles de nos cathédrales. Le flamboiement du soleil illumine la lagune ; le vent violent du désert la fouette comme un champ de neige et fait fumer les murailles poussiéreuses ; sous les panaches bruissants des palmes, une forêt de pêchers, d'abricotiers, d'orangers chargés de fruits et de fleurs, de grenadiers tout rouges, baignent leurs racines dans les ruisseaux d'eau courante où viennent boire des tourterelles, et des champs d'orge alternent avec des carrés d'indigo, de henné et de chanvre. L'indigo et le henné servent à la parure des femmes dont les paupières et les joues sont bleues, les mains et les pieds rouges : le chanvre procure aux hommes la lourde ivresse de l'opium. Tous les puits des jardins communiquent entre eux par des galeries souterraines, et c'est vraiment un chef-d'œuvre que ce réseau liquide circulant dans le sol au-dessous de ces merveilles végétales, comme les artères et les veines dans le corps humain.

La plus grosse des forteresses grises se dresse à droite de la lagune, quand on regarde le Nord. Elle s'appelle Château-Vieux, Ksar et Kébir, et non loin apparaît seule une grande maison crénelée. Là réside le Médécis ou le Borgia de ces six républiques confédérées sous le nom d'In-Salah, et de leurs annexes. Il compte encore pour vassales, à l'Est et à l'Ouest, Foggaret ez Zoua avec le groupe d'Igosten, Tit et Ingher. Il se nomme Si el Hadj el Mahdi Ould el Hadj Abd el Kader Badjouda, des Aoulàd Ba Hammou. C'est un seigneur encore jeune. Il descend, comme tous les Aoulàd Ba Hammou, de la tribu des Ben Hilal, une des trois hordes arabes qui ont envahi l'Afrique du Nord au onzième siècle. Bandits mercenaires, ses ancêtres se sont loués à tous les princes berbers qui s'y combattaient, puis leur ont arraché des morceaux de leurs royaumes.

Comme eux, il méprise absolument la terre et toute la gent serve qui la cultive, il protège le commerce, il craint les religieux, il n'estime au fond que la noblesse de poudre et d'épée, il se défie de ses frères, il a peur de ses cousins sans scrupules comme lui. Son père lui a laissé en mourant une succession difficile. Dans l'Ouest, le sultan de Fez et de Maroc, Mouley Hassan, lui offrait une amitié dangereuse ; dans l'Est, la confrérie intransigeante des Snoussiya mettait son influence à son service, s'il voulait travailler pour elle ; dans le Nord, les chrétiens descendus de Laghouat au Mezab menaçaient de pousser plus loin. Il s'est jeté dans les bras des Snoussiya et a commencé par interdire le tabac et le café dans son entourage, puis il s'est fait nommer *moqaddem*, c'est-à-dire lieutenant, de Sid Mohammed el Mahdi ben Ali es Senoussi, fils du fondateur de l'ordre, qui fait conspirer tout le Sahara, depuis la Tripolitaine jusqu'au Niger, contre le monde civilisé. Il s'est inféodé au royaume des élus pour garder sa puissance et ses biens sur la terre. Il est à la fois évêque et prince ; il distribue des grâces et des amendes, et, quand il sort de son bordj, vêtu de noir et de rouge, masqué de noir comme les Touareg, chaussé de bottes rouges, les paupières bleuies suivant le rite coranique, mais la tête ceinte de la tiare des cavaliers, les misérables qui baisent le bas de sa robe le vénèrent et le craignent tout ensemble comme un saint et comme un tyran.

Il n'est encore vraiment ni l'un ni l'autre.

A côté de lui, des hommes aux visages maigres, pommettes saillantes et dents de loups, s'avancent d'un pas lent sous de longues blouses noires ou grises, et leurs têtes sont serties de bandelettes dorées, à demi-couvertes de flacons de soie bleue. D'autres, rejetant les pans de leurs lourds manteaux sur leurs épaules, laissent voir des vestes bleues ou rouges, agrémentées de passementeries d'or, et des ceintures de soie dans lesquelles sont passés des pistolets aux pommeaux d'argent. Leurs bottes rouges sont brodées d'or et armées de longs éperons de fer. Ils sont de haute taille, et agrandis encore par leur coiffures de corde qui retiennent de blancs voiles de femme encadrant leurs barbes noires. Ce sont les guerriers Ba Hammou, les maîtres réels du désert qui enveloppe le palais de leur cousin. Ils possèdent dans les bourgs des maisons et des magasins qu'ils n'habitent jamais : ils aiment mieux vivre dans la solitude, sous leurs grandes tentes rayées, avec leurs troupeaux et leurs serviteurs.

Des Religieux les suivent, laissant pendre leurs bras allongés sous des burnous tout blancs. Leur tête n'est ceinte que d'une cordelette grise ; leurs pieds ne sont chaussés que de savates jaunes ; ils ne portent jamais d'or, ni de soie, ni de fer. Leur teint est pâle, leur barbe grêle, leur œil terni, et cependant ils commandent loin, eux aussi, plus loin peut-être.

Ils savent les secrets des deux mondes, les remèdes qui guérissent les blessures mauvaises, les incantations qui émoussent les épées, les signes qui, tracés sur des écorces et portés dans des sachets de cuir, rafraîchissent le sang brûlé par la fièvre, rendent la vue aux aveugles et la jeunesse aux vieillards, les paroles qui dissipent le vertige et chassent les démons, les sorts qui stérilisent les troupeaux et dispersent les armées, les prières qui assurent aux misérables les jouissances surhumaines du Paradis.

Ils sont le conseil de Dieu, et quelques-uns même vont tous les ans, à travers les airs, se réunir aux Saints des temps passés pour régler le destin du monde, tandis que leurs corps restent ici-bas dans l'attitude de la prière, trompant les yeux des mortels.

Ils sont riches, d'ailleurs, sur cette pauvre terre, très riches, et seigneurs, eux aussi, de villages entourés de palmes. Ils auraient, en cas de besoin, d'autres armes que les foudres divines pour se défendre, de bons fusils et de la poudre entassée dans des caves profondes, sous les hauts minarets coniques d'où leurs chanteurs appellent à la prière le monde de l'Islam.

Puis voilà les marchands lourds et arrondis sous des burnous blancs comme ceux des moines, mais vêtus en dessous de drap brodé d'un peu d'or, comme les guerriers, craintifs et orgueilleux, toujours tremblants pour leurs richesses dont personne ne sait le chiffre, redoutables dans leurs maisons épaisses et bien fermées, le tromblon à la main, derrière les trous de leurs fenêtres.

Il y a là de fins visages d'Arabes, et surtout des faces larges de Chananéens aux barbes de jais, aux joues d'ivoire, aux yeux d'émail, qui sont bien les plus surprenants de tous dans ce mélange d'hommes. Leurs lointains ancêtres cultivaient la vigne et le palmier dans la banlieue de Tyr, quand les Israélites étaient encore en Egypte et bâtissaient des villes pour Sésostris ; ils se sont battus contre Josué ; la Bible est pleine du bruit de leur résistance et de l'exécration de leur culte des pierres levées sur les hauts lieux. Ils aiment toujours les jardins pleins de beaux fruits, partagés par de petits murs, et verdoyants sous le ciel aride ; ils connaissent surtout les routes du désert par lesquelles viennent la gomme, l'or et les esclaves, comme les Phéniciens savaient trouver à Thasos et dans les lointaines Cassitérides le cuivre et le zinc qu'ils vendaient aux barbares de l'âge du bronze. Ils pullulent dans le Touât. Ce rameau de l'humanité, coupé en Orient il y a vingt-six siècles, et jeté sur le sol de l'Afrique, y a pris racine et pousse ses fleurons jusqu'au bord de l'Atlantique, à Mogador.

Tous ensemble, marchands, prêtres et nobles, sont l'Etat dont Badjouda n'est le chef qu'en apparence. Ils le conseillent, ils le tiennent par la force brutale, le respect et l'argent. Ils ont leurs assemblées souveraines, les uns devant leurs tentes sur quelque tertre sablonneux, les autres dans l'ombre de leurs couvents, les autres enfin dans leurs grossières maisons communes près des portes de leurs villages aux fortes murailles. Ils s'y querellent à leur aise et s'y rangent en partis qui s'exècrent.

C'est à peine s'ils ont une patrie. La seule passion politique qui les anime est un amour effréné de l'indépendance. C'est à peine s'ils forment un peuple. Ils se distinguent toujours les uns des autres comme des blocs de pierre mal cimentés dans une muraille de l'Islam.

Peu nombreux d'ailleurs, ils ne sont en somme qu'une bande hétérogène d'aristocrates nourris par des esclaves et par des serfs.

Des esclaves, ils en ont tous. Le plus petit

marchand qui vit comme un ermite dans sa masure de terre consacre son premier gain à acheter un homme noir, et, quand il n'en veut plus, il le remet en vente sur le marché avec la vieille ferraille. Allah lui-même, disent les marabouts, a donné là un signe évident. Il a distingué les noirs du reste des hommes par leur couleur pour indiquer qu'ils peuvent être réduits en servitude. Les serfs sont peut-être plus nombreux que leurs maîtres. Mulâtres accrus de misérables tombés dans la détresse et forcés de se louer jusqu'à leur mort pour vivre, ils travaillent la terre et sont méprisés comme des forçats.

Toutes les merveilles des oasis, les canaux souterrains, les forêts de palmes, les bosquets de grenadiers et d'orangers sont l'œuvre de leurs mains, comme les moissons de la Beauce et les vignes de la Bourgogne sont celle des paysans de la France ; mais ils n'en retirent pour eux que quelque poignées de dattes sèches, un morceau de natte pour s'étendre et un lambeau d'étoffe pour se vêtir. Rivés à la glèbe, ils sont cédés avec elle. Le moyen âge est là tout entier, conservé vivant, avec son insouciance brutale de la dignité de l'homme, ses ferments de révolte et ses dures lois, ou plutôt c'est là une réduction grossière du monde le plus antique, de Sparte ou d'Athènes primitive, voire même des cités de briques de la Chaldée qui dorment sous leurs dunes de sable depuis la chute d'Assur.

Il semble que Dieu les ait créés tout exprès pour qu'ils nous haïssent. Musulmans fanatiques Sémites de toutes les nuances, esclavagistes, hommes anciens et presque immuables sur le seuil de l'humanité, ils sont en lutte contre nous par antipathie de race, de religion, de temps même ; car on dirait que les siècles sont ennemis comme les peuples, quand ils se rencontrent ; mais il y a plus encore.

Tout ce qui nous déteste dans le grand désert, tout ce qui nous y craint, tout ce qui s'effraye par avance de nous y voir creuser des puits, aplanir des routes, ouvrir enfin à la civilisation moderne ce grenier de chair humaine qu'on appelle le monde noir, les dresse contre nous comme un obstacle, les prêche sans cesse, les encourage et les excite jusqu'à la folie.

Elles tendent toutes vers leur lagune salée et leurs bourgades de terre, comme les vaisseaux de la légende attirés par l'île d'aimant, les caravanes de Ghadamès qui vont porter jusqu'au sud du Maroc les verroteries de l'Italie, le thé et le calicot de l'Angleterre. Elles passent loin de nous par le travers, au sud de Ouargla, évitant de toucher un seul point de la terre des Infidèles, et toujours des puritains de Djerhoub s'y mêlent aux marchards de la Tripolitaine. Ceux-là sont chargés d'idées de révolte universelle, de projets panislamiques et d'invitations à la guerre sainte.

Pendant un mois de marche le long de la Tunisie et de l'Algérie, comme des navigateurs qui suivent une côte, ils maudissent la France, et quand ils descendent à Ksar el Kébir, leur premier mot est : « Prenez garde à la France, haïssez la France. » C'est la pure doctrine de Snoussy, leur maître, et il est à penser qu'ils sont bien reçus par Badjouda, son moqaddem.

Là se rendent, venant du Niger, des caravanes conduites par des Touareg voilés de noir et armés de lances aiguës. Elles apportent de Tombouctou des peaux de bœuf, des dépouilles d'autruche, de l'indigo, de l'or. Elles traînent derrière elles, à travers les effroyables solitudes, un long troupeau d'hommes, de femmes et d'enfants esclaves. Les Touareg poussent leur bétail chameaux de course et chameaux de charge, ânes et hommes dans les grandes cours carrées que leur réservent leurs hôtes, appuient leurs lances contre les murs et s'assoient à terre.

Alors ils racontent qu'ils ont vu, à l'autre extremité du Sahara, sur le Niger, passer un navire qui vomissait du feu et portait des hommes armés. Il les ont poursuivis de leurs cris, et ils ont fui ; mais ils reviendront en force l'année prochaine, et alors la France sera à Tombouctou, et quand elle y sera, elle interdira le commerce des esclaves, et In-Salah tombera dans la misère. N'est-il donc pas temps de s'armer contre l'ennemi irréconciliable dont la vengeance est proche ? « Souvenez-vous de Flatters. »

Là enfin aboutissent les caravanes de l'Ouest parties du pied des montagnes neigeuses qui dominent Maroc et Fez. Comme celles de Ghadamès, elles apportent des marchandises anglaises ; elles y ajoutent des tapis et de l'orge cultivée par les Berbers. Elles aussi sont suivies par des dévots pauvres et des ascètes aux joues creuses qui vont en sens inverse visiter les sanctuaires de l'Islam ; mais il s'y mêle une espèce nouvelle, agents de l'Allemagne et de l'Italie, courtiers véreux, futurs caïds, affamés et hardis comme des chacals, qui s'entendent à merveille avec les fanatiques de la Tripolitaine. Ils ont passé par Deldoun et vu Bou Amama qui se fait gloire d'avoir massacré des Espagnols et tenu tête à nos colonnes ; ils ont traversé Timmimoun où Mouley Hassan a déjà détaché quarante cavaliers de sa garde noire. Quand ils entrent dans In-Salah, c'est le Maroc qu'ils y amènent, avec la Triple-Alliance, et les voilà sur les marchés, poussant à l'action, invectivant les timides, dénonçant les suspects et murmurant à l'oreille des exaltés, non plus : « Défiez-vous de la France », mais : « A bas la France ! Sus aux Français ! »

.... Et maintenant, capitaine, que vous avez vu de loin les têtes des palmiers de la bourgade maudite, tournez bride avec votre escorte, et reprenez la route du Nord. On entre pas encore, on entre moins que jamais à in-Salah.

LA PLAINE DU CHÉLIF

Fin Juillet, au lever du soleil, nous nageons dans le golfe d'Alger. La mer est toute soie bleue et cristal pur. Au fond, le sable ambré est strié de rides, et des poissons qui fuient brillent comme des lamelles d'argent. Puis nous nous asseyons au bord d'un radeau, battant l'eau fraîche de nos jambes, le corps baigné d'air et de lumière naissante, les yeux ouverts sur l'immensité du ciel vide, et, au delà de l'eau moirée, sur un demi-cercle de jardins touffus, de villas blanches, de palais et de mosquées, des rues enchevêtrées et de hautes maisons tachetées de rose. C'est là qu'est ma chère demeure à laquelle je viens de dire adieu. Je n'y rentrerai qu'après un mois parce que j'ai voulu courir encore. Avant une heure, un train blanc de poussière, et rempli de voyageurs armés de casques blancs, m'emportera dans une fournaise. Quelle folie! Pourquoi ne pas retourner à ma part de bonheur aujourd'hui comme hier?

J'ai dit que j'irais voir la province d'Oran en plein mois d'août, sa terre calcinée et ses vignes chargées de grappes noires, ses plaines blondes et ses vieux champs de bataille, les cèdres argentés de ses montagnes taillées en cathédrales, et ses chevaux de guerre aux robes luisantes, ses colons bronzés et ses nomades accroupis sous leurs tentes de poil. Je l'ai dit trop haut, et je ne puis me reprendre. Ai-je tort? Ai-je raison maintenant de faiblir? Nous passons tous, avant chaque action nouvelle, par cette incertitude et cette amertume.

Enfin j'y suis, dans ce wagon, et bientôt je m'y trouve à l'aise, presque heureux la première heure; enchanté la seconde. Des ombres longues et légères entrecoupent la voie. Le feuillage glauque des encalyptus frissonne à la brise du matin. Des senteurs de résine et de foin coupé passent par les fenêtres ouvertes, et nous roulons dans une grande plaine bosselée çà et là de meules énormes, rayés de hauts bosquets noirs où brillent des toits rouges, plaquée de champs de vignes, du reste toute rasée comme un tapis. Puis voilà des avenues de platanes, des ruisseaux d'eau courante, des jardins de fleurs rouges et de fruits d'or, des maisonnettes blanches et bleuâtres sous des arbres lustrés qui renvoient en étincelles la lumière du soleil. C'est Boufarik au milieu de la Mitidja que les Arabes appelaient « la mère des pauvres ». Les champs de vignes se rapprochent, les grenadiers foisonnent, des orangers gros des pommiers de Normandie font un bois à notre gauche ; le train bondissant sur des plaques de fer s'arrête devant une gare où la foule fait une joyeuse cohue comme aux stations de la banlieue de Paris Blida la Courtisane est là, au bout d'une grande route bordée d'arbres, au pied d'une montagne dentelée de cèdres, et tout ce monde est dans l'exubérance d'une année heureuse, la santé aux yeux, le rire aux lèvres.

Il y a cinquante ans, le sol sur lequel ils rient était souillé de sang, empesté de fièvres, hanté de bêtes fauves, lugubre comme la bordure d'un désert. On ne saura jamais de combien de combats, de ruines et de souffrances est fait le charme d'un si beau jour. Au loin, très loin sur la droite, au-dessus d'une colline derrière laquelle on pressent la mer, s'élève un cône pareil à un volcan mort. C'était le tombeau d'un roi qui fut l'ami de l'empereur Auguste et le mari de la fille de Cléopâtre. Ce n'est plus qu'un ornement de paysage, une toute petite ombre sur le ciel clair.

La machine monte en soufflant dans une montagne noire de lentisques et de pins rabougris. Le fond des ravins sans herbe est tapissé de cailloux blancs et hérissé de lauriers roses. Nous passons dans des souterrains où l'air épais nous étouffe et, quand nous en sortons, nous ne voyons qu'un cran du ciel très bleu entre des pentes vertes. Bleu sombre, vert sombre. Pas un homme sur ces pentes, pas un oiseau chanteur, pas même une fleur dans ces buissons branchus, étalés sur des roches rousses et violettes ; mais bientôt une colline qui s'abaisse, un flot de lumière et d'air sec qui paraît venu de très loin, nous annoncent que la terre qui nous enserre va se rouvrir, et en effet elle s'élargit en quelques minutes, s'étale et fuit devant nous vers l'infini.

Est-ce déjà une de ces plaines désertiques où des pasteurs armés montent des juments alezanes et escortent des troupes de chameaux roux ? Est-ce un domaine de grande culture, où des moissonneurs disparaissent en juin dans les blés ? Est-ce une lande dévastée sur laquelle des misérables se lèvent sans espoir et sont heureux de mourir ? C'est tout cela ensemble.

Voilà les maisons d'Affreville, ses rues larges et bien tracées qui sont déjà celles d'une cité, ses vignes qui font de grands carrés verts sur la terre jaune, ses champs de blé tondus de près comme ceux de la Mitidja, ses hautes meules de paille, sa richesse française étalée comme le butin d'une victoire sous le flamboyant soleil.

Voilà des huttes de branchages étroites et longues comme des carènes de barques retournées, devant lesquelles rampent des enfants nus. Des paquets de loques grises se soulèvent et se débrouillent, et on en voit sortir des figures d'hommes. Des haillons rouges se collent sur des poitrines flétries et des dos courbés de jeunes femmes. Autour de leurs taudis des palmiers nains aux feuilles découpées en éventail, des jujubiers aux épines blanches, des lentisques tout ronds, font des taches sur l'argile rouge, et des brindilles de blé coupées par le milieu attestent que des charrues de bois traînées par des bœufs ont passé par là. L'été venu, les hommes ont fait la moisson par petits bouquets, et c'est tout juste s'ils en ont eu la charge d'un âne. A longue distance de rares fermes paraissent, et des cercles de cabanes dessinent de petits anneaux noirs sur des pentes crayeuses. Puis des étendues indéfinies d'un jaune d'or pâle, des collines effilées vêtues de broussailles se suivent et se confondent dans une vapeur enflammée sans qu'un chemin s'y dessine, sans que rien y révèle aux yeux la présence des hommes. Le ciel, d'un bleu très doux, prolonge cette immensité du côté du Sud et dans l'Ouest jusqu'à la ligne d'un horizon tremblant, insaisissable et comme imperceptible.

C'est la plaine du Chélif, spectacle étrange de dévastations antiques, de cultures modernes, de barbaries et de civilisations entremêlées. Il semble que cette terre, vibrante au soleil, vive et raconte une histoire, une vieille histoire tragique de razzias et de prospérités, de désastres et d'espérances. Elle couvre de ses plis des villes romaines, des maisons de plaisance et des temples pavés de mosaïques, des hordes arabes, des tribus berbères, des armées marocaines, des bataillons et déjà des colons de France. C'est dans cette large trouée, ouverte sur les steppes de Boghar, qu'autrefois les grands nomades apparaissaient rangés de front, tous cavaliers, en longues lignes blanches. A leur droite étaient les chameaux porteurs de palanquins, et ces palanquins enveloppés de tapis aux belles franges étaient pleins de femmes brunes. A gauche était la troupe des fantassins méprisables, armés de bâtons et de mauvais sabres. C'est au milieu de ces champs nus que Bugeaud s'avançait en tête de ses colonnes, déjà vieux et songeant à ses guerres d'Espagne. Il fouillait de ses yeux bleus les plis de ces mêmes collines qui passent maintenant devant les nôtres. Il redressait sa haute taille et élargissait ses fortes épaules sous les feux de ce même soleil, et derrière lui, tannés, rapiécés, chargés comme des bêtes de somme, marchaient en bon ordre, à distances égales, n'ayant jamais faim, ni soif, ni peur, les légionnaires de Changarnier et les zouaves de Lamoricière. C'est là-bas, dans le flamboiement des collines du Dahra, au delà d'Orléansville, que Saint-Arnaud livrait bataille à des derviches. Ils se ruaient vers lui presque nus, des bâtons aux mains, en désordre comme des bœufs ; et lui, qui aimait la guerre et ses tueries, contenait ses soldats d'un geste pour qu'ils tirassent bien droit à coup sûr. Plus loin, sur les pentes douces qui s'inclinent dans les profondeurs de l'Ouest, Abd-el-Kader rangeait ses réguliers bleus, ses spahis rouges, les masses poussiéreuses de ses alliés prêts à mourir pour lui dans une charge heureuse, ou à l'insulter si Dieu lui refusait la victoire, et le jeune marabout de vingt-sept ans, qui ne savait que des prières, maintenait au pas son cheval noir sous nos boulets avec tant d'audace que le maréchal Clauzel et le duc d'Orléans avaient envie de l'applaudir. Vallée épique, grand pays de guerre. La force nous y est restée en fin de compte, mais avec tout ce qu'elle comporte d'honneur et d'obligations hautes. Nous y sommes les héritiers de tous ceux qui sont tombés sous nos balles, nous sommes les tuteurs de leurs enfants ; mais personne dans ce monde n'aime à s'avouer le débiteur, encore moins n'ose se dire le créancier de la Providence.

Un oiseau bleu, tout bleu, gros comme une colombe, passe à quelque distance du train, et dans le même sens. Il volètte au-dessus des hauts buissons de jujubiers et ses ailes souples font comme un morceau de soie qui flotte dans l'air. D'autres plus petits, verts, jaunes, roux, parés de toutes les couleurs de l'arc-en-ciel, s'élèvent comme des hirondelles et tourbillonnent dans la lumière en poussant des cris plaintifs. Nous nous arrêtons devant des stations minuscules aux toits rouges, enveloppées d'accacias et d'eucalyptus, et le tout fait un peu d'ombre fine comme un tamis de soie. Là, de jeunes cavaliers arabes, fils de propriétaires lointains, se reposent un instant, ramassés dans leurs burnous gris, leurs chapeaux de paille dans le dos. Ils ont des profils de faucons, et sont perchés dans des selles brodées d'argent qui ont le ton du cuir de Cordoue. Leurs serviteurs basanés continuent d'aller pieds nus derrière un troupeau de moutons et de chèvres noires. Ils nous regardent partir et tournent les cous flexibles de leurs chevaux avec une charmante indifférence. A l'arrêt suivant, trois femmes descendent, deux vieilles et une jeune. Les vieilles sont enveloppées de haïks rudes, mais très blancs, et soutiennent la jeune dont la taille longue se penche sous un voile fin, parsemé de fleurettes roses. Elles font ensemble une dizaine de pas, jusqu'au pied d'un arbre. Là elles s'assoient, et il me semble que la jeune va défaillir. Elle tourne et renverse lentement son visage pâle, long, et doucement résigné comme celui des vierges. Souffre-t-elle de la fièvre ? Est-elle allée brûler de l'encens sur la tombe d'un marabout fameux par ses miracles ? Qui saura jamais son mal ? Devant un passage à niveau, une négresse nous sourit de ses dents blanches, accoutrée comme un singe, rigide comme un soldat ; elle est le garde-voie au port d'armes, et un drapeau vert enroulé est son fusil.

Les rideaux des fenêtres de notre wagon sont soigneusement tirés ; mais des traits de lumière blanche glissent sur les côtés comme des lames de sabre. Mes compagnons s'allongent et battent l'air de coups d'éventail. J'aime mieux me tenir en dehors sur la galerie, et recevoir le choc du vent, bien qu'il me brûle les yeux. Il est midi. Les terres cultivées et les buttes parsemées de buissons ras ne sont bientôt plus qu'une solitude d'où la vie s'est retirée. Tous les êtres qui peuplent cet espace énorme se sont blottis peu à peu sous des toits, sous des arbres rares, sous des touffes rabougries, laissant passer comme une averse les effluves du soleil, et le sifflement de la machine se perd, très grêle, dans un silence plus profond que celui des nuits. Nous approchons cependant d'une grande ville. Les maisons de campagne qui l'avoisinent ont leurs volets clos, et on dirait qu'elles sont à vendre. Ses routes désertes font de longs traits blancs dans ses champs vides. Elle-même, vue de loin, sous un léger voile gris, sans ombres, en arrière d'un large bois de pins qui paraît noir, est une masse inerte et triste. Orléansville dort, et ce n'est pas nous qui la tirerons de son sommeil. Quelques voyageurs franchissent en deux bonds la bande de lumière qui sépare le train du quai de la gare, vont au thermomètre et crient aux autres qui se retournent : Quarante-trois degrés de chaleur !

Elle dort comme une lionne à demi couchée sur cette terre fauve. Le Chélif, qui passe au-dessous d'elle entre deux berges droites, découpées dans une terre végétale de six mètres d'épaisseur, lui est bien inutile. Elle le laisse porter à la mer son filet d'eau azurée bon pour laver les chevaux et nourrir des tortues. Elle n'a point de prairies, elle n'a point de forêts, elle n'exploite aucune mine, elle ne vit d'aucune industrie. Elle n'existe que par la volonté des hommes qui l'ont créée là où elle devait être, moins pour produire que pour régner. Bugeaud qui l'a voulue, Saint-Arnaud qui l'a faite, lui ont donné de larges rues, des jardins arrosés d'eau courante, un parc si grand que les gazelles des environs viennent s'y divertir, des casernes hautes, une maison de commandement spacieuse comme un hôtel du dix-septième siècle, un hôpital fait pour un millier de blessés. Les hommes de la conquête ont réalisé là un de leurs rêves, et c'est de ce rêve que nous vivons. Il y a quarante-cinq ans, ils la remplissaient et la vidaient sans cesse de soldats destinés à toutes leurs batailles de l'Ouest. Elle bruissait comme une ruche, elle grondait comme un volcan, au milieu d'une trentaine de tribus folles de colère, et c'est d'elle que sont partis les coups mortels qui les ont frappées. Aujourd'hui l'herbe croît sur ses places devenues trop grandes ; mais il est encore bon qu'elle demeure. Au milieu de la paix et de la somnolence universelles, elle continue de regarder, les yeux à demi clos, si la route d'Alger à Oran est toujours libre. Elle observe à sa droite les collines nues du Dahra, fertiles en prophètes ; à sa gauche, sur le fond blanc du ciel du Sud, une montagne dentelée et un dôme que les soldats de Changarnier appelaient « la Cathédrale ». C'est l'Ouarensenis.

Il y a dans l'Ouarensenis plus d'un vieillard qui se souvient d'avoir fait le coup de feu, tout le long de l'Ouâd Fodda, contre « Changarlo. »

Irais-je jamais dans cet Ouarensenis ? Je le vois par le flanc, strié, gris, tacheté d'ombres. Il est presque aussi beau que le Djurdjura, et ce dôme est une merveille. Les indigènes l'ont surnommé « l'Œil du Monde ». Les yeux doivent plonger de là haut sur un chaos de montagnes qui enveloppent des villes et des villages, puis s'étendre sur un demi-cercle de mer confondu avec le ciel du Nord, sur un demi-cercle de steppes noyés à l'infini dans le ciel du Sud. Il est, dit-on, couvert de hautes forêts de pins et de chênes, et des sources nombreuses y ruissellent; mais le voilà qui s'abaisse derrière un pli, et Orléansville a presque en même temps disparu.

Chaleur accablante. Monotomie grandiose. Le pays s'élargit encore, toujours, baigné de flammes, sans horizon précis, de plus en plus fertile, abondant en contrastes, débordant d'héroïques souvenirs. Qu'elle aille donc sans s'arrêter, cette machine qui nous emporte ! Ses bonds martelés sur du fer sont comme des pas de géants qui abrègent nos désirs. Elle ne sont plus qu'à la distance de quelques lieues, les collines au pied desquelles Abd-el-Kader livrait bataille à Clauzel, et plus loin des plaines, zébrées de bois noirs, sont les anciens marais de la Macta.

C'est donc là-bas que l'armée de Trézel, enveloppée de cavaliers sauvages, haletante et rompue, s'est fait hacher sans merci. Le convoi abandonné, les blessés massacrés, leurs têtes coupées avec des cris épouvantables, la colonne assaillie à son tour, aveuglée par la fumée, terrassée par la chaleur, délirant d'épouvante, des hommes nus et sans armes courant avec des éclats de rire au-devant des Arabes, d'autres chantant à genoux un hymne au soleil, les derniers survivants du 66ᵉ de ligne, entonnant la *Marseillaise* comme un chant de mort, le général ne pouvant se faire tuer ni se faire obéir, l'artillerie tirant ses derniers coups à mitraille dans la cohue, le capitaine Bernard avec quarante cavaliers plongeant par trois fois au milieu du carnage, et dégageant enfin ceux qui veulent fuir, quel tableau à mettre en regard de cette paix silencieuse des champs de blé qui sommeillent, des vignes qui couvrent de leurs nappes vertes les trésors de leurs lourdes grappes, des fermes qu'on distingue de plus en plus nombreuses à mesure qu'elles s'enfoncent dans ce coin funèbre ! La mort féconde a fait là toute son œuvre. Les plus longs bâtiments blancs sont juste à la place où les têtes de nos soldats roulaient sous les sabots des chevaux d'Abd-el-Kader et de Bou Alem.

Je détourne les yeux bien malgré moi, de cette terre promise. Il faut que je descende à Relizane pour aller à Tiaret où je suis attendu, mais qu'importe au fond ? Tout est beau dans un voyage, et ce que je verrai demain vaudra bien ce que je viens d'apercevoir, pourvu que je sois capable de le sentir. Je monte vers cinq heures sur l'impériale d'une voiture qui doit me faire traverser du Nord au Sud une partie du pays mixte dont ma vue s'est à peine rassasiée, puis me transporter de l'autre côté d'une chaîne de montagnes qui le sépare des hauts plateaux désertiques où les nomades sont encore à peu près libres.

La mauvaise diligence attelée de chevaux épuisés va comme une tortue, précédée d'un flot de poussière ; un Espagnol à côté de moi ne sait pas vingt mots de ma langue et n'a pas une de mes idées. Tant mieux encore. La route que je suis est une fois de plus celle des soldats de Bugeaud qui marchaient lourdement par un temps pareil dans la direction des forteresses et des magasins de l'Emir, Tagdemt, Saïda, Boghar, pour en finir avec la résistance incroyable de ce génie de la guerre désespérée, et je regarde lentement, un à un, les champs qu'ils on dû fouler, l'esprit toujours fasciné par des évocations fugitives, tantôt vagues, tantôt précises, comme dans un rêve émaillé d'or. Je suis avide de saisir, et je m'obstine à revoir au moins leurs traces ; mais je sens que tout ce que je veux reprendre d'eux m'échappe et s'évanouit dans un passé déjà lointain, bien qu'il soit d'hier. Les terres dans lesquelles ils trébuchaient sur des palmiers nains sont maintenant à demi couvertes de chaumes, des maisons européennes pointent là où ils n'apercevaient que des coupoles basses consacrées aux Saints de l'Islam. Personne parmi les Français, les Juifs et les Arabes pressés en dessous de moi dans le caisson de la voiture ne sait les noms de leurs généraux, et un seul tout au plus aurait peut-être une remembrance infiniment trouble de leurs batailles. Ils finissent de périr tout entiers ou, si l'on veut, de disparaître dans la lente évolution des choses, comme la lumière de ce jour qui se dénature et ne reproduira jamais exactement à la même heure le même éclat ni les mêmes couleurs.

Le soir vient comme nous nous élevons au-dessus de la plaine, le long des pentes de la montagne qui la borde au Sud et que parsèment de vieux lentisques. Des souffles légers passent, des alouettes huppées sortent des buissons et se posent sur des mottes de terre. Ce sont bien là sans doute ces lentisques dont parle Montagnac dans ses « Souvenirs ».

Ils sont énormes, ils pourraient couvrir des familles, et en effet il s'y cachait des hommes, surtout des enfants et des femmes, quand les Zéphyrs passaient pas là, saccageant tout, brûlant tout, pour réduire les dernières tribus réfractaires et leur faire plier les genoux à force de misère et de terreur. Les fuyards misérables s'enfonçaient au plus profond de ces boules de broussailles et s'y pelotonnaient comme des chacals. La soldatesque leur jetait des pierres ou leur lançait des coups de baïonnette pour les faire déguerpir, et s'amusait à les tirer au déboulé.

Maintenant le groupe des petites maisons de Zemmora, précédé d'un carré de champs et de jardins verts, fait une entaille au milieu de ces mêmes collines. Dans la Grand'Rue, des tirailleurs aux vestes bleues boivent leur absinthe sous une treille. Des femmes de colons dressent des tables devant leurs portes, et des marmots blonds se rangent devant de grosses soupières. Les fils des hommes tués comme des lièvres vident devant un magasin des paniers de raisins et de figues. Un gros juif se dispute avec des maçons, et moi, voyant ma journée finie, profitant du relai, je regarde une dernière fois le ciel.

Ce ciel-là a près de trente lieues de longueur. Le soleil qui l'emplissait de sa lumière violente, incolore et cruelle est tombé derrière les montagnes de l'Ouest qui sont devenues noires et bleues comme de l'ardoise.

C'est un berceau d'azur pareil aux coquilles bleues des petits oiseaux que je dénichais, il y

a bien longtemps, dans les trous des murailles ;
mais il n'est pas absolument pur. Deux raies de
nuages très étroites le traversent au-dessus des
collines violettes qui me font face, et ces raies
ont tout juste la couleur du sang. Deux coups de
pinceau, deux signes vermeils. Dans la splendeur très douce qui rafraîchit mes yeux ce sang
répandu coule et s'allonge en filets d'Oran à Orléansville et à Miliana, plus loin encore. A mesure
que l'azur devient plus sombre, il prend le ton
de la pourpre, on dirait qu'il se fige, et le voilà
presque noir. La plaine indéfinie qui s'étend de
ma droite à ma gauche s'est vêtue d'hyacinthe,
de rose et d'or, et ses terres les plus arides sont
alors devenues les plus belles; ses villages ont
brillé comme des rubis ou des opales ; ses moindres arbustes ont retenu quelques rayons de la
lumière mourante ; ses plus petits ravins gris
ou rougeâtres ont eu leur minute de gloire ; puis
des vapeurs à peine sensibles se sont levées, et,
sous ce ciel immense, merveilleusement tendre
et terrible, je la vois lentement défaillir comme
une femme accablée d'une magnifique lassitude.
Toutes les bigarrures dont les hommes se sont
efforcés de la couvrir, tous les oripeaux de la

richesse et de la misère qui faisaient d'elle en plein jour une reine défroquée, tous les satins et tous les velours de ses blés et de ses vignes, tous les haillons sordides de ses halliers, s'évanouissent dans une teinte obscure qui n'est pas encore de l'ombre, et le crépuscule étend enfin un long vêtement sans couture, uniformément brun, sur les belles lignes de son corps.

« Les voyageurs en voiture ! » crie le conducteur. Il n'y a plus qu'un voyageur. Je monte seul dans le coupé, et je roule à travers des mamelons, puis sur un plateau vide, dans la nuit.

UN TABLEAU

Les fumeurs de kîf

Quand on demande à fumer du kîf dans un café maure, un jeune homme aux mouvements lents, coiffé d'une calotte rouge, vous présente de tout petits bâtons noirs, gros comme des allumettes, les brise, les mêle à du tabac de Constantinople grossièrement haché, et en bourre la partie supérieure d'un fourneau de pipe en terre. Il ajuste ce fourneau sur un tube qui plonge dans une boule de cuivre à moitié remplie d'eau. De cette même boule part un autre tuyau par lequel on fume. Une fois le fourneau avivé par le souffle du serviteur, on se baigne les bronches d'une sorte de vapeur douce, parfumée, indéfinissable ; on boit une gorgée de café à la fleur d'orange, et on sort, la tête un peu troublée. Si l'on va dîner ensuite chez des amis, la compagnie vous trouve l'air singulier. On fixe les gens avec une persistance inexplicable; on développe logiquement, sans nuances, un long discours, comme si l'on n'avait pas devant soi d'interlocuteurs. On a le teint mat, le visage calme et plus agréable à voir que d'ordinaire. Quand on rentre chez soi, on s'étend dans son meilleur fauteuil, on regarde un bouquet de fleurs ou un objet brillant, on roule une cigarette, puis on la rejette, n'aimant plus le mouvement, et, les coudes bien posés, la tête appuyée on s'embarque dans des raisonnements dont les conclusions sont toujours agréables. On reprend l'une après l'autre toutes les petites difficultés du jour. Les devoirs s'accomplissent sans peine; les passions se transforment en émotions douces. A-t-on une dette? Elle est payée. Un amour? Il est satisfait. La vie vulgaire, saccadée et raboteuse, n'est plus qu'une longue pente sur laquelle on glisse avec plaisir.

Cela doit suffire aux hommes du monde qui veulent faire connaissance avec le chanvre indien. Il est dangereux d'y revenir, mais il est bon d'en avoir usé, à moins qu'on n'ait lu quelques pages célèbres de Baudelaire, pour bien comprendre le grand tableau que M. Gabriel Ferrier a exposé à Alger sous le titre de *Mchâcha* ou

Fumoir de kîf. Le peintre, qui est un poète réaliste, a pris pour sujet une réunion d'indigènes adonnés jusqu'à la frénésie aux ivresses de la redoutable plante. Il nous a jetés brusquement devant une des apparitions les plus sombres et les plus éclatantes qui se puissent imaginer, et voici, pour ma part, ce que j'y ai vu.

Le poison bleuâtre monte en lourdes spirales dans la grande salle blanche. Il circule invisible dans les veines d'une dizaine d'hommes assis ou couchés. Leurs yeux s'agrandissent, leurs prunelles sont démesurées et fixes, leurs bras tombent le long du corps. L'un est vautré sur le dos, le sourire aux lèvres; l'autre étend ses membres maigres, prêt à se renverser; un vieux à barbe grise, les yeux injectés de sang, a rabattu le capuchon de son burnous couronné de fleurs, et allongé ses jambes brunes; un jeune blêmit comme s'il allait mourir. Ils sont bien ivres, plus ivres que ne peuvent l'être des hommes du Nord; leur vie multipliée s'échappe et fuit de leurs lèvres; ils montent et descendent, en respirant, tous les degrés de l'extase. Demandez ce qu'ils ressentent à celui du milieu qui s'est couché sur le coude gauche, drapé comme un sénateur de

Rome ; regardez droit dans ses yeux noirs, si longs et si pensifs près desquels une fleur de grenade fait une tache vermeille. Avec ses beaux traits réguliers, sa fine barbe brune, ses membres robustes, il aurait pu être pacha comme d'autres, avoir des villes blanches et des gardes de nègres, et des femmes aux chevilles serties de diamans, dansant dans des robes de gaze et de soie, les seins relevés par des bandes de rubis et d'émeraudes, ou bien il aurait gagné de longues batailles et vu fuir des miliers d'hommes devant lui dans la poussière d'or du désert. Il n'en a plus besoin maintenant. Le serviteur à la tête demi-rasée qui allume les pipes vient de lui verser en dix minutes tant d'or et de perles, tant de femmes et tant d'armées, qu'il en a la cervelle pleine. Un monde prodigieux sort de lui-même, avec ses beautés et ses joies, comme un fleuve inépuisable qu'il regarde couler.

Un bouquet de fleurs, merveilleux, blanc, nacré, rouge, azuré, s'épanouit et monte de la panse énorme d'un vase bleu, le long d'une colonne blanche qui se tord et s'enroule jusqu'au plafond de la salle, quis se recourbe en volutes enguirlandées, et les guirlandes lourdes, souples, vertes, piquées de points rose vif et rose pâle, qui sont encore des fleurs inoubliables, s'en vont à travers toute la salle, comme les festons d'un temple un jour de sacrifice. Partout des fleurs, toujours des fleurs, aux tiges brisées ou coupées près des corolles, dans les mains de ces buveurs de fumée, à leurs pieds ou sur leurs têtes. Il en est de si éclatantes que des sillons d'ombre se creusent entre leurs pétales. Elles jettent des lueurs ardentes, et meurent comme les âmes d'hommes qui palpitent avec elles, enfiévrées et retranchées du monde réel.

Contre la colonne, près du vase bleu, un fou qui ne fume pas, un déguenillé dont l'épaule a crevé le mauvais linge, est assis, le buste élevé, la tête rigide appuyée légèrement sur le bout des doigts de la main droite, comme un mathématicien qui touche à la fin d'un long calcul. Dieu lui dit des choses que vous ne savez pas. Tout à l'heure, il passait sur le boulevard de la République auprès des fonctionnaires corrects qui se promenaient avec leurs femmes ; tout le monde le regardait ; il n'a vu personne, et, certes, il ignore pourquoi il est monté par les petites ruelles ombreuses qui serpentent comme des tubes sous les maisons de la haute ville, jusqu'à cet endroit-ci où il restera tant que cela lui fera plaisir. Baisez-lui la main, si vous êtes musulman, vous pourrez le rencontrer plus tard sous l'arbre paradisiaque des Saints, mais ne lui parlez pas, et surtout ne vous arrêtez pas devant ses yeux. Ils sont clairs comme l'eau des sources, ils vous attirent et vous fascinent : mieux vaut encore une gorgée de la fumée traîtresse qu'un pareil vertige.

Orgie sans vin, sans taches, sans cris, sans rixe, sans bruit, sans gestes, sans tables, sans flacons, sans souvenirs et presque sans traces. Il n'en restera demain que des grains de poussière sur les dalles blanches, et les pétales d'un pavot rose sur une natte de jonc. La petite cage treillagée dans laquelle un merle est emprisonné, contre les volutes de la colonne, n'aura même pas été touchée. Cette salle parée comme pour un banquet, n'est pleine que de rêves. Le maître du lieu se penche au-dessus du fou et parle à l'oiseau tenant en main une poignée de fleurs purpurines qu'il va peut-être lui offrir. Un chanteur est assis dans l'ombre, chantant pour lui-même une chanson lente, berçante, entrecoupée de notes aiguës auxquelles répondent les cordes métalliques de sa mandoline. Le rythme de sa voix accompagne les songes de l'homme aux yeux noirs, et donne de longs élans à ses pensées fuyantes, comme la harpe de David réglait le délire de Saül ; mais cela ne trouble pas les autres, qui sont déjà beaucoup plus loin dans les profondeurs de l'ivresse. Le doux chant n'est pour eux que le murmure d'un grillon, la plainte d'un ruisseau, le froissement de la brise dans le feuillage lustré des orangers, ou même rien qu'une sensation de plus, indéfinissable. Ils jouissent tant de leur propre substance qui se consume, ils sont si abîmés dans leur être, ils s'enfoncent au gré de leur nature intime, dans les flots sombres d'une telle nuit, ou dans les ondes lumineuses d'un tel ciel, que les voix les plus aimées ne les rappelleraient plus.

Comme ils sont bien ajustés pour vivre ainsi une bonne fois tout à leur aise ! Ils ne se gênent pas, allongés les uns près des autres dans leurs vêtements de laine blanche qui enveloppent leurs genoux, et quand un nouveau venu entre dans leur cercle, il n'y apporte pas le moindre trouble. En voici un justement, arrivé en costume de ville, veste violette, culotte bouffante de toile grise, calotte rouge. Il s'est étendu sur un mince tapis, à plat ventre, appuyé sur les coudes, relevant sa jambe droite pour se délasser. Il nous tourne le dos, mais je devine bien son visage olivâtre aux pommettes saillantes qui s'approche d'un léger brasero de cuivre sur lequel brûle une poignée de kîf et d'encens. Il y vient comme le serpent s'allonge vers la flûte du charmeur. Il hume le parfum capiteux et tiède. Personne ne s'en inquiète; pas un regard ne s'est abaissé sur lui, et voilà que le garçon lui tend la pipe fraternelle au fourneau long couronné d'escarboucles. Il va la prendre, et « boire » (c'est ainsi qu'ils disent) la fumée laiteuse qui s'épanche déjà hors du tube ; ensuite, il demandera un verre d'eau fraîche. Quand il aura recommencé huit ou dix fois, il se tournera, sans mot dire, sur le côté, en face du fou, et sa pauvre âme ouvrira ses ailes comme les autres, en plein calme dans les limbes du monde infini.

Dans le fond de la salle, sur une soupente élevée qui touche presque au plafond, les plus ivres montent et se couchent. Ils sont là trois, réfugiés dans la pénombre, encore plus pénétrés que les autres par la vapeur transparente qui s'élève autour d'eux. Leurs pauvres corps usés, émaciés comme des corps d'ascètes, sont à bout de forces. Leurs bras sont des fuseaux, leurs mains pendent decharnées, le sang s'est retiré de leurs visages, leurs nerfs sont tendus à se rompre. Ils touchent à la fin dernière. Ils en sont aux rêves tragiques, aux terreurs folles, aux visions de je ne sais quoi de béant et de vide ; celui de droite surtout, qui se serre dans son mince burnous collé aux pointes des épaules comme un suaire. Il grelotte, il ouvre des yeux enflammés. Quelque animal monstrueux est devant lui, qui grandit et s'approche, sans qu'il puisse ni crier ni fuir; il est penché sur un abîme ; l'estrade est le bord d'un gouffre effroyable dans lequel il va tomber. Comme il se fait petit, et se pelotonne ! Il voit les vautours immenses au cou nu, aux serres aiguës, qui vont s'abattre sur son cadavre et manger sa chair. Le second est assis, les jambes pendantes. Il fume à pleines bouffées, avec rage, sans savoir ce qu'il fait. Lui aussi a une peur horrible ; le même feu rouge passe dans ses yeux : il est dans quelque enfer ; il entend des clameurs de victimes, des glapissements et des hurlements plaintifs. Est-ce la musique du chanteur et son hymne d'amour qui résonnent en ce moment dans son âme éperdue comme un millier de voix funèbres ? Sont-ce les têtes de ses compagnons qui s'agitent au-dessous de lui comme un troupeau d'hyènes ? Il fume toujours ; il serre le tuyau de roseau d'une main convulsive, et plus il fume, plus son épouvante grandit, jusqu'à ce que la machine humaine qui lui donne maintenant tant d'angoisses après tant de délices cesse tout à coup de rien fournir, et qu'il s'affaisse comme une bête mourante. Le troisième, oh ! le troisième tout nu, dans l'extrême fond, avec son scapulaire passé autour du cou, qui dessine un petit carré noir sur sa poitrine ! il ne montre que son buste, en arrière des deux autres, noyé dans une demi-nuit, les deux bras entr'ouverts, les paumes étendues, comme ces images bysantines qu'on voit sous le porche des vieilles églises. Avec quelle ferveur il invoque son Prophète et toutes les puissances ultra-terrestres après avoir passé par des tourments indéfinissables ! Des draperies lumineuses, vertes, jaunes, rouges, comme les plis des aurores boréales, flottent devant ses yeux, puis s'évanouissent, et le ciel lui apparaît subitement blanc, rayé de cercles concentriques tout blancs, plein d'anges blancs. Il voit l'assemblée annuelle des saints et le trône de Dieu, à moins que ce ne soit tout simplement le lustre en peau d'orange découpée qui est suspendu au milieu de la salle. Demain, après un lourd sommeil, il s'en ira par les rues avec le fou.

Le mur crayeux, sur lequel une petite main ouverte, signe de puissance et d'éternité, symbole antique de la déesse Tanit, fait à peine une tache que les seuls initiés remarquent ; les blancheurs éclatantes des burnous de laine et des chemises crevées çà et là par des chairs brunes ; le jour tamisé qui passe par des ouvertures invisibles, donnent à cette salle, où s'accomplit une prodigieuse débauche, l'aspect virginal d'une chapelle ; et à tout prendre, cette orgie est bien la plus idéale, la plus proche du délire divin, la moins humaine que l'homme ait jamais inventée. Un mysticisme brutal, un détachement violent et artificiel des choses de ce monde, une abdication parfaite de la personnalité, n'est-ce pas là ce que les religions populaires conseillent, ce que la foule honore chez tous les bienheureux ?

Les pipes fument comme des encensoirs ; l'odeur de l'encens se mêle à celle du chanvre ; c'est ce parfum, refroidi, qu'on sent dans les cryptes des basiliques, autour des tombeaux des évêques. Chacun de ces hommes-là, s'il était bien dirigé par un cheick religieux, deviendrait un derviche : il y est tout préparé ; c'est chez eux que se recrutent les saints. La confrérie des Hachîchîn, dont nous avons fait les « Assassins », était assez célèbre, quand le Vieux de la Montagne, contemporain de Saint-Louis, envoyait ses disciples poignarder un Sultan sur son trône, et se faire rouer ensuite avec bonheur. Or, qu'était bien le *hachîch* (herbe) de ces Hachîchîn ? Du kîf, comme celui qui brûle ici dans toutes ces pipes allumées, et sur le réchaud ciselé. Avant de les leur faire boire ou manger (car on les mange encore dans des confitures de jasmin ou de rose), le Vieux bénissait les petites graines de chanvre comme le seul présent de Dieu capable d'affranchir l'homme des tentations basses et des terreurs du monde. Les Maures de M. Ferrier ne poignarderont personne ; mais ils ont déjà renoncé aux relations ordinaires de la vie ; ils ne sont disciples d'aucun cheick, mais ils ont immolé déjà leur volonté. Ils voient assez de formes innommées, ils entendent assez de voix inconnues, il passe dans tout leur être assez de frissons étranges, pour que rien ne les étonne plus jamais. Ils croient maintenant à l'impossible : ils vivront sans peine dans le fantastique et dans l'absurde. Les hallucinations du jeûne, et les éblouissements qui suivent les longues prières, ne feront que leur rendre sans fatigue et sans péril ce qu'ils sont venus chercher là au prix de leur santé. Enfin, leur orgie est comme le prologue d'un drame religieux. La moindre suggestion suffirait maintenant pour les entraîner dans le tourbillon d'où sortent, rajeunies, les âmes des martyrs.

Étrange race d'hommes, pour laquelle la destruction, le retranchement de la nature, est le suprême bonheur! Il en est ainsi du Maroc à l'Indo-Chine, en Perse, dans les Indes, sur toute la bande de terre où la vie matérielle est la plus heureuse. Plus l'air est doux, plus les femmes et les fleurs sont belles, plus les étoiles scintillent sur le velours du ciel, plus le soleil glorieux féconde la terre, et plus l'homme semble s'en détourner avec une secrète horreur. La pipe de chanvre des gens d'Alger n'est rien auprès du fourneau minuscule dans lequel les Asiatiques fument leur opium, et la religion de Mahomet, malgré ses apparences farouches, est bien peu de chose en comparaison du Nirvana bouddhiste qui anéantit la religion elle-même et l'homme entier. Ce sont justement ces contrées bénies où nous allons chercher, nous autres, la santé et la joie de vivre, qui fourmillent d'âmes délirantes et ascétiques, singulièrement avides de mort. Les poisons et les paroles qui font perdre la raison viennent ensemble de là, le kîf et l'opium avec les moines. C'est de là que sont partis, en sens contraires, les deux immenses courants mystiques qui ont failli submerger la Chine et l'Europe rationalistes. Là enfin on glorifie et glorifiera éternellement, en face des splendeurs du monde, le renoncement, la misère et la folie.

Explique qui le voudra ce problème de haute histoire philosophique, soit par l'insuffisance de la nature, étrange blasphème, soit par la vanité maladive de l'homme, le seul être mal fait qui soit en désaccord avec l'univers ; peu nous importe M. Ferrier a fait là un bien beau tableau. Je l'ai vu, ce tableau, pour la première fois, à midi, dans la salle des Fêtes du Théâtre d'Alger, par une clartée absolue et presque impitoyable, tant elle donnait de précision à tous les tons et à toutes les lignes. Il faut qu'un artiste soit bien sûr de son travail pour l'exposer à une pareille lumière. Les ignorants comme moi, qui ne connaissent en fait de peinture que celle du soleil, se montraient du doigt les fleurs, les carrelages, les vêtements, les visages, les yeux surtout, et se récriaient. Quels coups de pinceau, ou plutôt quel coup de couteau ? Car M. Ferrier peint au couteau. Quelles touches brusques, pleines, sûres comme les éclats de voix d'un grand chanteur ! Si j'essayais de définir le procédé de M. Ferrier je dirais qu'il distribue à toutes choses ce qui leur est dû, volontairement parce qu'il sait ce qui leur convient, généreusement parce qu'il est infiniment riche. Il se dégage de cette sorte de réalisme une puissante poésie. Je suis revenu le soir devant son œuvre. Deux longues lignes de gaz habilement voilées l'inondaient de lueurs dorées et palpitantes. Des draperies sombres, énormes, retenues par des cordes, l'encadraient de droite et de gauche. On eût dit un appartement vrai, plein de personnes vivantes, et, en même temps, l'idéal, le merveilleux, l'irréel, l'âme enfin de cette large toile pleine d'une vie surhumaine s'en dégageait par effluves. Tout Alger défilait là-devant : des gens instruits, des femmes du peuple, des juifs, des Maures. J'étais au milieu d'eux. Ils se pressaient à bonnes distance, les uns derrière les autres, n'appréciant plus le détail, mais jouissant de l'ensemble, accumulant en eux-mêmes, silencieusement, un trésor de sensations et d'idées nouvelles. Alors, moi aussi, j'ai oublié le peintre et la peinture, j'ai vécu pour un instant l'étrange et mystérieuse existence dont j'avais les yeux éblouis. C'est à ce moment que j'ai voulu revenir ; c'est cette impression que j'ai voulu rendre. Quand vous admirerez à votre tour le tableau de M. Ferrier, vous y trouverez certainement autre chose ; mais ce que j'y ai vu y est bien. Si vous en doutez, je vous invite à venir faire un tour de promenade dans notre haute ville blanche. Nous entrerons ensemble chez des fumeurs de kîf (1).

---

(1) Publié dans le Journal des Débats.

UN SEIGNEUR TARGUI

Kenan ag Tissi est un Targui, neveu du chef des Touareg Taïtoq qui occupent, dans le Sahara central, à douze cents kilomètres d'Alger et à sept cents du Niger, les deux routes qui mènent d'In-Salah à Agadèz et à Tombouctou. Il a des esclaves, des chameaux de course, un cheval, des serfs de sa race qui apportent des dattes et des moutons à sa tente, des Arabes qui lui payent tribut. Il est peut-être âgé de vingt-cinq ans. Il est marié, et sa femme s'appelle Fedada. Il a été pris à la guerre, et il est captif en Algérie depuis trois ans.

C'est un homme de haute taille, très mince et d'une force rare. Comme il venait d'être amené à Ghardaïa, dans le Mzab, la main gauche brisée par une balle, exténué par la soif et la faim, un officier lui demanda comment les Touareg lancent leurs longs javelots de fer. Il en prit un de la main droite, le fit vibrer à la hauteur de son épaule, et l'envoya, à la distance de quinze mètres, dans le tronc d'un palmier, où il s'enfonça. Personne ne put l'en arracher, et il fallut, pour l'extraire, creuser l'arbre avec un couteau. Il n'a jamais connu la peur.

Encore à Ghardaïa, comme un spahi l'avait heurté sans lui faire d'excuses, il bondit chez l'interprète, et l'entraîna dans le bureau du commandant. Là il dit :

— Vous m'avez pris. Faites-moi tuer tout de suite contre un mur. Mais je ne veux pas que vous me laissiez insulter par vos domestiques!

Il est grand seigneur toujours, au fond de la plus noire misère. Il ne parle que la tamahaq, qui est la langue de ses frères et de ses parents nobles ; il s'obstine à ne pas apprendre un mot d'arabe, parce que des Arabes, là-bas, sont ses tributaires. On lui a fait des présents ; mais il n'en a rien gardé qu'une robe de soie donnée pour sa femme par une princesse, et une ceinture lamée d'argent et d'or dont il se ceindra la tête en allant au combat. Un jour qu'il était dans le fort de Bab-Azzoun, à Alger, avec d'autres Touareg prisonniers comme lui, je le vis leur distribuer des étoffes qu'on lui avait apportées pour se tailler des vêtements, et un d'eux me dit:

« C'est toujours comme cela : son père en fait autant, et son frère aussi. Ils n'ont rien à eux sinon la première place dans les conseils et à la guerre. Nous autres, nous acceptons ce qu'ils nous donnent, puisque telle est leur habitude ; mais tu verras cependant qu'il ne manquera de rien. Nous l'habillerons. Si nous étions chez nous, et que l'ennemi lui eût enlevé son troupeau, il n'aurait qu'à s'installer au milieu du mien avec toute sa famille, et il le mangerait que j'en serais fort honoré. »

Un autre jour, comme je lui avais recommandé de se vêtir comme un grand chef pour aller voir des courses avec les autres, je trouvai ses compagnons, et même un esclave qu'on venait d'ajouter à leur bande, accoutrés superbement dans leurs robes noires, bariolés de ceintures et de baudriers rouges, coiffés de hauts bonnets rouges à glands de soie bleue, et lui se tenait debout en avant dans une mise très simple. Je lui en fis la remarque. Il me répondit :

— « Ne m'avais-tu pas dit de m'habiller comme un *amr'ar*.

Le monde entier n'est rien pour lui. La richesse et la force ne sont à ses yeux que des instruments de la gloire, et notre civilisation matérielle tout entière reste au-dessous de son extraordinaire orgueil. Musulman comme devaient l'être les compagnons du Prophète dans leurs cœurs simples, il savait qu'il existe autour des élus une multitude de mécréants innombrables : il s'est étonné de les trouver meilleurs qu'il n'avait pensé, mais aucune de leurs inventions n'égale pour lui la plus petite vertu d'un barbare, et s'il a élargi son cadre, c'est encore pour le partager en deux sections ; celle des hommes nobles et celle des hommes vils. Il se plaît à comparer l'égoïsme, la duplicité, la bassesse de ceux qui ne vivent sur la terre que pour la terre à l'idéal que l'exercice du commandement, la fraternité guerrière et la foi religieuse ont forgé dans son âme. — Il a des sentences comme celles-ci : Une bonne action ne va pas loin sans revenir au bienfaiteur. — Si un homme de race t'a fait injure, rends-lui un service qui le fasse rougir. — Un cœur généreux vous fait toujours place. — Cherche toujours à l'emporter sur les hommes : tu arriveras à être leur égal. »

Il est poète : il a composé plus d'une chanson monorime que les femmes de ses tentes, aux joues bleuies par l'indigo du Soudan, chantent en s'accompagnant de leurs violons. Il y a dit la beauté de Tidaouit pareille au jeune palmier dont les fruits jaunissent, la vertu de Nanna aux belles tresses, sur qui les jeunes gens ne tiennent aucun propos, les langueurs de l'isolement du guerrier qui veille dans la plaine immensément plate autour de laquelle le mirage élève des plantes dans l'air tremblant, les ivresses des victoires remportées sur les Aoulimmiden, ses ennemis mortels.

L'Aoulemmèd est parti de bon matin ; il a fait lever les chameaux. — Nous les suivons : j'ai conscience de ma force, — et je garde dans ma poitrine la parole de vengeance — que Choumeki m'a dite, et qui est ma vie. — Deux nuits et une troisième, les gueux, — nous les joignons quand ils sont auprès des puits. — Je les fusille avec le bruit du feu rapide ; — alors ils prennent la fuite en désordre ; ils se retirent sur une colline, autruches — de Silet qu'ont dispersées les lévriers. — Nous en emportons des sabres aux beaux fourreaux et des boucliers blancs comme la crème, — et des chameaux gris qui méritent l'éloge, — sur lesquels on peut attacher la selle pour les jolies femmes.

Singulière destinée que la sienne ! Il y a trois

ans et demi, quatre ans peut-être, il était sur la route d'Agadèz au Damergou avec son frère aîné établi depuis longtemps chez les Touareg de l'Aèr, et devant lui s'étendaient à perte de vue les riches cultures du pays des Noirs, ou bien il tombait, à l'aurore des pigeons, entre Araouan et Tombouctou, sur ses Arabes rebelles, fendant des têtes de son sabre indien, traversant des poitrines de sa lance aiguë comme une épine. On est venu lui dire que les Chaamba Mouadhy, qui sont prés d'El Goléa, avaient fait tort aux Taïtoq en enlevant les chameaux d'un de leurs amis, et il s'est mis en route vers le nord, lui, quarantième, avec une troupe de serfs et de nobles mélangés.

Au bout d'une course de 850 kilomètres sous le soleil du mois d'août, surpris et enveloppé avec quinze de ses compagnons, il en a vu fusiller huit, n'a échappé à la mort que par miracle, a été jeté comme une bête fauve blessée et toujours dangereuse dans la cour du bordj de Ghardaïa, en face des Français qu'il n'avait encore jamais vus, poussé d'étape en étape jusqu'à Alger, enfermé dans une forteresse, puis laissé relativement libre avec les siens sur une terrasse, étonné de notre clémence, humilié de nos rigueurs, mais toujours inébranlable.

Ensuite, il a traversé la mer « aux croupes mouvantes », et la France presque en entier. Il ne savait pas auparavant qu'une barque flottât sur l'eau, ni qu'on pût attacher un cheval à une voiture, et il est tombé dans Paris en pleine Exposition.

« Comment donc, me disait-il, appuyé sur la balustrade du pavillon central, comment se peut-il faire que vous vous réunissiez en si grand nombre sans vous connaître? Chez nous, quand deux hommes s'aperçoivent de loin pour la première fois, ils s'avancent prudemment l'un au-devant de l'autre, la lance à la main et commencent par se demander les noms de leurs pères. Ce n'est pas la religion qui vous unit, car vous ne priez point. Notre Seigneur fait ce qu'il veut ; mais c'est une bien grande merveille qu'il vous ait donné tant de beaux chevaux, tant de soie, tant d'or et tant d'argent, des terres si fécondes que je n'en ai jamais vu de plus belles même dans le Soudan, et cette ville toute entourée de canons, si grande qu'on n'en ferait pas le tour en dix jours, à vous qui vivez sans lois, qui mangez sans pudeur, à visage découvert, tout ce qui vous fait plaisir, même des choses immondes, et ne connaissez même pas le nom du Prophète. Ce sont là des signes de malédiction, et vous paierez cher vos joies dans l'autre monde ; mais peut-être aussi vous serez sauvés parce que vous êtes polis et généreux comme des hommes libres.

« Je reviendrai là plus tard avec mon frère ainé et quelques-uns de ses amis, quand on m'aura délivré. Nous amènerons avec nous nos femmes et nos esclaves pour nous préparer notre nourriture, nous descendrons tous chez toi pour te faire honneur, et tu verras alors ce que nous sommes. Ensuite, tes amis viendront voir, s'ils le veulent, comment nous exerçons l'hospitalité. Quant à toi, tu sais notre proverbe : Ce qui est dans la parole est dans le silence. »

Il me répétait cela, les yeux dans les yeux en me tenant la main, pendant que le rapide débouchait à Marseille en vue des eaux bleues, et le lendemain encore, quand la Kasbah triangulaire du vieil Alger tout blanc reparaissait devant nous.

Maintenant, comme pour justifier sa confiance hautaine et absolue dans les décrets de son Seigneur, voilà que ce captif traîné saignant et presque nu de Hassi Inifel à Ghardaïa, le 10 août 1887 devient une des pièces les plus importantes du jeu qu'il nous faut jouer dans l'Afrique du Nord.

Retenez bien ceci, qu'il est le neveu de l'Amr'ar des Taïtoq, et par conséquent son successeur désigné par la coutume des Touareg, qu'il tient par le sang à l'Amr'ar des Hoggar, Ahitaghel, qu'il est connu et estimé chez les Azjèr, que son frère aîné réside chez les Kèl Ouï, dans l'Aèr. La nouvelle de sa captivité s'est répandue depuis trois ans d'El Goléa à Agadèz, à Ghadamès, à Ghat, sur des lignes de parcours qui n'ont pas moins de quinze cents à deux mille kilomètres de longueur dans le Sahara central. Son oncle, Sidi ag Kerrazi, a négocié avec nous pour le délivrer. Des courriers qui marchaient au moins trois semaines pour nous porter ses lettres, et trois semaines pour lui rapporter nos réponses, se sont croisés dans le désert pendant deux ans, et tous les mots de cette correspondance ont passé sous les yeux non seulement des nobles Taïtoq, mais encore des marabouts du Touat qui les ont communiqués et commentés à tous les guerriers et à tous les conducteurs de caravanes qui viennent chaque année sur leurs marchés.

Ag Kerrazi nous offrait, en échange de la liberté de son neveu et de ses compagnons, la route du Soudan à travers son pays. Nous y avons ajouté une condition qu'il a jugée inacceptable, et la rupture qui s'en est suivie a été comme la fin d'un premier acte récité maintenant par les hommes et chanté par les femmes sous les tentes de cuir du Ahénet et de la Sebkha d'Amadghor ; mais voilà maintenant qu'un émissaire nous arrive des montagnes des Hoggar et cet homme est le propre neveu de Cheikh Othman, également influent dans les deux grandes confédérations des Hoggar et des Azjèr. Il vient de leur part : il est comme le représentant de tous les Touareg du Nord.

Et que nous dit-il ? Que nous demande-t-il en échange de compensations qui vont jusqu'au prix du sang versé ? La paix sans doute, mais aussi quelque chose qui leur tient encore plus au cœur, la délivrance de Kenan. Ils sont prêts à tous les sacrifices pour que cette honte cesse, le futur chef des Taïtoq parqué chez nous comme un mouton, emprisonné comme un malfaiteur.

Un ministre trouvera sans doute la solution juste qui permette de les satisfaire. Il le faut, et presque sur l'heure : car, en dépit des utopistes qui nous mènent déjà tambour battant d'Alger au pays de l'ivoire et de la poudre d'or, notre empire africain ne sera jamais qu'un mirage tant que nous ne nous serons pas mis d'accord avec les Touareg. Cette Afrique du Nord qui nous échoit en partage est comme une terre nouvelle qui sort de l'ombre : elle est suffisamment claire près des bords, mais le milieu en est couvert de brume. L'Algérie et la Tunisie d'une part, le Sénégal et le Haut-Niger de l'autre, vont s'allonger vers le lac Tchad puis s'élargir et tendre à se rejoindre ; mais entre elles s'étend l'horreur de ce Sahara funeste dans lequel nous n'entrons depuis trente ans que sous peine de mort. Déjà les chemins de fer transsahariens pullulent dans les cerveaux des ingénieurs ou des capitalistes, et nous en connaissons bien quatre, pour notre part, également attaqués et défendus ; mais ils s'arrêtent tous les quatre devant les mêmes obstacles, et ces obstacles ne sont pas des Alpes abruptes ou des chaînes de dunes infranchissables : ce sont des âmes, des âmes violentes, craintives ou irritées. Tout les ingénieurs du monde réunis, et Stanley lui-même qui déclare le transsaharien faisable à raison de deux kilomètres par jour, n'y pourront rien. Nous avons devant nous, entre le Niger, le Damergou et l'Algérie, quatre confédérations de Touareg que nous devons nous concilier avec beaucoup de dignité et un peu d'adresse. A ceux qui l'oublient ou qui passent outre, il faut faire poser le doigt sur la carte à Bir el Gharama : c'est là qu'est la tache encore fraîche du sang de Flatters. Encore une fois, il faut en finir pacifiquement avec les Azjèr, les Hoggar et les Taïtoq, et un des premiers articles de notre contrat sera certainement la liberté de Kenan.

Je suis allé le revoir près d'Orléansville. Il est interné maintenant chez les Medjadja, dans la demeure d'un homme excellent et considérable, Si Henni, qui le traite avec bonté ; mais l'ennui finit par mordre sur cette âme et sur ce corps de fer. Il m'avait écrit : « Ne m'oublie pas. Je suis comme un homme mort parmi les vivants. » Nous nous sommes embrassés, et nous sommes allés au fond d'un jardin nous asseoir sur la margelle d'un puits, à l'ombre d'un figuier. Sa haute taille se courbe, ses épaules pointent sous sa mince robe noire, le voile qui couvre son visage est tendu sur ses pommettes saillantes, et une lourde mélancolie pèse sur ses yeux. Il a gardé ma main droite dans la sienne, et m'a dit : « Tu es le seul qui pense à moi. Que Notre Seigneur t'élève : toi seul sais honorer les hommes, même quand ils sont dans un état misérable ; mais parle. Dis-moi tout ce que tu sais ; car je reste sans nouvelles de personne. » Il connaissait le refus de son oncle ; il ignorait la tentative récente du neveu de Cheikh Othman. J'ai goûté ce plaisir de lui rendre peu à peu l'espérance et de le voir sourire ; mais bientôt il a baissé le front et gardé le silence. Sa condition présente lui paraît trop dure pour qu'il l'oublie, même pendant une seconde. Cette pensée qu'il est toujours captif, et que les étés passent sans qu'il puisse aller une heure devant lui contre la volonté d'un autre homme l'obsède et le ronge ; elle consume sa vie. Sa tendresse pour les siens est infinie : mais le regret qu'il éprouve est peu de chose en comparaison de la honte qui l'accable.

Quand il a repris la parole, il m'a dit : « Pourquoi me retiennent-ils ? Dis-moi pourquoi ? Chez nous, on tue un homme ou on le laisse aller. Nous ne faisons pas de prisonniers. S'ils m'avaient offert le choix, j'aurais certainement préféré la mort. Dans la ville d'Agadèz, quand un targui a commis une action mauvaise, le Sultan le fait asseoir au bord de la place publique, et pose sur ses genoux des entraves d'esclave. Il reste ainsi exposé aux yeux de tous, et plus tard il est chansonné dans sa tribu sur les violons des femmes. C'est le plus grand châtiment qu'un homme noble puisse subir ; mais enfin, on lui rend la liberté quand le soir arrive. Moi qui ne vous connaissais même pas, et qui n'ai fait que reprendre des chameaux à ces maudits Chaanba, vous m'avez enchaîné sur la route de Ghardaïa à Laghouat, vous m'avez emprisonné à Alger, et maintenant vous me tenez là, me répétant de mois en mois que, s'il plaît à Dieu, je vais partir. » Son chagrin s'est exhalé ainsi jusqu'à la nuit, en plaintes entrecoupées sur sa vie ternie, sur son honneur perdu.

Le lendemain matin, nous nous sommes retrouvés à la même place, et avec l'insistance d'un enfant il m'a fait répéter ce que je lui avais dit la veille, puis il m'a donné quelques lettres écrites en tamahaq pour ses compagnons dispersés comme lui chez des Arabes. Le soleil était déjà haut, mon cavalier me pressait pour regagner Orléansville, et je ne pouvais pas encore me séparer de lui. Enfin, nous nous serrâmes les mains une dernière fois. Il sortit du jardin derrière moi, et me regarda partir sans faire un geste, comme pour donner aux arabes qui l'entouraient une leçon de gravité. Son dernier mot avait été : « Dis-leur qu'ils me délivrent. »

Voilà qui est fait, mon cher Kenan, et je crois bien qu'enfin ton heure est proche. Tu reverras tes tentes, et la vallée de l'Amja couvertes d'herbes fines, et Fedada qui ne porte plus de parures depuis que tu es absent ; tu seras amr'ar des Taïtoq, après ton oncle ; mais la blessure faite à ton orgueil se guérira-t-elle ? Oublieras-tu tes noirs soucis d'autrefois pour ne te souvenir que des bonnes paroles et des soins d'un ami ? (1)

(1) Quelques jours après, Kenan ag Tissi s'est enfui et a regagné son désert avec une hardiesse et un bonheur encore inexplicables.

LE GÉNÉRAL MARGUERITTE.

J'ai devant les yeux la colline de Kouba où s'est passée l'adolescence de Margueritte ; elle brille éclairée par un doux soleil au-dessus d'un bois de pins et de villas blanches. Sa place est là tout aussi bien et même mieux qu'aux bords de la Meuse. Ses premiers et ses derniers jours ont été donnés à sa terre natale ; mais ici nous revendiquons presque toute sa vie. Africain d'élection, c'est en Afrique qu'il a grandi, et encore cette Afrique-là n'est pas celle qui s'étend, couverte d'orge et d'oliviers, le long de notre mer bleue ; c'en est une autre, plus lointaine, qu'il faut connaître pour la comprendre. Par un singulier caprice du destin, ce Français, ce Lorrain, ce compatriote de Jeanne d'Arc et du duc de Guise, se trouve être un fils de steppe, un enfant de Laghouat ou de Teniet-el-Had.

Là-bas, bien loin de l'autre côté des montagnes du Tell, sous un ciel sans nuages, sont des plaines sans limites, domaine infini de l'air et de la lumière, pays de la sobriété et de la santé, où les plantes sauvages ne donnent pas d'ombre, où les chevaux et les gazelles volent sur la terre comme les faucons dans l'azur. Nos villes sont bâties sur des ruines. Là-bas, les tentes se dressent pour une nuit sur des tapis de sable pur. Ouvertes toutes grandes devant la frange d'or du couchant, elles se ferment au crépuscule et disparaissent avant l'aurore ; elles sont déjà pliées quand les étoiles pâlissent, et la caravane s'ébranle avec le jour sans donner un regard à la place où fut son foyer. Il n'est pas de philosophe qui soit détaché du monde comme le nomade élevé dans cette nature sévère, mère éternelle des vertus primitives. Sans meubles et même sans lit, il ne possède que ce qu'il faut pour vivre, et il s'en croit à peine propriétaire. Il jette en passant des grains de blé dans un champ ; il moissonne en passant. Il emprunte ses vêtemens à la laine de ses moutons, ses bandes de tente au poil de ses chameaux ; un trou creusé au pied d'une dune lui donne à boire. Ce sont des dons de Dieu. Il en fait largesse quand un hôte se présente ; il puise dans le bien commun pour l'assister. Sa vie même, qu'il compte par saisons comme celle des plantes et des animaux qui l'entourent, n'est pas à ses yeux un bien personnel. Quand le moment vient de la risquer, il monte joyeux sur sa jument de guerre, et, la tête au vent, il disparaît dans la mêlée comme un trait de foudre. S'il y meurt, il est chanté à la façon des héros d'Homère par des poètes cavaliers comme lui. Son nom vole quelque temps sur les lèvres des hommes, puis sa mémoire s'efface avec les traces de ses pas.

C'est dans ce milieu que Margueritte s'est développé. Esprit d'élite, pénétrant et droit, il portait en lui toutes les qualités du soldat. Le désert en a fait un homme supérieur. Il était d'ailleurs prêt à le comprendre et à y régner dès l'âge où nos jeunes gens se demandent ce qu'ils vont faire. A quinze ans, il était gendarme maure. Brigadier à dix-sept ans, il se battait pendant toute l'année 1840, celle qui suivit l'expédition des Portes-de-Fer. Il était de ceux qui forcèrent le col de Mouzaïa. Il n'avait pas dix-huit ans quand il défendait, comme sous-lieutenant, la ligne de l'Arach en avant d'Alger, prenait part au ravitaillement de Miliana, se battait encore contre les Kharezas, était cité quatre fois à l'ordre du jour, toujours en avant, toujours prêt à charger, grave et réfléchi autant qu'intrépide. Il s'était réengagé simple soldat après la dissolution des gendarmes maures, avait reconquis ses grades de mois en mois, et, de nouveau maréchal des logis imberbe, avait dirigé, sauvé une armée à travers les neiges de l'Ouarensenis. A vingt ans, il avait reçu la croix de la Légion-d'Honneur. Il avait appris l'administration et la conduite des troupes dans cette école supérieure de guerre dont Bugeaud, Changarnier, Saint-Arnaud, Lamoricière étaient les professeurs, et dont les salles de cours étaient la Mitidja, le Titeri, la vallée du Chélif. Là toutes les qualités nobles de l'homme d'action entraient en exercice dans une infinité de marches et de batailles confuses au début, mais bientôt élargies sur un espace immense et réglées comme des joûtes chevaleresques, avec cette différence que les armes y étaient aiguës, et le pardon inconnu ; époque héroïque où, tenus en échec par la foi religieuse et la prodigieuse volonté d'un seul homme, Abd-el-Kader, nos régiments s'étaient élevés comme lui jusqu'au dévouement absolu ; où l'on voyait des colonnes d'un an, des courses de cavaleries à cent lieues de distance, des résistances à outrance dans des postes sans murailles ; où des deux côtés les chefs et les soldats combattaient en loques pour un idéal : où la mort se donnait et se recevait sans emphase ; où les défaites mêmes ne comptaient pas. Alors d'Aumale et Morris se jetaient avec 200 cavaliers sur un camp de 6,000 hommes, sabraient et dispersaient en vingt minutes 2,000 guerriers surpris, dont les femmes seules auraient pu les arrêter en tendant les cordes de leurs tentes, folie héroïque de la jeunesse ; alors un simple soldat, un trompette, Escoffier, au milieu d'une déroute sanglante, descendait de son cheval et l'offrait à son colonel démonté en lui disant : « Ce n'est pas moi, mon colonel, qui rallierai l'escadron », et, deux mois après, comme il était prisonnier, Abd-el-Kader lui-même lui remettait la croix, en grande cérémonie, au nom du roi de France ; alors, le capitaine Lelièvre et ses zéphyrs repoussaient à coups de baïonnette, sur les brèches de Mazagran, toute une armée ; alors encore, Abd-el-Kader (qui décidément est le plus grand) insulté par les siens après un échec, jeté hors de sa tente, séparé de sa femme et de ses enfants dont on lui criait qu'il était indigne, remontait à cheval sans dire un mot, suivait notre arrière-garde, faisait seul avec elle le coup de feu pendant deux jours, et, le troisième, se retrouvait à la tête d'un nouvel escadron de fidèles émerveillés d'une si incroyable constance. Il faudrait tout citer dans ce poème de l'armée d'Afrique, tout, depuis Constantine jusqu'à Isly, depuis Isly jusqu'à Sébastopol.

Margueritte allait avoir vingt et un ans, quand Saint-Arnaud lui confia le bureau arabe de Teniet-el-Had, en 1844. Il n'était pas encore sous-lieutenant de chasseurs d'Afrique. Dix ans plus tard, Randon l'envoya commander le cercle de Laghouat dont le ksar venait d'être pris d'assaut par Pélissier. Il n'en revint qu'en 1861, officier de la Légion-d'Honneur et lieutenant-colonel. Mesurez sur la carte, non pas l'espace compris entre Teniet et Laghouat, mais bien au delà, dans le Nord et dans le Sud, l'énorme étendue des terres à peu près incultes qui séparent Orléansville du M'zâb ; donnez à ce territoire une largeur égale à la moitié de sa longueur. Peuplez-le de tribus belliqueuses, agiles comme des bêtes fauves, quelquefois réunies contre nous, le plus souvent occupées à se « razzer » les unes les autres. Comptez bien le nombre d'années compris entre 1844 et 1861, dix-sept ans. Que peut devenir un homme bien doué sur un tel théâtre et dans un tel espace de temps ? Margueritte n'était attaché au monde par aucun lien : élevé dans le culte de la patrie, il n'avait de biens que ceux qu'elle lui donnait pour la servir, sa modique solde, son cheval et ses armes ; il avait bravé la captivité et la mort la plus cruelle déjà cent fois, alors que jouer sa tête n'était pas un vain mot ; il était sobre, léger, maître de son corps ; tout son être, qui n'avait rien perdu de son énergie native dans des études étroites, procédait par détentes rapides, frappait les coups droits et décisifs qui sont le propre des hommes de race et des primitifs. Il s'empara vigoureusement de cette nature et de ces hommes, il les dompta, il les aima surtout d'un amour sincère. A peine quelques baraques s'élevaient à Teniet quand il y arriva. Il y bâtit un village, traça des chemins, aménagea des fontaines, éleva des maisons de commandement, construisit des barrages, dont un, celui du Nahr Ouassel, arrêta un torrent de cent soixante mètres de large et de huit mètres de profondeur. Au sud de Teniet, il fora des centaines de puits et sillonna le steppe de six-cent-trente-cinq kilomètres de routes destinées au transport des laines, en prévision et dans l'intérêt de la paix qu'il imposait. A Laghouat, qu'il reçut ruinée, une ville entière sortit de ses mains sur la lisière du grand désert ; il rêvait d'en faire un entrepôt immense, un port rival d'Alger au bord de la mer du Soudan qui répond, également stérile et bleue, à la mer latine. Dans ces pays vastes il a ses *meqâm* (stations) comme les saints ont les leurs ; il a bâti autant de maisons de refuge et creusé autant d'abreuvoirs que les élus d'Allah y ont consacré de chapelles par leurs extases ; les monuments qui témoignent de son énergie civilisatrice sont aussi nombreux que ceux qu'a élevés la foi religieuse la plus ardente du monde. Il arrive même qu'ils se confondent, et c'est merveille que de rencontrer, quand on suit ses traces, ces deux expressions contraires de la vie humaine associées sans violence dans l'immensité du Sud. L'impression que m'a faite une de ses créations les plus chères, Messâd, à peu de distance de Laghouat, est ineffaçable. Cette toute petite ville, flottant dans la poussière d'or d'une après-midi au-dessus d'une forêt noire de palmes, m'apparaissait de très loin, dans le fond d'une avenue déserte faite pour le défilé d'une nation nomade, et les deux bordures de cette avenue étaient deux chaînes de montagnes toutes nues, d'un gris de perle sans tache. Quand j'entrai dans l'oasis, j'y trouvai, à côté d'un village misérable fait de cailloux croulans, un édifice de style oriental, bordé d'arcades, précédé d'une cour carrée, et, à côté, une élégante mosquée bâtie depuis peu de temps sur le tombeau d'un dévot musulman. Deux personnages magnifiques de costume et très beaux de visage m'attendaient dans la cour, comme des princes d'un conte de fées, et m'accueillirent par ces paroles : « Vous êtes chez vous : nous sommes tous ici les enfants d'Amargrêt. » Sous cette forme bizarre le joli nom de Margueritte passait ainsi dans la légende. Je m'assis, et me pris à considérer, sur un tertre voisin, la ruine calcinée de Ksar-el-Baroud, un château-fort romain, où s'est rencontrée une dédicace de soldats du temps de Septime Sévère. 1650 ans après la splendeur du grand empire, Margueritte avait renouvelé à Messad l'œuvre des maîtres du monde, et fait un peu mieux qu'eux, en inspirant la confiance et l'amour là où ils n'avaient régné que par la peur.

L'a-t-il assez parcouru, sillonné, battu, ce désert infini ! Il n'était pas de mois où il ne se mit en route avec ses spahis, ses cavaliers de bureau et quelques chasseurs d'Afrique, bigarrure éclatante d'uniformes et de manteaux rouges, noirs, bleus. En arrière et sur les flancs se massaient les goums arabes, cavaliers riches étincelants sur des chevaux à demi-couverts de soie et d'or, cavaliers pauvres juchés sur des selles de bois nu, serrant les flancs de leurs bêtes dans leurs jambes de bronze, tous frères et camarades dans le pêle-mêle égalitaire des grandes familles barbares. La troupe développée en largeur allait devant elle depuis l'aurore, au pas de ses montures fines, sur les collines bosselées de touffes d'alfa chevelu, sur les petites plaines semées d'armoises argentées, montant et descendant, moutonnant dans la blancheur des burnous sous la lourde chaleur d'un ciel d'étain. De temps en temps, des paquets de cavaliers sortaient des rangs au petit trot, faisaient brusquement demi-tour, levaient la tête de leurs chevaux leur déchiraient les flancs avec leurs longs éperons, se lançaient sur la colonne, criant, faisant feu à dix pas d'elle, et, au moment où ils allaient y pénétrer comme des boulets, s'arrêtaient net. Leurs chevaux pliés sur les jarrets balayaient la terre de leurs longues queues, tournaient sur place, repartaient en sens inverse, et, quatre à quatre, huit à huit, les guerriers se chargeaient entre eux, se poursuivant et décrivant de grandes courbes comme des aigles. Des cris brefs, des défis homériques lancés par des gorges rudes se croisaient sur toute la longueur des goums. Des cavaliers plus nombreux entraient dans le cercle vertigineux de la joûte, et la fantasia devenait un combat dans un nuage de poussière rayé d'éclairs. Il n'y manquait que les balles, et encore. Sur un geste de Margueritte tout rentrait dans l'ordre, et alors lui-même, se choisissant un compagnon bien monté, partait à son tour. Lui aussi faisait voler son cheval, et, botte à botte avec son ami, passait comme la foudre, incliné sur la selle, le fusil en joue, devant ce millier d'Arabes qui lui criaient : « Salut ! Que Dieu prolonge ta vie ! » On allait pendant de longues heures, pendant des jours ; on sortait du territoire d'une tribu pour entrer dans celui d'une autre ; sur la limite idéale de ces petits États, des goums nouveaux prenaient la place des précédents, après les saluts et les bénédictions d'usage, derrière ce jeune homme aux fines moustaches blondes, aux muscles de fer ; et c'est ainsi que la vaillance française, l'autorité française, traversaient pour la première fois des régions presque fabuleuses, inconnues jusque là, frémissantes et comme surprises. Le terme du voyage était une grande plaine où les tribus les plus éloignées avaient reçu l'ordre de se réunir. On les voyait rangées en bataille derrière leurs petits drapeaux rouges, verts ou jaunes ; elles prenaient leur élan d'une lieue comme pour fondre sur les nouveaux venus, avec les éclats et les grondements du tonnerre. Les chefs sautaient à terre, baisaient les mains du lieutenant français, faisaient dresser les tentes, et le *miâd* commençait, le *miâd,* la grande Assemblée politique, le palabre interminable dans lequel, pendant plusieurs jours, les alliances étaient débattues, les caïds investis ou révoqués, les ambitions d'une multitude de petites familles refrénées, équilibrées, la justice rendue, les passions apaisées, l'ordre établi, et cela au milieu du désordre ordinaire de ces réceptions des premiers âges, sans qu'une heure pût être donnée à la méditation solitaire, sans qu'un instant de défaillance fût excusable, sans que le moindre signe de faiblesse pût échapper aux milliers d'yeux qui observaient le jeune Sultan. Singulier Sultan, dont la couronne était un galon d'or et le trône un pliant de toile.

Tout à coup, une lettre arrivait portée depuis cinq jours par des courriers haletants. Bou Maza avait repris les armes, ou bien, à cinquante lieues de là, des révoltes nouvelles faisaient explosion comme des cratères. Lamoricière ou Saint-Arnaud, Bugeaud ou Pélissier avaient besoin d'hommes, d'orge, de mulets, de chevaux, de chameaux à tel jour et sur tel point donné. C'était à Margueritte de les fournir. Il lui fallait tirer tous les éléments d'une armée de vingt tribus diverses qui n'avaient jamais pu se mettre d'accord, même pour se battre contre nous. Le diplomate se doublait d'un intendant. Il donnait une cohésion rapide à ce monde ondoyant, dispersé, fugitif; il examinait si tout était prêt, bâts, selles, armes, provisions, munitions, et allait de sa personne occuper une des cases de l'échiquier sur lequel jouait son général. Alors plus qu'aujourd'hui les responsabilités étaient grandes. Il ne fallait pas songer à régler par avance les dispositions d'une campagne en face d'adversaires qui glissaient entre nos brigades, se ruaient en dedans de nos lignes, et disparaissaient sans qu'on pût les joindre. Dans les espaces immenses où l'on manœuvrait, il était impossible de se tenir en contact, de correspondre par signaux télégraphiques, d'échanger des estafettes, encore moins d'accourir au bruit du canon. Les hommes de ce temps y suppléaient par un concert muet d'intelligences, comme des lions qui chassent ensemble, et l'accord de leurs instincts affinés par la guerre était si juste qu'on les voyait converger sur les mêmes points sans s'être entendus, ou fermer à l'ennemi un passage important avant qu'il eût bougé. Bugeaud en a donné un exemple merveilleux quand il devina, en 1843, qu'Abd-el-Kader, cantonné dans le Sud oranais, près de Saïda, allait s'élancer de là sur la Mitidja. Il y envoya du monde, et Alger fut sauvé comme par miracle. Il s'était sans doute demandé ce qu'il aurait fait lui-même à la place d'Abd-el-Kader. Margueritte excellait à son tour dans cette stratégie supérieure dont le principe constant est d'arriver à temps. Il s'y abandonnait avec l'élan d'un artiste et la passion du propriétaire : il défendait son désert.

Tribus, hommes, animaux de service, en paix ou en guerre, il avait tout en main, il administrait tout, il pliait tout à sa volonté dans une sorte d'étreinte passionnée sur ce sol illimité qu'il nous donnait et nous gardait. Même les bêtes sauvages cachées dans les cavernes, dans les profondeurs des plaines vides ou dans les hautes limites de l'air, il fallait qu'il les atteignît, qu'il joutât avec elles et leurs fît sentir son bras. Ses *Chasses de l'Algérie*, le seul livre qu'il ait écrit, ne sont pas une fantaisie d'amateur ; il y a gravé ses sentimens les plus intimes, et livré, sous forme d'exemple à ses enfans, le secret de son âme ; il y a là des récits épiques, des chants de triomphe. C'est encore et toujours l'homme de guerre qui y respire. Il y jouit, dans leur plénitude, de ses facultés maîtresses, le courage, la décision rapide, la passion de la gloire. Le pays dans lequel il vit lui offre toutes les tentations que peut souhaiter son ardeur : il les accepte toutes avec joie. Un jour, il part avec un Arabe à la recherche d'un lion dans une gorge pleine de hautes broussailles. Son guide, qui le précède en écartant les branches, s'arrête tout à coup et défaille. Margueritte se jette à sa place et voit la bête énorme repliée sur un rocher plat dans l'attitude des Sphinx d'Égypte, en face de lui, les yeux dans les siens. Il épaule avec sans-froid et tire au front. Le lion frappé à mort se renverse tout entier et roule dans un précipice. Après les lions, les panthères, les gazelles, les autruches, les lièvres, tout ce qui peut être forcé sur la terre ou dans l'air, est sa proie sans cesse renouvelée au prix d'incroyables fatigues. Il s'enfonce en plein Sahara avec une bande de Mkhâlif, qui n'ont que des ficelles pour brides, des chemises pour vêtemens, une boule de graisse et de farine pour provisions. Leurs chevaux, amincis par le jeûne, trottent comme des loups affamés. Chemin faisant, ils s'entraînent en dépassant les gazelles qui bondissent comme des balles dans la plaine. Ils dorment par terre, boivent de l'eau saumâtre, mangent de la viande boucanée, et finissent par se blottir, après des circuits et des ruses infinies, derrière un bosquet de pistachiers dans le désert du M'zâb. Les petitss feuilles des arbres se détachent en plaquettes noires sur le sol luisant ; le soleil est perpendiculaire ; c'est le mois le plus chaud, le jour le plus chaud, l'heure la plus chaude de l'année, et tous, hommes et chevaux, brûlés, sanglés, frémissent d'impatience, d'espoir et de joie. Les autruches arrivent, effarouchées par les rabatteurs. Ils en comptent dix, douze, seize. Les voilà à cinq cent mètres : elles passent les ailes gonflées, et le vent soulève les plumes noires, blanches, grises, de ce troupeau léger qui ferait pâmer d'admiration toutes les femmes de France et d'Angleterre. Hurrah ! La bande de démons galope derrière elles : elles courent à toute vitesse ; les chevaux volent ; elles vont toujours droit sans reprendre haleine ; leurs ennemis se ménagent ; elles s'épuisent, elles se séparent. Hurrah encore ! Margueritte en choisit une, lâche complètement son cheval, ivre et fou comme lui, et, après vingt minutes, sent qu'il se rapproche de sa proie. L'autruche l'attend, les ailes pendantes, le bec ouvert, râlant presque. Il saute sur elle, il la saisit à pleins bras, au risque d'un mauvais coup. Sa première autruche ! Relisez cela dans ses *Chasses*. Coureur de steppes, seigneur du moyen âge, souverain jeune d'un peuple homérique, maître presque absolu de terres sans bornes auxquelles il rendait la paix et la vie, cet homme-là a eu sa pleine coupe de bonheur, et, quoiqu'il l'ait rudement gagnée, il mérite assurément qu'on l'envie.

Un mariage heureux avec une jeune fille d'Alsace, Mlle Mallarmé, vient à son heure ajouter la tendresse et la bonté généreuse des forts à cette nature déjà fixée dans ses lignes principales comme un bloc de bronze sorti de la fonte; il achève et polit bientôt dans le commerce d'un prêtre et par de longues lectures tout ce qu'il reconnaît en lui de fruste et d'inégal; il prend un soin curieux de mettre les expressions de son âme en harmonie avec celles du monde cultivé dans lequel il faudra qu'il rentre, et rien ne lui est plus facile, car il va droit, sans qu'on le conseille, aux plus pures beautés artistiques ou littéraires, ayant vécu, comme les poètes de race et les grands écrivains, de sentiments nobles et d'émotions simples. Xénophon lui plaît par dessus tout, et, dans Xénophon, moins encore le général que le moraliste. Singulière rencontre, où se dévoile, dans ses lettres intimes, une surprenante délicatesse et presque une fleur d'atticisme, comme s'il eût été nécessaire qu'à travers le temps la nature reproduisît une légère esquisse d'un de ses types les plus accomplis. Que les années s'écoulent ensuite et lui apportent, chacune à son tour, les grades et les honneurs d'une carrière régulière ; qu'il soit rappelé dans le Tell, puis en France, envoyé au Mexique, nommé général de brigade à Alger, peu importent les conditions toujours plus brillantes que lui fait la fortune. Ni le temps, ni les hommes, ni les fonctions, ni les récompenses, n'ajoutent rien à ce caractère trempé pour jamais comme une lame de Damas indien dans l'air du désert ; son cœur s'y est élargi et ne se rétrécira pas ; son âme ne s'abaissera plus au-dessous de l'idéal de la France chevaleresque, dominatrice et généreuse, intacte dans sa gloire et dans sa force, qui, pendant vingt ans, a flotté seul devant les yeux. Envoyé à Carcassonne, il y songe tristement à ses compagnons d'armes des premiers temps, et surtout à ses barbares amis du désert. Transporté à la Vera-Cruz, il charge avec sa vaillance africaine tout ce qui se présente, culbute les Mexicains à Plan de los Rios, à San Juan de los Llanos, à San-Lorenzo, à Uraapan, lançant à toute aventure ses chasseurs d'Afrique qui sabrent et ses chevaux barbes qui mordent dans des mêlées étincelantes ; il est cité cinq fois de suite à l'ordre du jour : mais, chose étrange, jamais la vie ne lui a paru plus obscure ; toutes les lettres qu'il écrit alors sont pleines d'ennuis : il passe à travers cette gloire nouvelle avec indifférence : elle n'a rien qui le retienne ; il aspire à revenir, à finir. Où ? Il l'ignore encore. Le voilà colonel, puis de retour en France, choyé, attiré, flatté dans les fêtes impériales. Il est mauvais courtisan. Il ne craint pas de dire qu'on manœuvrait mieux dans ses steppes qu'au camp de Châlons ; il ose battre l'empereur au pistolet. On l'écarte, on le renvoie en Afrique, et les temps ont changé. Il ne s'agit plus de pacifier, en conquérant, un pays vierge, mais de prendre part à des répressions pénibles, d'encourir des responsabilités délicates, d'administrer enfin dans la confusion que crée le conflit déjà déclaré de l'autorité militaire et du régime civil. Il se retire volontairement d'un champ d'action qui n'est plus à lui, et se renferme dans ses devoirs de colonel à Blida. De 1865 à 1867, il commande le 1er chasseurs d'Afrique. En 1867, il est nommé général de brigade, et demeure au chef-lieu de sa subdivision, Alger.

Enfin l'heure sonne, 1870. Le fils du « père Antoine », le petit gendarme maure de Kouba, maintenant dans la plénitude de sa force physique et de ses facultés morales, les cheveux grisonnants, le front large et solide, le regard arrêté dans une expression indéfinissable d'audace léonine et de profonde douceur, les épaules larges et dures, la taille droite dans sa pelisse marquée des deux étoiles qui le désignent pour le sacrifice, reçoit l'ordre de se rendre à l'armée du Rhin. Au moment du départ, il est seul dans sa maison avec sa femme et ses deux enfants : « Eh bien ! fait-il avec un soupir, adieu ! » Il prend le plus jeune dans ses bras, le rend, le reprend, l'embrasse avec passion, puis se jette dans la voiture qui l'emmène au bateau. Il revient dans son pays natal pour le voir envahi. Wissembourg, Reischoffen coup sur coup ; les désastres se précipitent ; le désordre est partout. Lui s'offre à diriger quelque opération utile, veut se prodiguer, n'est pas écouté, et, faute de mieux, enlève la gare de Pont-à-Mousson occupée par l'ennemi. Là, il fait le siège d'une auberge crénelée, fond sur les officiers prussiens qui fuient, fait le coup de sabre avec un d'eux, le perce en pleine poitrine, et, comme on lui reproche d'avoir trop risqué, répond : « Nos soldats sont jeunes ; ce n'est pas le temps de se ménager. » Il va trouver l'empereur et le prie de l'employer. Le souverain lui répond en le détachant pour lui servir d'escorte, deux jours avant Gravelotte. On le nomme général de division, et c'est à la veille de Sedan. La nuit fatale arrive. Le cercle de fer se ferme autour de l'armée française. Margueritte et son général de brigade, Gallifet, nouvellement promu comme lui, s'étendent côte à côte dans leurs manteaux, et dorment quelques heures d'un lourd sommeil. Dès le matin, la fusillade crépite de tous côtés, le canon tonne sur la rive gauche de la Meuse, Mac-Mahon est blessé, il faut lutter sans ordres contre un adversaire déjà sûr de vaincre. Alors Margueritte se donne : il fait ferme, range sa division en échelons, charge trois fois à la tête du 1er et du 3e chasseurs d'Afrique sur l'infanterie qui couvre des batteries prussiennes, et pendant tout le milieu du jour est l'âme même de la France, se battant là, non plus pour son sol, mais pour l'honneur. A deux heures, une balle le renverse, les deux joues percées, la langue à demi-coupée, le palais brisé. Son aide de camp, Reverony, et son ordonnance, le relèvent sous une pluie de plomb; il veut qu'on le remette en selle, et, soutenu des deux côtés, se rapproche lentement de ses cavaliers. Sur cette terre déchirée d'éclats d'obus, dans cette tempête meurtrière, tous ses hommes le saluent en abaissant leurs sabres, avec des vivats héroïques, et lui, le visage en sang, se dressant sur ses étriers, raidit son bras en face de l'ennemi pour leur faire signe de charger encore. C'est Gallifet qui mena cette charge-là, la dernière, et Guillaume qui la vit ne put s'empêcher de murmurer : « Oh, les braves gens ! ». Huit jours après, Margueritte expirait en Belgique. Reverony, couché à coté de lui sur un matelas, lui tenait la main. Le prêtre lui dit : « Priez pour la France, priez pour votre femme et pour vos enfants. » Sa main se serra, et il pencha la tête en articulant : « Oui. »

C'est bien. Que Dieu donne à tous ceux qu'il aime de vivre et de mourir ainsi. Sur la petite colline lumineuse il est revenu debout, presque immortel, dressé sur un piédestal comme un exemple devant une maison d'école, au bord d'une route passagère, la première que la France se soit ouverte à travers la barbarie africaine, la route de Blida, de Boghar, de Laghouat, du M'zàb. Le 17 avril, par un beau jour, des milliers d'hommes pressés sur l'esplanade ensoleillée et sur les hauts talus ombragés d'arbres jeunes, une foule d'uniformes, de toilettes de femmes, de vestes et de blouses, frémissant sous le fouettement des oriflammes et des drapeaux tricolores, généraux en grande tenue, gouverneur de l'Algérie, chefs Arabes du Sud à la barbe grise, ouvriers et colons, tous venus là pour l'applaudir ont senti passer dans leurs âmes, en le revoyant, le frisson de la gloire. Des paroles qui n'avaient rien des tristesses de l'adieu, mais vibraient dans le ciel printanier comme des accents d'espérance, le chant d'un poète du Midi (1), les récits même monotones de ses hauts faits et de sa mort, pareils à des fragments d'épopée, nous ont relevés pendant une heure au-dessus du monde vulgaire et rendu le contact de la patrie ; puis, au son d'une musique lente, dans un chemin sablé, à demi voilé par de fines branches d'eucalyptus,

(1) Jean Aicard.

un défilé de soldats d'Afrique, fantassins et cavaliers, baïonnette et sabre au clair, a commencé. On n'entendait ni les chevaux, ni les hommes, on les voyait seulement apparaître dans l'éclat guerrier de leurs harnais de cuivre et de leurs costumes éclatants, zouaves, chasseurs, gendarmes, spahis rouges, comme les témoins muets d'une époque lointaine ; ils s'arrêtaient une seconde devant la statue de bronze, et passaient. Un silence parfait, à peine un mouvement chez les femmes, rien dans tout ce monde ému jusqu'au cœur qu'un même sentiment poignant, un même cri étouffé, la même larme au bord des yeux. Qu'il reste là, consacré par cette apothéose, sur cette terre d'Afrique. Fresnes-en-Wœuvre, son lieu d'origine, et Kouba se le disputent. C'est Kouba qui a raison (1).

---

(1) Publié dans le *Journal des Débats*.

LES
FEMMES DES BARBARES

LE COMBAT

Le soleil du 1ᵉʳ juin 1835 éclaire la Kabylie depuis une heure. Les parois aériennes du Djurdjura, irisées comme des gorges de tourterelles, se découpent au milieu de l'azur du ciel. Des montagnes noires et vertes ondulent au-dessous comme des vagues énormes dans les vapeurs qui s'élèvent des vallées, et chacune d'elles porte sur ses pitons des villages de guerre dont les maisons, sans fenêtres et bien jointes, brillent couvertes de tuiles rouges. Dans le fond d'un ravin des coup de fusil pétillent, et des fumerolles s'élèvent en spirales. Ce sont Aît-Ali et Zaknoun qui vident une vieille querelle. Des aigles bruns passent très haut, les ailes étendues, et des vautours jaunâtres tournoient d'un vol lent.

Aît-Ali est un village de 1,200 âmes composé de trois familles dont une seule peut mettre en ligne 200 mâles. Chacune d'elles porte, comme les *gentes* de Rome, le nom d'un ancêtre, et ses membres ne se distinguent que par des prénoms ; chacune est gouvernée par ses guerriers ; chacune a son honneur personnel, ses amours et ses haines, comme un être vivant ; mais elles ont trouvé utile de s'unir autrefois, et de cet accord est née cette *Taddèrt* posée sur le milieu d'une crête comme un gros nid.

Zaknoun, sur la crête d'en face, est tout pareil. Lui aussi se compose de trois familles barbares cimentées comme trois blocs ; lui aussi est une république dont les chefs sont tous les adultes qui portent des armes. Des deux parts un Ancien est élu parmi les plus prudents ou les plus braves pour présider le conseil et diriger la guerre. Seulement Zaknoun n'a pas autant de fusils qu'Aît-Ali. Même en comptant ses vieillards au dos courbé et ses adolescents aux cous grêles, il n'arriverait pas à 350, tandis qu'Aît-Ali en a près de 400 tenus haut et bien chargés.

Aît-Ali a fait une saignée à Zaknoun. Il lui a tué cinq hommes par surprise : Zaknoun a saigné à son tour Aît-Ali, et depuis il est de règle qu'on se guette des deux parts pour détruire et rétablir l'équilibre. Œil pour œil, sang pour sang. Quand un homme puissant est tombé d'un côté, il faut qu'un homme puissant tombe de l'autre. Peu importe le meurtrier, s'il n'a pas la même valeur. Maintenant, il s'agit d'une liquidation générale à propos d'un champ de fèves, et tous les adultes d'une crête sont descendus au-devant de ceux de l'autre jusque dans le lit du torrent désséché qui les sépare. Les meilleurs râlent déjà sur le dos dans les lauriers roses, et les autres, accroupis sur les berges contre des oliviers, échangent des balles qui font sauter des éclats de pierres.

Autour d'Aît-Ali, autour de Zaknoun tout en haut des deux pentes qui descendent jusqu'au ravin comme des glacis, des femmes, les pieds nus, les bras nus, poussent de longs cris aigus, qui s'entre-croisent au-dessus des têtes des combattants. Elles sont toutes là, leurs mères, leurs femmes, leurs sœurs, leurs filles, serrées les unes contre les autres comme les fleurs d'une couronne, même les veuves qui ont perdu leurs hommes dans le dernier combat du printemps, même les révoltées qui ont quitté leurs maris en déclarant qu'elles ne voulaient plus les servir, et toutes se sont parées, fardées, pour la bataille.

Presque toutes sont d'un bleu sombre les flancs serrés par des ceintures rouges. Des agrafes émaillées de vert et de bleu sont fixées sur leurs poitrines. Leurs têtes sont serties de bandeaux noirs et de foulards noirs tachetés de rouge. Des colliers faits de reliquaires que relient des morceaux de corail entourent leurs cous ; leurs chevilles et leurs poignets sont cerclés d'argent.

Quelques-unes sont toutes blanches dans des haïcks de laine fine, et des diadèmes d'argent, enveloppant leurs turbans noirs, leur font des tiares étincelantes au soleil. Des pauvresses qui n'ont rien sur le corps que deux morceaux d'étoffe usés, retenus par deux épingles sur les épaules et par un cordon autour des hanches, rien sur la tête qu'un lambeau rouge, rien autour des poignets que des anneaux de corne ou de fer, sont pêle-mêle avec les riches. Jeunes ou vieilles, belles comme des idoles ou défigurées par l'âge et les souffrances, elles sont toutes ensemble, les mains entrelacées, les yeux fixes et pleins de flammes, au pied de chaque village, masse confuse de joyaux, d'étoffes éclatantes et de haillons misérables soulevée d'un seul mouvement, dressée par la haine et la terreur.

Il y en a qui portent au milieu du front des plaques rondes, vertes et bleues entourées de gouttelettes d'argent. Ce sont les mères de l'année qui ont mis au monde des enfants mâles. Elles ont participé à la toute-puissance masculine, et leur insigne est le disque du soleil. Elles ont enfanté comme la terre, et mieux qu'elle, au lieu d'épis, une moisson d'hommes.

Presques toutes les autres ont des plaques pareilles sur la poitrine. Celle-là ont donné au village tous les guerriers qui le défendent à cette heure. Les plus graves, les plus grands, les plus sages dans le conseil sont sortis de leurs flancs. Elles les ont tenus près d'elles jusqu'à ce qu'ils fussent assez forts pour manier une arme, puis

elles les ont lâchés comme des lions. Toute la
force de la cité, tous ses biens, tout son honneur
ont passé par elles comme une émanation divine,
et c'est d'elles que sont descendues commes des
fleuves ces deux troupes qui se battent sous
leurs yeux.

Elles les prodiguent, leurs hommes, comme
si leurs seins étaient inépuisables. Ce jour-là est
peut-être le grand jour où le village d'en face,
d'où sont déjà partis tant de coups mortels, s'écroulera dans la fumée et dans les flammes. Est-elle donc si dure à gravir, cette pente à demi-couverte d'oliviers, de figuiers et de champs
d'orge, terminée par des bouquets de frênes au
milieu desquels pointent les toits rouges ?

Voilà les deux bataillons qui sortent de leurs
abris et se fusillent à plein corps dans le lit de
la rivière. Elles les voient se joindre. Leurs cris
continus fendent l'air et font bondir les hommes
en avant, comme des pointes de lances. S'ils reculent, leurs hurlements d'épouvante les clouent
sur place. Ils se jettent les uns sur les autres,
et se taillent les membres à coups de yatagan.
La rage les aveugle, et ils sont fous de honte.
Que diront-elles là-haut s'ils plient ? Que crient-

elles déjà ! « O les lâches, ô les filles, ô les fils de prostituées ! »

Mieux vaut cent fois mourir ici que remonter au village, puisqu'elles veulent qu'on meure, et après les jeunes gens qui ont sauté les premiers et roulé comme des chevreaux, les hommes à barbe blanche s'abattent sur les pierres luisantes. Le soleil s'est élevé jusqu'au milieu du ciel. Le ravin flambe comme une fournaise ; mais il est dit qu'aucun de ceux qui sont descendus dans cet enfer n'en sortira vivant. Elles y feront tuer tous leurs maris, tous leurs frères et tous leurs fils.

Alors apparaissent comme des dieux sauveurs, enveloppés de voiles blancs et agitant des branches vertes, des vieillards qui remontent la vallée, le long d'un chemin qui serpente entre les pierres. Ce sont les marabouts de Soumer qui viennent imposer la paix aux Musulmans.

Les fusils se taisent à une extrémité, puis sur toute la longueur des deux lignes, à mesure qu'ils avancent entre les cadavres. Ils se placent au milieu, et prient, les mains renversées à la hauteur des épaules, les visages levés vers les forteresses aux toits rouges ; puis ils déclarent la trêve de Dieu, se partagent en deux groupes, et font relever les morts.

Les femmes arrêtent les cris dans leurs gorges ; mais elles demeurent entrelacées en avant des villages, immobiles comme des murs, et, lentement, les morts, la tête pendante, remontent les premiers, portés sur les épaules de leurs frères. On les étend l'un après l'autre devant elles, et elles les regardent sans se lamenter ni verser de larmes ; car les marabouts sont là, et c'est à peine si elles osent rester sans voiles devant eux ; mais bientôt dans leurs demeures elles pousseront des vociférations funèbres, et déchireront leurs joues à coups d'ongles, et, pendant toute la nuit, de Zaknoun et d'Aït-Ali, de longs gémissements pareils aux hurlements des loups monteront dans le ciel étoilé.

Cinq mois après, les morts seront oubliés dans la terre, près des portes des villages. Des enfants joueront et des mulets passeront sur les dalles de leurs tombeaux. Les veuves seront unies à d'autres hommes, les jeunes femmes aimeront plus fortement leurs maris sauvés, et la nature réparatrice fécondera leurs flancs avides. La moisson des jeunes mâles que les mères élèveront dans leurs deux mains devant leurs portes, pour se faire gloire de la force de leurs reins, sera plus drue que jamais.

A l'envi, comme de bons ouvriers qui réparent une forteresse et bouchent les trous des boulets avec des pierres neuves, elles rendront à leurs villages les poitrines robustes, les bras forts, les cœurs vaillants qui font leur indépendance. Elles ne songeront qu'à cela : c'est cela seul qu'elles demanderont à leurs Saints, au pied des arbrisseaux qu'elles embelliront plus que jamais de loques bleues arrachées du bas de leur robes. Brûlant des grains d'encens sur les places sacrées où se sont assis les Elus de Dieu, les évoquant, leur parlant à l'oreille dans l'invisible, elles les supplieront de leur donner encore, toujours, des enfants mâles, jusqu'à ce que leurs mamelles soient taries, et tous les ans des pressentiments divins leur annonceront qu'elles sont exaucées, puis les hommes adultes, pleins de joie, leur feront fête, leur apporteront de la viande, et les respecteront étendues sur leurs dures couches comme des créatures bénies.

Pas un jour ne se passera sans que des cris d'allégresse et des modulations stridentes comme celles de l'ancienne bataille partent de Zaknoun emportées vers Aît-Ali, d'Aît-Ali vers Zaknoun. Ces cris annonceront les naissances des mâles qui vagissent dans leurs berceaux, les circoncisions qui terminent la période critique de leur enfance, les réceptions dans la djemaa qui les déclare capables de porter les armes et de faire flamber la poudre à leur tour dans le ravin d'en bas. Dans vingt ans on recommencera, et alors on verra bien celles qui auront le mieux fait, des femmes de Zaknoun et des femmes d'Aît-Ali. *Hormet n Nisa*, l'honneur des femmes kabyles est là.

TESSADIT

Tessadit a eu quatorze ans au printemps de l'Année du Ravin. Elle a vu l'effroyable tuerie. Elle tenait d'une main la robe de sa mère, et s'accrochait de l'autre au tronc d'un frêne, quand les combattants ont étendu devant le village les cadavres qu'ils avaient remontés sur leurs épaules. Elle a vu là, tachés de sang et rigides d'une étrange majesté, deux de ses cousins avec lesquels elle avait joué la veille. Les autres, noirs de poudre et blêmes de colère, lui ont paru formidables, et, pour la première fois, elle a admiré les hommes protecteurs de la cité, intrépides devant la mort. Or, un an après, jour pour jour, sa mère lui a dit : « Voilà que ton père a décidé que l'heure de ton mariage est venue, et ton mari sera Ahmed, fils de Mohamed le Pèlerin. » Elle s'est levée sans répondre, pour remettre en place une amphore, puis s'est appuyée contre un montant de la porte, regardant un tas de paille et des poules dans la cour.

Mariée ! comme sa sœur qui revient les voir, les jours de fête, le diadème autour de la tête, la plaque ronde sur la poitrine. Elle a vu deux fois l'homme qui l'emmènera.

Un jour qu'elle revenait de la fontaine et remontait au village avec d'autres femmes par un chemin creux, des hommes descendaient hauts sur des mulets, tenant en travers de leurs bâts des fusils et des faucilles. Elle pliait sous une amphore pleine d'eau qui la mouillait toute. Les femmes se sont retournées, le visage contre un talus, et elle a fait comme elles ; mais elle s'est sentie regardée par celui qui fermait la marche, et il lui a semblé qu'un poids de moins pesait sur ses épaules quand il fut passé.

Un autre jour, elle est allée avec sa sœur dans le quartier des Aït-Younès, et ces Aït-Younès sont la plus puissante des trois familles du village. Ils ont des maisons profondes dans lesquelles des jarres qui vont jusqu'au plafond sont pleines d'orge ou d'huile, et des étables souterraines qui renferment jusqu'à dix bœufs. Comme elles débouchaient sur une petite place, elles virent plus de trente hommes ensemble, et il lui parut qu'il y en avait une multitude. Quelques-uns étaient assis sur un banc de pierre qui faisait le coin de la ruelle d'en face. Sa sœur ramena sur son visage un pli de son voile et passa la première. Elle aussi avait un petit voile à fleurs qui lui descendait sur les épaules, attaché par deux minces agrafes d'argent. Elle le tira si vivement qu'elle le déchira, et, quand elle frôla l'homme qui était au bout du banc, elle était toute rouge de honte. Elle le reconnut bien cependant : c'était celui qui l'avait regardée dans le chemin de la fontaine.

Et ce sera son mari. C'est lui qu'elle servira comme sa mère a servi son père. Est-il beau ? Est-il laid ? Elle ne sait pas ce que c'est que la beauté des hommes. De loin, ils lui semblent tous pareils ; de près, ils lui font peur. Mais le diadème d'argent, et les maisons pleines de biens, et la poudre qui flambe, et le cortège de la mariée, passent et repassent devant ses paupières qui s'abaissent. Elle tourne lentement sur elle-même, et, tout éblouie par la lumière, revient s'accroupir près de sa mère, puis elle plie ses membres frêles sous sa robe, et lui dit, en portant la main sur sa coiffe rouge :

« — Mère, sais-tu combien ils m'ont mis sur la tête ?

« — Deux cents douros, répond la mère. Les Aît-Younès sont riches ; mais c'est un grand honneur qu'ils nous font là, à nous Aît-Sliman. Jamais on n'a mis plus de cent douros sur le turban d'une de nos femmes. Il est vrai que nos hommes les ont bien aidés dans le Ravin quand leurs Anciens tombaient comme des lièvres sous les balles de ces démons d'Aît-Ali. C'est ton père qui a traîné par les pieds le corps de l'oncle d'Ahmed. Nous allons être riches maintenant. Quand ta sœur s'est mariée chez eux, ils ont donné à ton père quatre cents francs d'argent, deux bœufs, et deux sacs d'orge ; maintenant c'est mille francs, quatre bœufs, cinq sacs d'orge, deux haïcks pour moi, trois burnous pour tes frères, cinq bracelets, deux colliers pour toi ; et ils paieront toute la fête. Ils ont dit qu'ils donneraient de la poudre à tout le village et qu'ils feraient venir des musiciens des Beni-Ourlis. Tu verras comme nous te ferons belle. Ton père m'a dit de te donner mes agrafes et mon diadème. »

Tessadit frappe ses deux mains l'une contre l'autre, les yeux agrandis, palpitante de joie et répète :

« — Mille francs sur ma tête ! Mille francs ! Mère, tu as bien dit : mille ? »

« — Oui, mille, et tu peux en être fière. Jamais, encore une fois, un homme n'a engagé une somme pareille sur la tête d'une femme des Aît Sliman. »

Peu à peu les mois passent, très lents, et le jour des noces arrive.

Tessadit est assise sur un banc de bois au milieu de la maison de son père, près du foyer creusé dans le sol. Elle est toute en rouge sombre, et un voile blanc l'enveloppe à demi. Elle a le diadème de sa mère qui lui fait une couronne haute comme la main, les colliers qui lui enveloppent le cou et la moitié de la poitrine, les bracelets qui lui montent jusqu'aux coudes et enveloppent ses chevilles. C'est un bloc de pourpre, d'argent, de corail et d'émaux bleus. Ses joues rosées de vermillon, ses lèvres éclatantes comme une blessure ouverte, les deux arcs noirs de ses sourcils, l'éclat noir de ses yeux assombris par le kohol, ses mains et ses pieds teints de rouge, en font une statue des temps anciens, et elle se tient raide, la taille serrée dans une large ceinture de Tunis.

A côté d'elle, sur une natte fine, est un monceau de haïcks blancs comme de la crême et frangés de bandes bleues, de foulards brochés et de voiles de gaze. Autour de la pièce, le long des murs de terre fraîchement recrépis, de hauts sacs de paille, tout neufs et gonflés d'orge et de blé, se dressent près des jarres. En contrebas, l'étable contient à peine les bœufs nouveaux qu'on vient d'y faire descendre, et les bêtes inquiètes avancent leurs lourdes têtes aux naseaux humides, pour souffler au ras du sol. Tout cela est le prix de sa personne, et, les mains sur les genoux, elle s'en réjouit dans son cœur.

La porte de chêne, hachée de dessins géométriques peints en rouge, est ouverte à deux battants, et, avec la douce lumière de mai, un flot de femmes se répand autour d'elle. Toutes sont ses parentes sorties des maisons voisines, et vêtues elles-mêmes comme si elles allaient rendre visite aux tombeaux des saints. Les vieilles qui n'ont plus de fleurs aux joues ni de flammes dans les yeux, dépouillées de leurs ornements comme des frênes dont on a coupé les branches, ont encore retrouvé des agrafes émaillées pour retenir leurs vêtements sur leurs seins et leurs bras vides. Les jeunes, la poitrine gonflée, les bras brunis par le soleil, toutes coiffées d'argent, découvrent en riant les barres de leurs dents blanches et se poussent les unes les autres dans un fouillis de robes bleues, de voiles de tulle semés de dessins roses, de lambeaux d'étoffes de prix et de loques splendides, avec un cliquetis joyeux de colliers et de bracelets d'argent, de melchior ou de fer. Des fillettes à demi nues se glissent au milieu d'elles. La maison retentit de bénédictions bruyantes et d'exclamations aiguës comme des cris d'oiseaux, et peu à peu elles s'asseoient par terre, pressées jusque dans les coins des murs, contemplant en silence Tessadit immobile. Une odeur mêlée d'encens, de gingembre et de poivre flotte au-dessus d'elles, et l'air apporte de très loin les sons d'un fifre ou des détonations sourdes.

Enfin deux coups de feu éclatent et un flocon de fumée bleuâtre passe devant la porte. Elles approchent les mains de leurs bouches et poussent un cri de guerre si strident qu'il traverse tout le village. Une fusillade leur répond. Les hommes vont venir.

Les voilà. L'oncle d'Ahmed a pris Tessadit par la main, et l'a regardée avec joie. Elle est belle de la beauté qu'il aime. Elle est grande pour son âge ; ses membres sont ronds et bien faits ; ses hanches sont larges; ses joues sont pleines ; son cou est déjà fort; ses seins pointent sous sa robe comme des pommeaux de pistolets, et ses paupières sont deux voiles courbes, bordés de velours, abaissés sur ses yeux.

Depuis le seuil de la maison jusqu'en haut de la rue, les Aït Younès, tassés comme des moutons, lèvent leurs fusils en l'air et les déchargent en criant : « Salut ! Bonheur ! » En contre-bas, les Aït Sliman s'étouffent contre les murs des maisons et brûlent encore plus de poudre. Des deux parts tous sont vêtus de burnous blancs ou seulement de chemises serrées par des ceintures de cuir ; tous ont la tête couverte de calottes rouges, tachées d'huile ; beaucoup ont les pieds nus. Ils se réjouissent ensemble ; ils s'enivrent ensemble de bruit, et leurs poitrines s'ouvrent ensemble pour pousser la même clameur, quand la jeune fille éblouissante de couleurs et de bijoux paraît entre leurs deux troupes à côté de l'Ancien à la barbe grise.

Le vieux prend ses armes sous son burnous, un long poignard dans une gaine de bois cerclée de cuivre, et deux pistolets damasquinés qu'il a ramassés quand il était jeune, après un combat contre les Turcs. Il les passe dans la ceinture de Tessadit. Son frère lui tend un beau fusil fabriqué chez les Beni Yenni, et certes, on n'y a pas épargné l'argent ni le corail. Il saisit l'arme encore chaude de poudre, la met comme une lance dans la main droite de Tessadit qui la serre sans sourire, puis, tenant une seconde fois la main gauche de la jeune fille, il fait signe qu'on leur fasse place, et ils s'avancent de front entre deux rangées d'hommes qui tirent au-dessus de leurs têtes, dans un âcre nuage de fumée rayé d'éclairs.

La nuit est venue, et Tessadit est seule. Les bruits du dehors diminuent. Elle n'entend plus que les coups martelés sur les tambours des Beni Ourlis, et les flûtes qui chantent un air de danse. Les hommes ont fini de manger et de boire, et Dieu sait s'il en a passé devant eux, des plateaux pleins de viandes, des amas de couscous et de légumes, des terrines de lait aigre, des monceaux de galettes chaudes et des pots de miel. Les femmes des Aît-Younès travaillaient pour ce dîner-là depuis deux jours. Maintenant les orphelins mêmes sont rassasiés, et il n'est pas jusqu'aux chiens qui ne se couchent le long des rues sans rien dire.

Elle est seule dans une grande chambre où la mère d'Ahmed et la sienne l'ont conduite. Elles l'y ont enfermée et se sont assises en dehors sur le seuil. Elle s'est appuyée debout contre une poutre carrée qui monte jusqu'au plafond. Deux hautes lampes de fer à trois becs, dont les mèches baignent dans l'huile, éclairent tout autour d'elle. Elle tire de son sein un miroir rond, et y regarde briller l'argent de son diadème, puis elle parcourt sa nouvelle prison d'un œil timide, comme un faon sauvage. Les murs très lisses et d'un blanc doux sont rayés de longues et larges bandes d'un rouge de sang, et les poutres elles-mêmes sont ainsi peintes de blanc et de vermillon. Le sol est bien battu, et luisant comme un carré de verre. Au milieu est un tapis comme elle n'en a jamais vu : on dirait un morceau de prairie bleue parsemé de coquelicots.

Sur un mur sont suspendus à des crochets de bois des fusils, des sabres, des flissas longues et pointues, les armes d'Ahmed sans doute. En dessous, deux bâts de mulet, des brides et des étriers, sont posés sur des escabeaux, puis viennent en ligne trois coffres verts, aux serrures de cuivre, ornés de fleurs peintes. Là peut-être est la fortune des Aît-Younès : mais, de l'autre côté, c'est mieux encore : deux lits bâtis de pierre et de ciment sont couverts de tapis aux dessins variés, comme ceux que les Marocains apportent une fois par an sur le marché des Menguellat pour les vendre aux présidents des Ligues. .

Un, surtout, est beau comme la châsse d'un saint. Le dessus en disparaît sous des haïks de laine, ouvrages admirables, dont les franges bleues tiquetées de pourpre retombent aux deux bouts jusqu'à terre, et des coussins brochés éclatent en travers, tels qu'en tissent les femmes des nomades dans les tentes du Sud.

Peu à peu les sons du tambour s'amortissent et cessent, puis la plainte des flûtes s'éteint dans un doux murmure. Son oreille tendue perçoit dans le silence les petits bruits de la nuit, et les étoiles scintillent par les ouvertures des murs qui se découpent sur le ciel noir. Elle frissonne, et tout à coup la porte s'ouvre. Elle voit les deux femmes fuir comme deux ombres, et un homme poser le pied sur le seuil, tout en blanc, souriant dans une barbe noire. Elle se couvre le visage de ses deux mains, la tête baissée, et se sent prise entre deux bras puissants. Elle défaille, et il lui semble qu'elle descend dans un abîme.

Le soleil du matin frappe de ses traits d'or les bandes rouges des murailles, des hirondelles gazouillent au sommet des poutres ; on entend au-dehors bêler des chèvres et beugler des bœufs. Tessadit n'a plus son diadème, et la ceinture de Tunis est au bout du lit, sous ses pieds nus. Elle s'est repliée sur le flanc droit, la tête sur un coussin, allongeant ses bras ambrés, et elle regarde pour la première fois sans crainte son mari qui marche dans la chambre, déjà prêt à partir. Il revient s'asseoir auprès d'elle, prend une de ses mains et reste sans parler. Alors elle lui dit :

« — Ahmed, permets-moi de te demander une chose. J'ignore si cela convient ; mais tu es mon seigneur, et je ne sais rien du monde. Ma mère m'a dit que tu avais posé mille francs sur ma tête. Cela est-il certain ?

« — Rien n'est plus vrai. Tu es si belle ! La première fois que je t'ai vue, tu étais bien plus petite, tu te le rappelles... »

« — Oh ! oui, interrompt Tessadit, dans le chemin de la fontaine, près des trois frênes, j'étais toute mouillée, et j'avais peur.

« — Eh bien ! j'ai dit alors à mon frère aîné : — Je donnerais mille francs de cette fille-là ; j'en jure par ta tête. Et j'ai tenu mon serment.

« — Dis-moi, Ahmed, mille francs, cela fait bien deux cents douros. C'est beaucoup de pièces d'argent. Que faut il que j'achète avec tout cela ? Tu me donneras bien un conseil.

Ahmed se met à rire, et lui demande :

« — Ton père ne t'a donc rien dit ? Tu ne sais pas ce que c'est qu'une *Tahamamt* ? Femme bénie, pas un seul de ces deux cents douros ne t'appartient, et c'est toi qui me les dois, au contraire.

Le visage de Tessadit devient grave :

« — Je te dois mille francs. O miracle ! Mais tu ne m'as rien donné ! Je suis ta femme et ta servante. Que Dieu prolonge tes jours ; mais,

22.

dis ? mille francs est une somme énorme que je n'ai jamais vue et que je n'aurai jamais. Pourquoi te dois-je mille francs ? »

» — Ecoute-moi, Tessadit. C'est la coutume des Kabyles. C'est ainsi que ta mère s'est mariée, que la mienne s'est mariée, que toutes les femmes de la montagne se marient. Tu appartenais à ton père qui ne pouvait ne pas consentir à ton mariage et te retenir près de lui toute sa vie. Je lui ai donné mille francs, et, Dieu soit loué, il a bien voulu que je t'emmène dans notre maison ; mais ces mille francs sont à lui comme les autres présents que je lui ai faits, et il les a déjà enfouis près de son foyer, à moins qu'il n'ait acheté du corail et des étoffes pour faire du commerce dans le Sud. Maintenant, je suis ton homme, à sa place. Je te garde près de moi, je te donne ce que tu désires, des vêtements, des bijoux, et même une servante. N'est-il pas juste que tu aies, à mes yeux et aux yeux des miens, au moins la même valeur qu'il t'a donnée ? Si jamais, ô Tessadit, le Maudit jetait la folie dans nos âmes, et s'il fallait que tu quittes cette maison que ta présence a bénie, tu nous redevrais ces mille francs qui sont ton prix, et peut-être davantage ; car tu es si belle que je ne voudrais pas que même un homme pareil à moi put t'obtenir. Ces mille francs sont sur ta tête comme un turban (*Tahamamt*), comme une couronne qui t'élève au niveau des femmes les plus honorées et les plus aimées des Aït-Younès. C'est la tahamamt de ma mère, celle de la sœur de mon père. Je t'aime tant que je serais allé plus loin, si je l'avais pu.

« — L'honneur vaut mieux que l'argent, dit Tessadit à demi soulevée, le cou gonflé, les yeux brillants ; mais dis-moi encore, Ahmed, devrai-je toujours ces mille francs, à toi et aux Aït-Younès, toujours, jusqu'à ce que je meure ?

« — Tu le sauras plus tard, ou plutôt Dieu le sait déjà », répond Ahmed, en soutenant d'une main sa jeune tête brune.

Un an après, Tessadit est étendue sur le tapis bleu semé de fleurs rouges ; son visage est pâle, et sa tête s'appuie sur de hauts coussins. Comme au jour de son mariage, la poudre flambe dans les rues, des femmes bien parées sont autour d'elle, et l'air est déchiré de cris stridents. Elle regarde un enfant à demi nu que sa belle-sœur élève dans ses mains, un garçon aux reins solides, qui se débat et lui tend les bras.

Une vieille femme agenouillée lui présente un breuvage qui fume dans un pot de terre rouge. Elle l'écarte et sourit à l'enfant. Ses yeux n'ont jamais eu cet éclat lumineux, cette transparence céleste, ces effluves d'âme. Elle l'aime comme un être venu d'elle, qu'elle nourrira de son sein et dont elle protégera la faiblesse ; elle l'aime aussi comme un être supérieur qui appartient à la forte race des mâles, et elle admire son élan impétueux, elle se réjouit de ses cris. Elle manie dans ses mains la plaque ronde, émaillée, aux gouttelettes d'argent, qu'elle se posera sur la tête dès qu'elle pourra sortir ; des frissons d'orgueil passent dans sa poitrine, gonflent son cœur. Elle est fière d'avoir, elle qui n'était rien la veille, donné le jour à un homme qui possédera la terre, quand elle n'a pas le droit d'en avoir une parcelle, qui achètera des femmes jeunes et belles comme elle, qui commandera peut-être à tous ceux devant lesquels elle tremble, et elle ne peut s'expliquer un tel prodige.

Cependant, les acclamations qu'elle écoute, et qui viennent de loin, la joie de tout ce peuple qui lui semble innombrable, les coups de feu qui pétillent au dehors, le lui attestent et la jettent dans une ivresse qui roule pêle-mêle toutes ses idées. Elle se donne à ce seigneur nouveau qui entre dans la maison, qui y grandira devant elle et par elle, qui prendra l'assurance d'y parler en maître, qui la remplira toute, auquel elle aura la joie suprême d'obéir, et cette humilité profonde est la forme la plus ardente de son amour. En même temps, des pressentiments vagues et de sourdes espérances d'une délivrance lointaine par lui, par lui seul, dans l'avenir crépusculaire qui s'éclaire de lueurs subites, s'élèvent du fond de son âme. Un voile se déchire, une barrière tombe, au delà de laquelle la vie lui apparaît large et lumineuse comme elle ne l'a jamais vue. Elle se sent forte et patiente, audacieuse et invincible, capable de braver le monde entier grâce à ce petit être qui vagit vers elle, et alors elle se soulève sur ses reins, le sang empourpre ses joues, elle prend des mains de la vieille le vase qu'elle avait d'abord repoussé, elle en boit le contenu pimenté, qui descend en un fleuve de feu dans son corps, et elle dit :

« Aidez-moi à me tenir debout, habillez-moi. Je veux aller jusqu'à la porte, leur montrer mon enfant ».

Sur sa robe bleue un long haïck tout blanc, aux plis soyeux comme ceux d'un châle, relié à la taille par une ceinture rouge, tombant droit sur ses pieds comme une robe de moine, renflé sur sa poitrine par ses seins gonflés ; autour de son cou un collier de corail rouge ; sur sa tête un bandeau noir ; au milieu de son front la plaque, disque solaire ; elle prend dans son bras gauche l'enfant vite apaisé, qui appuie la tête sur son épaule, et la porte s'ouvre toute grande sur le ciel bleu, les villages et les montagnes lointaines, la place tourbillonnante sur laquelle sont pressés les Aït-Younés. Elle s'avance sans soutien, et s'appuie contre un des côtés de la porte, un peu fléchie sur la hanche droite, ses beaux pieds aux ongles rouges cambrés sur le seuil. Ses amies, étincelantes de couleurs vives et de diadèmes d'argent, sont massées derrière elle. Les paupières à demi-baissées comme celles des vierges mères, elle est belle de la beauté souveraine qui fait taire les foules, et sur toute la place un grand silence se fait, un millier de visages de bronze, immobiles, sont fixés vers elle ; mais bientôt un cri part, haut et vibrant :

« Salut ! *Mère de Brahim* », et comme elle se retourne pour interroger les femmes, son mari tout pâle, un éclair dans les yeux, est auprès d'elle, lui disant :

« Tessadit, tu n'es plus Tessadit, tu es la mère de ton fils ; c'est mon oncle qui l'a dit. Donne-moi l'enfant, je vais parler à mon tour. »

Et, soulevant l'enfant palpitant au-dessus de sa tête, en plein soleil, il s'écrie :

« O vous, Aît-Younès, mes parents, soyez témoins ! Voilà mon fils Brahim. Qu'à partir d'aujourd'hui la mère de Brahim soit libre. Je déclare qu'elle a payé sa dette envers moi, envers nous tous. Les présents que j'ai faits à son père, je les oublie ; les mille francs de sa Tahamamt, j'y renonce. Qu'elle demeure auprès de notre foyer, femme affranchie, à côté de ma mère, honorée comme un homme jusqu'à son dernier jour ! »

Et Tessadit, ayant repris son fils, le baise avec transport sur les lèvres, tandis que les bénédictions, les coups de feu des hommes et les cris aigus des femmes remontent vers le ciel.

FAÏOUKEN

Le mari de Faïouken vient de mourir, la poitrine percée d'une balle. Une mousse rougeâtre a débordé de ses lèvres et sa main droite levée en signe de foi est retombée le long de son corps. Faïouken a déchiré ses belles joues à coups d'ongles, arraché ses colliers, pris à pleines mains la cendre du foyer et souillé sa tête ; elle hurle assise à terre, les mains sur les genoux comme une bête sauvage, et ses deux petites filles, pelotonnées dans un coin, glapissent, folles de terreur. Les voisines accourent et lancent à leur tour des cris aigus, quand les sanglots s'arrêtent dans sa gorge. Concert effrayant et funèbre que le mort, dans le néant où il s'enfonce déjà rigide, entend peut-être comme un chant très doux.

Les hommes se sont réunis dans la maison d'en face ; ils se sont mis en cercle autour du foyer, et le frère du mort dit :

« Voilà que mon frère assassiné est mort sans enfants mâles, et notre père et notre grand-père ont reçu depuis deux ans le pardon de Dieu. Sans doute il leur a fait miséricorde. Or, j'hérite d'abord de la vengeance, et que personne ici ne me la dispute : elle est mon premier droit. J'hérite ensuite de la terre, des frênes, des bœufs, des charrues, de la maison, des armes, des vêtements et des ustensiles de mon frère; car les filles n'ont droit à rien. J'hérite encore de la tutelle des filles de mon frère, et du prix que je fixerai pour leur mariage, quand elle seront des femmes. J'hérite enfin de Faïouken, et certes je l'épouserais si je n'avais pas déjà la barbe grise ; mais au moins sa *tahamamt* est à moi, j'ai sur elle le droit de mon frère. Telle est la loi de notre village. Dans une heure, nous rendrons au mort les derniers devoirs. »

C'est ainsi que Faïouken appartient à son beau frère. Il y a quatre mois déjà que son mari est sous une longue pierre au bord du chemin qui sort du village sans que rien indique sa place, et les mulets passent par-dessus, quand ils s'entre-choquent avec leurs charges. Les cicatrices de ses joues ne sont plus que des lignes blanches. Elle attend son sort sans se plaindre, et caresse de temps en temps ses petites filles qui jouent près d'elle. Elle pressent qu'elle les quittera ; mais elle les reverra toujours. Le monde n'est pas grand pour elles ni pour Faïouken.

Trois villages aux tuiles rouges entourés de frênes, des vergers de figuiers sous lesquels passent des bœufs de labour tirant des charrues, un bois d'oliviers dont le vent retrousse les feuilles en lamelles d'argent, puis des pentes raides, couvertes de moissons et d'arbres, qui descendent jusqu'au lit d'un torrent allongé comme une bandelette blanche, voilà sa patrie. Sur la colline d'en face, des villages, des arbres et des champs tous pareils, voilà la terre de l'ennemi. En arrière s'élève la crête aérienne du Djurdjura qu'elle ne franchira jamais.

Les hommes l'escaladent au printemps avec des ballots de marchandises : on les voit monter dans une coulée de pierres, devenir tout petits, puis disparaître, et ils ne reviennent qu'à l'automne, parlant des pays où le henné qui teint les ongles en rouge pousse sous des palmiers si hauts que leurs régimes, gros comme des moutons, paraissent petits comme des oranges. Là-bas les femmes voyagent toujours portées dans des palaquins sur des chameaux enveloppés de tapis, et des cavaliers galopent devant elles. Elle ne verra rien de tout cela. Son sort est de vivre et de mourir sur la colline de sa tribu, et ses petites filles n'en descendront pas non plus, quand elles seront des femmes et des mères à leur tour.

« Faïouken, lui dit son beau-frère, le temps de ton veuvage est terminé. La lune du cinquième mois s'est levée depuis dix jours. Il ne convient pas qu'une femme jeune reste abandonnée comme un arbre stérile. Dieu ne t'a donné que des filles, mais peut-être il ne te refusera pas un enfant mâle. J'ai déjà donné ma parole pour toi ; car tu fais partie de mon héritage ; seulement j'ai voulu te faire honneur parce que tu as été sans reproche dans la maison de mon frère, et ma mère t'aime comme une fille et mes sœurs comme une sœur.

« Mon frère avait donné pour te conduire chez nous huit cents francs d'argent, une paire de bœufs, deux burnous et un fusil. Ces huit cents francs sont restés sur ta tête, et j'aurais pu les exiger, sinon même davantage ; mais je n'ai demandé que cinq cents francs : j'ai allégé ta dette, j'ai abaissé ton turban, afin de rendre ton mariage plus facile. Je ne réclame non plus ni bœufs, ni burnous, ni présents d'aucune sorte. J'ai demandé seulement qu'il te donnât des colliers et des bracelets pareils à ceux que nous t'avons donnés, et que nous garderons.

« Enfin celui que j'ai accepté pour tenir la place de mon frère (car les prétendants étaient nombreux) est mon cousin Arezki Naît Ahmeur. Il est médiocrement riche, mais bon et brave, et Dieu pourvoira à ses besoins ».

Faïouken a écouté cela, les mains passées dans sa ceinture rouge, droite, les yeux légèrement baissés, comme il convient à une femme devant son seigneur. Une vive rougeur a coloré ses joues quand son beau-frère lui a dit qu'il diminuerait sa *tahamamt* presque de moitié pour lui faire honneur. Elle s'est inclinée pour lui baiser le bout des doigts ; mais il a vivement retiré sa main, et l'a portée à ses lèvres. Il s'est penché à son tour, et elle lui a baisé la tête, puis elle a dit :

« O mon père, que Dieu prolonge ta vie et bénisse ta maison, tes enfants et ta mère, ta femme et tes sœurs. Je suis prête à t'obéir. »

Faïouken est un soldat. Elle n'est pas belle de la beauté des femmes des villes. Son teint est hâlé par le vent et le soleil, ses traits sont découpés, nets et saillants, ses mains sont rudes ; mais quand elle ouvre sa poitrine et cambre ses reins, ses épaules s'arrondissent, sa gorge soulève sa robe, ses hanches se courbent comme des arcs, son cou rond se renfle comme un fragment de colonne. Sa bouche bien arrêtée découvre sous des lèvres épaisses un ruban de courtes dents tranchantes ; son nez mince et courbé se dilate en deux narines roses ; ses sourcils sont aussi noirs que sa coiffe, et ses yeux un peu enfoncés jettent des lueurs bleues.

Femme d'Ahmed ou de Brahim, de Sliman ou de Daoud, elle sait quel est son devoir, obéir à un homme, tenir sa place dans sa maison, lui donner des enfants. Son second mari mourra peut-être comme le premier, bien avant elle : elle le pleurera pendant quatre mois, puis passera dans la maison d'un troisième. Seraient-ils cinq, seraient-ils six, elle ira jusqu'au bout de ses forces et de sa fécondité. Son honneur est d'être mariée : ce qu'elle aime, ce n'est ni tel homme, ni tel autre, ni l'amour même, c'est le mariage.

A force d'être mariée, d'enfanter et de nourrir des hommes, elle s'élèvera dans leur estime, et vaudra peut-être un homme à son tour.

Le nouveau village dans lequel Faïouken est entrée depuis deux mois au son des flûtes est tout rond et bombé comme un bouclier. C'est un bloc muet et menaçant percé de meurtrières. Des ruelles entrecroisées y découpent des quartiers minuscules qui se décomposent en maisons contiguës, plus ou moins grandes, mais toutes à peu près pareilles, alvéoles d'une ruche pleine des biens de la terre, et bourdonnante d'hommes, de femmes et d'enfants. La maison de Faïouken est une de ces alvéoles.

Elle est basse au-dessus du sol, faite de pierres mal cimentées, couverte de mauvaises tuiles. Elle s'ouvre sur une cour par une porte à deux battants, mais elle n'a pas de fenêtres. Elle ne comprend qu'une seule pièce dans laquelle il n'y a ni table, ni chaise, ni meubles d'aucune sorte, ni cheminée. Les murs intérieurs blanchis à la chaux, sont décorés de signes bizarres, peints en noir et en rouge, ouvrage de Faïouken. Il y a là des traits droits qui figurent des râteaux à cinq et à sept dents, des croissants de lune, des lignes parallèles et ondulées comme des ruisseaux, des étoiles à six pointes, et des signes mystérieux qui semblent être des caractères d'écritures oubliées.

Faïouken ne sait pas que ses râteaux à cinq dents et ses croissants sont la main et le visage de Tanit qu'adoraient ses très anciennes aïeules, prosternées en robes blanches dans les temples phéniciens de la côte, quand les Dieux marchaient sur la terre et remplissaient le ciel. Elle ne sait pas non plus que ses ruisselets sont des symboles égyptiens de la vie qui coule, ni que son étoile est le cachet de Salomon ou la face de Baal Echmoun, ni que son râteau à sept dents est le chandelier de Jérusalem. Tous ces emblèmes sacrés de religions mortes et ces restes d'alphabets perdus sont pour elle des porte-bonheur. Elle a suspendu sur les murailles, à des crochets de bois, des vases de terre fabriqués par elle. Ils sont rouges et noirs, ou jaunes et rouges, vernissés et luisants, rayés de dessins géométriques comme ceux que les savants découvrent maintenant dans les ruines de Troie, et leurs formes rappellent ceux avec lesquels les femmes d'Argos et de Mycènes versaient à boire aux Atrides.

Au milieu de la pièce est un trou conique, entouré de pierres plates, à demi plein de charbons et de cendres. La fumée qui s'en élève bleuit l'air au dessous du toit, et s'en échappe, quand elle le peut, par deux fentes pratiquées dans le mur du côté de la cour. C'est autour de ce foyer antique que son mari et ses parents se réunissent, buvant de temps en temps une gorgée de lait fermenté, accroupis dans leurs chemises ou dans leurs burnous rapiécés, les genoux à la hauteur du menton, les bras allongés au-dessus de la flamme. A l'extrémité de cette *sala* barbare est une fosse large et profonde dans laquelle deux bœufs descendent tous les soirs. Faïouken les y pousse et tape leurs flancs de ses fortes mains, puis leur jette par brassées des herbes fraiches ou des rameaux de frêne.

Au-dessus, deux piliers de bois supportent un plancher sur lequel un enfant peut tout juste se tenir debout. On y monte par une échelle. C'est la chambre de Faïouken, et en même temps le magasin des vivres, des vêtements, de la poudre et des armes. Elle y dort près de son mari sur un tapis long aux flocons verts, la tête appuyée sur un coussin bourré de toutes sortes de choses qui leur sont précieuses, et, quand elle s'allonge, ses pieds s'arrêtent contre une pile de sacs de fèves.

Elle descend de là aux premières lueurs du jour, et va prendre dans un coin un moulin de pierre. Elle le soulève aisément, le charge de blé, et le place au milieu même de la maison près du foyer. Assise par terre, elle le maintient entre ses deux jambes allongées, et en fait tourner avec un bâton la pierre supérieure qui ronfle comme un petit tambour. C'est la voix de sa maison qui s'éveille. Les bœufs se soulèvent dans leurs fosses, et broient avec un craquement régulier les branches de frêne entre leurs mâchoires massives. Son mari attache par des courroies ses sandales et ses jambières de laine. rompt la galette chaude, et mange seul, en la trempant dans un petit pot d'huile, puis il fait sortir ses bœufs, lie leurs têtes au joug, prend une gaule contre un mur de la cour, et descend derrière eux vers son champ de figuiers.

Faïouken mange à son tour, prend dans un petit sac un miroir rond enveloppé d'étain, un pinceau, une grosse aiguille, deux sachets pleins d'une poudre noire et d'une poudre rouge, et, revenant s'asseoir près du foyer devant la porte entr'ouverte, qui laisse passer dans l'air bleuâtre une lame de lumière, elle avive ses lèvres, prolonge ses sourcils, noircit le bord de ses paupières, attache autour de son cou son collier d'argent émaillé de jaune et d'azur, rehausse sa ceinture et va prendre une grande amphore de terre rouge, ornée d'un dessin étrange qui semble être l'image grossière d'un Dieu.

Elle l'a pétrie et façonnée, il y a un mois, quand le soleil desséchait la terre, et elle l'a fait cuire dans un feu de broussailles autour duquel les enfants de ses voisines chantaient une petite chanson et dansaient une ronde. Elle la prend d'une main, la soulève et la jette sur son épaule, puis tournant sur elle-même pour donner un dernier coup d'œil à sa demeure, elle étire lentement les muscles de ses reins et de ses épaules, un peu lasse de la nuit.

Dans la ruelle, d'autres femmes jeunes, dont quelques-unes sont ses parentes, sortent en même temps qu'elle, soutenant sur leurs épaules des amphores inclinées. Elles se mettent en troupe, et c'est le beau moment de leur journée. Elles descendent dans un chemin ombragé de frênes et se réunissent autour d'une fontaine dont l'eau tombe, en un mince filet, d'un canal de liège.

Là elles échangent des nouvelles ; là est leur cercle respecté, défendu par un réglement sévère ; car il est interdit aux hommes de s'arrêter aux environs quand elles s'y trouvent, interdit surtout de les regarder d'un tertre voisin. Les amendes des coupables sont lourdes, et un soupçon terrible pèse sur eux, souvent mortel.

La première arrivée commence par remplir son amphore, et les autres se groupent assises ou debout dans l'ombre transparente des arbres ou sous les rayons blonds du soleil. Aucune n'est complétement belle, tant les races anciennes ont mêlé de formes, d'attitudes et d'expressions diverses dans leurs corps, dans les traits de leurs visages, et jusque dans les lueurs de leurs yeux ; mais quelques-unes qui sont toutes droites, les bras pendants, la tête turrelée et bandée d'argent, sont des images de Cybèle ; d'autres, le corps à demi étendu sur des pierres plates, un bras entièrement nu depuis la main rouge jusqu'à l'épaule d'ivoire, rient entre elles de leurs belles

lents comme des faunesses ; d'autres, le buste
droit, les jambes repliées sous leurs robes bleues,
le visage immobile, la tête sertie d'une coiffe
noire, ont l'attitude tragique des Sibylles ; d'aures, débiles et flexibles, les joues pâles, les lèvres très rouges, les yeux cerclés d'azur, inégales
à la rudesse de leur vie, marchent lentement comme des étrangères qui passent.

Elles se racontent, en syllabes douces et sifflantes, les mariages prochains et les prix donnés pour leurs sœurs par les hommes, les naissances et la quantité de poudre brûlée en l'honneur de leurs délivrances, les morts rapides et
les lamentations des funérailles. Elles prennent
ensemble des résolutions comme les Anciens ;
puis elles se remettent en route, et Faïouken marche en tête. L'amphore pleine est sur son dos :
elle en a saisi les deux anses de ses mains. Ses
bras sont repliés en arrière, sa tête se penche en
avant, et son corps est courbé sous la charge.
Elle remonte lentement vers le village et les autres femmes vont à la file sans plus parler.

L'après-midi, son mari est au conseil, assis avec
les Anciens de son parti sur une dalle de pierre :
en face d'eux sont leurs adversaires, le çof d'en

haut opposé à celui d'en bas. Ils rendent la justice et les plaignants parlent tour à tour. Cependant elle tisse pour lui un burnous de laine. Il lui a donné les toisons brutes. Elle les a lavées, elle les a filées, et elle s'est assise à son métier, poussant la navette, serrant les fils du tissu qui doit être solide; car il faut qu'il résiste à la pluie et aux épines.

Les fils verticaux du métier font en avant d'elle comme une gaze, et on l'entrevoit, à travers ce voile brumeux, vaguement esquissée, avec ses émaux, sa robe bleue, son teint mat et ses grands yeux. Quand le burnous sera terminé, elle commencera un haïck pour elle, ou bien elle ira sarcler l'herbe dans les champs d'orge et de fèves avec d'autres femmes réquisitionnées comme des ouvriers par la djemâa des hommes. Elle se rangera en ligne au milieu d'elles, la pioche à la main, en travers d'une pente et deux Anciens seront aux deux extrémités, surveillant leur travail.

Le corps plié en deux, les reins endoloris, elle arrachera du sol des chardons et des asphodèles jusqu'au coucher du soleil, et, quand le crépuscule étendra son tapis violet dans les vallées, elle se hâtera de rentrer chez elle pour préparer le repas du soir. Cette fois encore, après que son mari se sera rassasié, elle mangera seule, puis elle remontera dans sa soupente dormir auprès de lui.

Tous les jours, quelque temps qu'il fasse, elle travaille ainsi au dedans et au dehors, pour Arezki. Tous les ans, pendant quatre ans de suite, elle lui donne un enfant mâle qu'elle nourrit de son lait et porte sur son dos. Puis Arezki meurt frappé d'un coup de corne par un taureau sur un marché ; mais avant d'expirer il a le temps de lui dire :

« Faïouken, tu épouseras Gana, mon ami, et un peu mon parent, dans le quartier des Aît-Younès. Mes frères et mon père ne lui réclameront que trois cents francs pour ton mariage. Adieu, femme de bien. Que Notre-Seigneur prolonge ta vie et te favorise. »

Faïouken a vingt-six ans, et elle recommence d'être dans la maison de Gana ce qu'elle était dans celle d'Arezki et dans celle de son prédécesseur, l'âme vivifiante de toutes les choses et de tous les êtres jeunes qui l'entourent, la créatrice des vêtements, des sacs et des poteries, le tisserand, la cuisinière et la meunière, l'artiste de la maison, la créature exceptionnelle qui donne à l'homme la sécurité, le repos, la liberté de paraître au Conseil, de combattre et de cultiver la terre. Elle donne encore à celui-là des enfants, et les élève : deux fois de plus elle replace sur son front la plaque émaillée des mères d'enfants mâles ; une fois aussi elle met au monde, avec une pointe de honte, une fille destinée à servir comme elle.

Elle ne possède jamais rien, ni un pouce de terre, ni une chambre, ni un ustensile destiné aux usages de la maison, ni les bijoux dont elle se pare. Elle n'a pas plus de droits sur ses enfants que sur la calotte de laine qu'elle a faite pour son mari. Elle peut recevoir et conserver quelques pièces d'argent, quand il est allé vendre sur le marché l'excédent de son travail ; elle a quelquefois le droit de céder à son profit les œufs de ses poules ; mais si Gana la chassait, elle s'en irait presque nue, n'ayant pour tout bien, par la grâce de son Seigneur et maître, que le haïck de laine qui couvrirait son corps. Et cependant un beau sourire est toujours sur ses lèvres tant qu'elle est vaillante, et elle est heureuse parce qu'elle est, dans le sens le plus élevé du mot, une maîtresse de maison, « *moulet ed dar* ».

Peu lui importe, en vérité, que rien de tout ce qui l'entoure ne lui appartienne ; elle n'y songe même pas, et elle est autrement fière de l'avoir créé. Il lui semble très naturel et légitime qu'une femme comme elle passe ainsi d'un bout à l'autre du village des hommes, sans autre salaire que son honneur de femme, créant la maison et la famille de l'un, la maison et la famille de l'autre, tandis qu'ils s'occupent des choses encore plus graves qui les concernent, la défense des biens publics, la paix de la cité, l'honneur de la tribu. Dans la communauté intime d'intelligences et de forces inégales, de natures et d'aptitudes diverses, qui fait la vie et la force invincible de cette bourgade entourée de frênes, elles trouve sa part belle, et elle se regarderait comme avilie s'il fallait qu'elle y renonçât avant l'âge.

Aussi les hommes la respectent et l'écoutent sans jamais la contredire ; son mari et ses frères prennent souvent son avis ; ils la laissent gouverner à son gré son petit royaume. Malheur à qui l'insulterait, ou chercherait seulement à diminuer son honneur par une calomnie : on a vu des villages incendiés et des lignes de morts étendus à terre pour une simple parole dite à l'oreille d'une femme. De même qu'elle admire les héros qui marchent les premiers à la guerre, et qu'elle trouve très beaux dans leurs guenilles les vieillards, habiles agorètes, qui siègent sous le toit de la djemâa, reconnaissant des signes divins dans leur force et dans leur prudence, de même eux distinguent en elle, sous son apparente faiblesse, une puissance secondaire, il est vrai, mais si profonde, si mystérieuse, si nécessaire, qu'ils s'empressent de lui faire sa part, et qu'ils l'honorent de leur mieux.

La *matrona* romaine, dont la dignité a traversé vingt-cinq siècles, n'était, elle aussi, qu'une fille pour son mari, pouvait être mise à mort si elle perdait des clefs, était enfin, vendue à lourds deniers comptant, comme Faïouken.

Mais voici que de longues années s'écoulent; sa beauté se fane et à la fin elle se sent lasse.

Elle est toujours la femme de Gana. Ses deux petites filles, qu'elle a laissées dans la maison de son premier mari, se sont mariées depuis longtemps et ont été mères à leur tour. Ses quatres garçons qui sont restés dans la maison du second sont des hommes qui labourent et combattent ; un d'eux s'est même fait casser une jambe au pied du hameau de Zaknoun. Les deux fils qu'elle a donnés à Gana portent des fusils depuis trois ans, et s'asseoient à côté des Anciens dans la djemâa sur les dalles de pierre ; sa dernière fille est déjà si belle, qu'on en a offert mille francs d'argent et dix sacs d'orge. Elle a nourri tous ces hommes et ces femmes de son lait, puis ses seins se sont taris et ses flancs sont devenus stériles ; en même temps Gana décline, une fièvre lente creuse son visage, et alors une sombre mélancolie envahit Faïouken, quand elle s'accroupit, sur le seuil de sa porte, aux approches de la nuit.

Elle ne peut se dire pourquoi, mais elle aime son dernier mari plus que les autres. Elle lui a consacré la dernière part, et la plus grande, de sa vie de femme ; il est son dernier appui, comme un frêne aux trois quarts desséché qui soutient les longues guirlandes d'une vieille vigne. Après lui, que deviendra-t-elle ? Son père et sa mère sont morts. Ira-t-elle en servir un autre ? Qui voudra de ses cheveux gris ? Un abîme noir s'ouvre devant elle, et cependant elle a bien accompli sa tâche : elle a été fidèle, laborieuse et féconde. Le Seigneur miséricordieux n'aurait-il pour elle ni consolation ni récompense ? Ses idées se confondent, puis dans son esprit troublé comme un ciel d'orage apparaît une coupole blanche, celle d'un saint qui fait des miracles, la Koubba de Si Zerdoud. Elle ne l'a jamais vue ; elle la sait seulement plus loin qu'une montagne qu'elle aperçoit de son village ; mais il faut que ce saint-là soit son intercesseur, et un matin, à la fontaine, elle décide toutes les autres femmes à l'accompagner.

C'est un grand voyage. Il a fallu négocier avec cinq tribus avant de l'entreprendre, et il a été convenu que les femmes ne seraient accompagnées que de marabouts, personnages sacrés. Réunies chez Faïouken, elles échangent des bénédictions pendant que le moribond, secoué par une toux sèche, est soutenu, près du foyer, par ses frères et ses fils, puis elles se mettent en marche, par une aube chantante, à travers le village qui s'éveille.

Les petits garçons à demi nus et les jeunes

filles aux membres grêles qui sont sur les portes les saluent du nom de mères, et, en effet, chacune d'elles a enrichi, comme Faïouken, deux ou trois maisons diverses du don de sa fécondité. Elles aiment aussi indistinctement tout ce petit peuple sorti de leurs flancs, vivifié par un même sang, et qui pourrait n'avoir qu'un cœur.

Derrière les marabouts tout blancs, tenant en main des branches vertes, elles descendent, pieds nus, par des escaliers de pierre, le long des bosquets de figuiers, dans le ravin de la guerre où tant des leurs sont tombés, puis elles montent et redescendent à travers les figuiers de l'ennemi, dont les villages blancs et rouges semblent s'allumer au-dessus de leurs têtes.

Elles se mettent à gravir la montagne des Menguellat et des Aït Yahia qui, jusqu'alors, leur avait caché la moitié du ciel, et là elles voient encore des oliviers comme les leurs, mais plus serrés, qui font bientôt une forêt ombreuse. Elles serpentent au travers, un peu surprises du silence de cette multitude de grands arbres, de la pureté du sol noir qui ondule entre leurs pieds, de la majesté de leurs troncs sillonnés de rides, de la finesse de leur feuillage, qui se découpe en lamelles sur le ciel. Quand elles en sortent, une lumière nouvelle les éblouit, qui leur annonce qu'elles approchent des demeures des saints ; mais il faut encore qu'elles gravissent longtemps un petit chemin étroit hérissé de pierres blanches.

Tout à coup, il semble à Faïouken, qui va la première, que la terre manque sous ses pas. Elle pousse un cri et étend les bras comme à l'apparition d'un nouveau monde. Ses compagnes accourent auprès d'elle et demeurent muettes de stupeur. Elles sont comme en plein ciel. Leurs pieds posent sur une crête très longue qui sépare en deux la Kabylie tout entière.

A gauche, réunissant une centaine de ravins noirs dans une profondeur qui donne le vertige, une vallée très large se courbe vers le soleil couchant, et elle est bordée par le Djurdjura lui-même, dont les hautes cimes grises et rosacées font des murailles droites, des dents tranchantes, des pics aigus, sur le fond doré du Sud.

Dans cette immensité creuse, rayée d'ombres et de lumières, de hautes collines parallèles et semblables à des vagues portent des villages rouges. On les voit là rangées côte à côte, les confédérations des Gaouaoua, les Beni-Menguellat et les Beni Bou Drar, et les Beni Yâni, et les Beni Attaf, et les Beni Sedka, toutes, depuis le col de Tirourda, tacheté de cèdres et de plaques de neige, jusqu'à l'ouverture démesurée, dans laquelle Drah et Mizan se devine, et elles sont toutes armées en guerre, ramassées dans leurs villages comme sous des boucliers et des cuirasses, animées du désir sauvage de s'entre-détruire, et contenues par la même peur. Faïouken n'avait jamais vu cela ; mais à droite, c'est mieux encore.

Une autre vallée plus large, aux pentes plus douces, se tourne aussi vers l'Occident, et, moins riche en bois, se déroule pleine d'orge comme un long tapis vert. Elle est bordée, non par une crête dentelée, mais par une montagne courbe et striée de villages qui sont rangés en ligne comme des bataillons.

On aperçoit au delà, dans des crans arrondis comme des coupes, quelque chose de bleuâtre, d'indéfinissable, qui n'est ni de l'air ni de la terre, la mer infinie au delà de laquelle vivent les incrédules et les païens ennemis de Dieu. Là sont les Beni bou Chaïb, riches en oliviers, chez lesquels on trouve des dalles marquées des signes des idoles ; là-bas les Beni Djennad, qui, bâtissent leurs maisons avec des pierres équarries comme celles des forteresses ; là les Aït Fraoucen, qui vivent sur une ville ancienne dont les pavements de petites pierres bleues et jaunes ressemblent aux émaux des colliers ; là-bas les Amraoua, qui descendent des Turcs, des voleurs et des bandits de toute sorte venus de l'Ouest ; là-bas les Aït Iraten, si puissants qu'ils pourraient barrer la vallée à eux seuls, si cela leur faisait plaisir, et, plus loin encore, dit-on, sur le bord de la mer, les Beni Ouaguennoun, dont les femmes sont les plus belles qui se puissent voir, parce qu'elles descendent des Romaines.

Tandis que le repli profond du Djurdjura garde, comme dans une gaine, les Gaouaoua tassés les uns sur les autres et inviolables, cette vallée du Sébaou est un grand chemin de guerre où tous les hommes se sont mêlés. La pauvresse a devant elle le monde entier, l'histoire du monde, l'immensité de la terre et la variété de ses formes, l'immensité du ciel traversé par des aigles qui glissent et tournent comme des hirondelles.

Un flot d'air pur gonfle ses poumons, et elle se sent prise d'une sorte d'ivresse, ainsi libre pour la première fois dans la création démesurément agrandie, ivresse mêlée de l'effroi de se sentir si loin de son village qu'elle n'aperçoit plus.

Et voilà qu'à deux mille pas, si près qu'elle semble y toucher dans la transparence étrange de ce beau jour, sur un mamelon conique, apparaît la coupole blanche entrevue déjà dans la nuit de son angoisse, la Koubba de Sî Zerdoud, au milieu d'un carré de cactus noirâtres. Tout son cœur gonflé d'un inexplicable bonheur s'élance vers lui, ses compagnes l'invoquent avec elle, et les marabouts se rangent à leurs côtés, tandis qu'elles descendent lentement par un sentier très doux.

Elles sont bientôt seules dans l'enceinte. Elles vont l'une derrière l'autre en évitant de marcher sur les tombes des fidèles qui se sont fait déposer dans la terre sacrée, la tête tournée vers leur intercesseur, et le soleil sur son déclin illumine leur théorie de ses feux. Les formes des jeunes, moulées dans leurs haïcks bleus, se découpent sur le ciel orangé comme des images divines ;

les diadèmes étincellent ; les bijoux les plus humbles jettent des lueurs azurées ; les étoffes les plus vulgaires ont des reflets de pourpre et de neige ; le saint fait ce miracle d'embellir les plus laides ; et elles forment un cercle autour des quatre murs qui supportent son petit dôme lustré par le temps du doux éclat du lait crémeux.

Les compagnes de Faïouken brûlent de l'encens, déposent à terre des plats qu'elles rempliront bientôt de farine et de viandes, offrandes aux puissances invisibles, et se partagent en petits groupes pour prier. Elle, s'approchant d'un des murs troués par une porte basse, les deux mains étendues à la façon des suppliantes, appelle le saint toujours vivant qui l'entend certainement de l'extrémité des mondes, puis s'affaisse tout près du trou, frissonnant à la vue des ténèbres intérieures, au conctact de l'air humide qui semble venir de dessous la terre :

« Sauve-nous, lui dit-elle, écarte de nous la mort, ô Saint, ami de Dieu, qui sièges dans la nuit du Destin à côté des prophètes ; sauve-moi, ô lumière, ô clémence, ô source inépuisable de pardons et de grâces ; je m'abandonne à toi, ô

Dompteur, Sultan des affligés, Seigneur de ceux qui pleurent. »

Et elle lui conte sa peine en paroles brisées, en soupirs et en silences dans lesquels toute son âme se répand en dehors d'elle. Elle s'enfonce dans une immense détresse, telle que sa vie entière lui paraît n'avoir été qu'une longue douleur et, les yeux pleins de larmes, elle regarde ses mains durcies par le travail, la chair grise de ses bras ridés, sa poitrine vide, puis des espérances soudaines la raniment et la soulèvent, montent comme des flots dans tout son être, gonflent ses membres, inondent son cœur, et il lui semble que c'est le saint lui-même qui la trouble et la console, l'abaisse et la transporte au-dessus d'elle même, comme si elle était le jouet de sa puissance.

Enfin brisée, et ne sentant plus ni la joie ni la peine, fondue en humilité, tandis que la nuit noire monte de la terre environnante, et que les clartés des étoiles innombrables descendent sur elle du firmament, elle demeure immobile, les bras allongés sur les genoux, l'épaule et la tête appuyées contre la muraille sacrée, confondue avec le monument du saint dans l'ombre diamantée qui garde encore quelque chose du jour.

Or, le lendemain, encore une fois vers le coucher du soleil, juste à l'heure où la veille elle s'approchait de la Koubba de Sî Zerdoud, elle rentre avec ses compagnes dans son village, et pose la main sur la porte de la cour qui précède sa demeure, et elle hésite à l'ouvrir, tremblante d'incertitude ; mais la porte s'ouvre comme d'elle même, et ses fils, et les frères de son mari, et tous leurs parents sont devant elle, qui lui disent : « Arrête-toi, Faïouken, écoute. Gana vient d'entrer dans la miséricorde de Dieu ; mais nous nous sommes réunis là pour t'attendre et te dire qu'à partir de ce jour cette maison est la tienne, si tu veux y rester jusqu'à ta dernière heure.

« Nous te remettons le reste de ta dette ; tu vivras sur nos biens. Tu ne dois plus rien à personne ; personne ne t'imposera plus une volonté ; tu ne serviras plus, mais tu commanderas à ton tour, tu pourras, comme un homme, paraître sur les marchés, acheter et vendre. Tu siégeras comme un homme dans nos conseils, et tu prendras part à nos débats. Ta tâche est terminée : voilà ta récompense.

« Et maintenant couvre-toi la tête de cendres, et donne le signal des lamentations funèbres. C'est la dernière fois que tu pleureras un époux dans le village des Aït Ali. »

LA VILLE DE SEL

« .... De Sidjilmâssa à Iouâlaten, soixante nuits de marche. D'un côté, l'Afrique berbère ; de l'autre, le pays des Noirs : deux mondes. Entre eux une telle étendue vide qu'aucun homme n'y entre sans se prosterner devant elle et prier. Au-dessus, un soleil d'argent fondu tournant dans un ciel pâle ou très bleu, une lune de cuivre, des étoiles de diamant sous une voûte d'ébène.
« Région de la peur, de la soif et du vertige, immensité aveuglante ou ténébreuse, image de ce que sera la terre entière quand toutes les vapeurs de ses mers se seront évanouies dans l'éther, elle commence en plages de sable fin douces aux pieds, jolies aux yeux, puis s'élève en

dunes jaunes de plus en plus hautes, et ces dunes deviennent des vagues gigantesques dont les sommets fument au souffle du vent. Dans leurs plis l'air épaissi flambe, le sol brûle, et de temps en temps résonnent des roulements de tambours lointains. Vierges et presque pareilles, elles se suivent et s'entrecoupent sans garder aucune trace des animaux ni des hommes.

« Muettes et traîtresses le jour, monstres noirs la nuit, nul ne sait leurs noms ni ne connaît leurs visages ; car elle se couvrent tous les jours de nouveaux voiles : elles grandissent ou diminuent, naissent et meurent. Leur moutonnement formidable remplit un bras de mer de deux cents milles de large, et les dernières déferlent au pied d'une montagne très longue, toute en blocs bronzés, faite de fer, de granite et de plomb.

« La montagne a des crans et des pointes découpées en dents de scie ; les parois en sont verticales ; elle s'ouvre et bâille vers le ciel comme la mâchoires d'un squale ; elle se fendille de toutes parts ; elle éclate dans le flamboiement de l'air. Ses ravins sont pleins de scories ternes et chaudes ; ses ruisseaux sont des filets de sable. Çà et là de hautes assises nues montent les unes au-dessus des autres parmi les pics aigus, et sur ces bases des châteaux avec leurs tours, leurs créneaux, leurs poternes, leurs meurtrières, se dressent massifs et imprenables. Les aigles mêmes en ont peur, et ils les évitent en luttant contre le vent du nord à grands coups d'ailes. Ce sont les places de guerre et les magasins des Génies qui bataillent dans les dunes et s'y rallient au son de leurs tambours.

« Leurs gardes sont là-haut, invisibles dans les vibrations de la lumière ; les pierres qui roulent le long des rampes sont poussées par leurs mains. Ils sont assis aux coins des terrasses pourprées, fouillant les abîmes au-dessous d'eux pour y découvrir des hommes. Pas un arbre sur ces arêtes coupantes, pas une mousse sur ces murailles. Rien, jamais rien, pendant six jours, que des roches taillées en images démesurées des choses de l'autre vie, maisons, défilés de l'enfer ; puis voici bien un autre prodige. A la montagne succède une plaine ronde comme l'Océan, comme lui bleuâtre, et tout autour montent des embruns roux.

« Dérision nouvelle. L'homme qui s'y aventure s'avance dans un grand cercle géométrique et morne, sur une plaque de cailloux bruns et rougeâtres, luisants comme des métaux, fuyant de toutes parts sous les yeux, la négation même de la vie. La lumière du ciel n'a point où se prendre sur cette dalle unie : les cascades de feu qui tombent du soleil y rebondissent et se dissipent dans le vide d'en haut impalpable et livide. Le bloc de flammes s'élève d'un point indiscernable sur la courbe uniforme qui enserre l'horison ; il redescend au-dessous sans que rien indique la place exacte de sa chute au-dessous de la terre.

« L'aurore, la lente et fraîche aurore du monde habité, n'est là qu'une explosion instantanée et fulgurante ; le crépuscule s'éteint brusquement sous un souffle ; puis les étoiles paraissent en longs cortèges, si éblouissantes qu'elles rayent d'une infinité de traits blancs le fond noir du dais nocturne. Soleils de toutes les couleurs, une vie d'une intensité inexprimable palpite dans la multitude de leurs feux.

« Elles s'abiment par milliers dans le gouffre où le soleil du jour vient de disparaître, elles remontent par milliers du bord opposé, elles flamboient par millions, et le ciel sans lumière propre devient un astre unique aux facettes innombrables, splendile, paradisiaque, au-dessus du cadavre de la sombre terre.

« Certes, il n'est par fait pour l'homme, ce monde de roches, de ténèbres opaques et de lueurs étincelantes, horlogerie prodigieuse, région sidérale effroyablement impassible, qui n'admet ni la faim, ni la soif, ni les souffrances des corps mortels.

« L'âme de l'homme s'y désespère, son souffle s'y évanouit, le son de ses pas ne s'y entend plus. On dit qu'une musique étrange traverse à certaines heures, et surtout vers midi, les ondes claires de l'air absolument pur et de l'éther irrespirable qui vibrent depuis les champs de pierre d'en bas jusqu'aux profondeurs indéfinies d'en haut, harmonie parfaite que les fous seuls perçoivent, accompagnée de chants de vierges et de chœurs de guerriers. Les misérables qui l'entendent sourient, et, dilatant leurs yeux blancs, gonflant leurs poitrines cerclées de côtes brunes, humant le feu de leurs gorges ardentes, ouvrent les bras tout droits comme s'ils entraient dans les joies célestes de l'éternité.

« Pendant des jours et des nuits les voyageurs traversent ce disque funèbre, puis un trait d'azur paraît à l'horizon. Toutes les terreurs et toutes les angoisses des semaines précédentes sont réunies ensemble, comme pour la fin, derrière cette barre. C'est là-bas qu'est le vrai royaume des démons. On y passe et repasse, sans cesse, des hautes dunes mouvantes aux chaînes de montagnes calcinées, aux plaines rondes et tellement lisses qu'elles renvoient la lumière comme des miroirs, toutes hantées par des monstres qui prennent les formes des pierres sur lesquelles doit se fixer l'œil des guides, des gazelles qui se dirigent vers les sources taries, des arbres réfléchis dans les lacs des mirages, des femmes aimées qui paraissent dormir à vos côtés la nuit.

« La terre des noirs commence au delà, tachetée de bouquets de mimosas, puis rayée de larges fleuves dans lesquels nagent des hippopotames ; mais le désir le plus ardent, et même la certitude d'y atteindre, ne rendent plus assez de force aux âmes des marchands et des soldats des caravanes pour qu'ils affrontent jusqu'au bout, sans secours, toute cette effroyable solitude. Il faut qu'on vienne à leur rencontre d'Iouâlaten, le premier village des Noirs, qu'on leur apporte des fruits, et qu'on agite devant leurs yeux des branches vertes pour leur prouver qu'ils sont bien encore dans la demeure des vivants.

« Alors il se produit un fait extraordinaire. Il se trouve toujours dans chaque caravane un homme maigre, bilieux, tanné, à peine couvert d'une guenille bleue, la tête et la moitié du visage enveloppés d'un voile noir. Il n'a peur de rien : il regarde sans sourciller, de ses prunelles opaques comme deux charbons noirs, les objets et les êtres les plus terribles. Son cœur est immobile dans sa poitrine. Il reste sept jours sans manger et six jours sans boire, uniquement pour montrer qu'il fait ce qu'il veut de son corps.

« Cet homme-là (est-ce bien un homme ?) s'approche du chef des marchands, et lui propose d'aller avertir les gens d'Iouâlaten : seulement il est avide comme le vent de son désert, et il faut qu'on lui remplisse les deux mains de pièces d'or. Il les compte en souriant, les serre, dans son voile autour de sa tête et appelle un chameau blond qui le suit comme un lévrier, une bête superbe aux yeux presque humains, vêtue de longs harnais de cuir vert. Il lui abaisse le cou, s'élance d'un bond sur la selle d'où pendent deux cordes solides, croise ses deux jambes autour du pommeau, et disparaît bientôt dans l'air.

« Il ne tarde pas à sentir passer près de lui comme de grandes ailes, et des cris éclatent à ses oreilles. Il prend ses cordes, s'attache fortement par la taille, bat de ses pieds nus le cou de sa monture, et vole au-dessus du sable par foulées énormes. Il voit courir auprès de lui dans la lumière incandescente des légions de démons blancs qui se poursuivent comme dans la déroute d'une bataille ; il en aperçoit de très loin, en face, dans des vapeurs cuivrées, montés sur des animaux inconnus. Il frappe son chameau de coups rapides, tend tous les ressorts de son âme, et se précipite au milieu d'eux. Ils se séparent en hurlant, ils se lancent à sa suite, ils l'appellent tous, et leurs voix roulent derrière lui comme le tonnerre. Ses nuits surtout sont affreuses, et il ose à peine s'endormir, la tête sur le cou de son compagnon. Il passe alors son bras dans la bride, et enfonce son visage dans la fine crinière de la bête, pour ne rien voir. Il entend des glapissements, des râles, des sanglots et des rires si brusquement stridents qu'il en tressaille dans ses entrailles. Il reçoit des pierres ; il sent passer sur son dos des mains qui vont palpant ses reins et sa nuque. S'il frissonnait, il serait perdu : les démons, le sentant faiblir, en feraient leur proie.

« Il voyage ainsi pendant cinq jours et cinq nuits, puis, arrivé chez les Noirs d'Iouâlaten, il glisse à terre et dit : « *Gafla fil Meraia.* « La caravane est dans le Miroir. » Alors une troupe d'hommes armés se met en route pour aller au-devant d'elle et la sauver.

« Juste au milieu de ces solitudes infernales s'élève une ville sans pareille. Ce n'est point une cité de briques comme Ninive ou Babylone, de marbre ou de pierres comme Athènes ou Rome, encore moins de bois ou de fer. Elle a cependant des rues larges, des magasins, des maisons carrées, une mosquée et un minaret d'où le muezzin fait l'appel à la prière. C'est de sel qu'elle est bâtie tout entière, de sel taillé en blocs énormes comme les assises des murailles de Magog, découpé en moellons, aminci en dalles rectangulaires, blanche, toute blanche, de l'éclat d'une fonderie sous le soleil de midi.

et pâle dans la nuit comme un palais de fantômes. La lumière oblique du matin la découpe en sections laiteuses et en ombre bleues.

« Tout ce sel est tiré du sol qui n'est point de la terre, mais un morceau de cristal saupoudré d'une couche de sable fauve. Quand un vent violent le balaye, les rues et les places étincellent comme les murailles, et on voit courir au pied des maisons des langues de flamme. Les toits ne sont pas faits de tuiles ou de branchages, mais de peaux de chameaux rousses ou noires cousues ensemble et étendues. Tout alentour, de hautes dunes jaunes, arrondies, font des cercles concentriques. Le tout est une très grande coupe dont le fond est de diamant, la bordure de vermeil et le couvercle de lapis : car au-dessus, par contraste, la voûte du ciel est toute bleue, du bleu noir de l'indigo du Soudan. Pas un oiseau n'y passe, pas une plante n'y vit.

« Cette ville a des hommes, des femmes, des enfants, des juges et des prêtres qui sont des Noirs esclaves. Ils reçoivent leur nourriture de pays situés à trente jours de là, au Nord et au Sud. On leur envoie des sacs de dattes de l'Ouâd

Drah et du millet de Tombouctou. Le simoun qui engloutirait un convoi les ferait périr de faim. Ils ne boivent que de l'eau salée qu'ils puisent avec des sacs de peau de chèvre dans une entaille d'albâtre au fond de laquelle dort une source azurée, et, quand ils ont bu, ils essuient le sel de leurs lèvres. Ils sont nés là pour la plupart, et depuis leur jeunesse jusqu'à leur mort ils descendent dans des carrières béantes à quelques pas de leurs demeures. Ils y découpent des plaques épaisses, les pieds dans le sel effrité, le visage en face de hauts murs blancs qui leur renvoient la flamme du ciel, et ils peinent plus que des brutes, tandis que les antilopes sauvages galopent librement dans les plis des dunes.

« Le soir, ils remontent très lourds, courbés quatre par quatre sous les dalles qu'ils ont détachées ; ils les hissent et les traînent, étirant dans de suprêmes efforts leurs muscles amaigris, et, le long de leurs files, des hommes noirs comme eux font siffler des fouets de cuir ; puis ils se séparent et s'étendent par paquets devant les portes de leurs masures, appuyant leurs nuques endolories sur les seuils de sel. Alors monte dans le ciel, où commencent à poindre des clous d'or, du haut du minaret ciselé, dentelé, ajouré dans du cristal pur, la voix du chanteur qui invite les croyants à célébrer, par des actions de grâces, la clémence et la miséricorde du Créateur. Il a la plus belle voix du monde, étant fils et petit-fils de muezzins. Il lance au firmament des notes hautes, claires, caressantes, accompagnées de modulations et de tremblements d'une douceur infinie, et sa voix redescend épanouie sur la ville entière, jusque dans les ruelles et dans les coins obscurs où gît tout ce bétail humain.

« Tous leurs jours remplis par un travail sans trêve se terminent ainsi par une prière plaintive, et Dieu qui l'entend fait ce miracle de les rendre à peu près insensibles à leur sort.

« Mais la plus grande de toutes les merveilles est que ce bagne énorme est certainement le plus rare trésor de la terre. Il est impossible d'estimer par la pensée les richesses qu'il renferme, et, chose plus surprenante encore, celles qu'on en pourrait toujours tirer, même après l'avoir vidé. Car sachez bien qu'une seule plaque de ce sel, longue de quatre coudées, vaut, prise sur place, un homme noir, jeune et bien fait. Elle en vaut deux sur la frontière du Soudan, et quatre ou cinq sur le cours moyen du fleuve où nagent les hippopotames ; il y a même des villages reculés chez les Noirs, dans lesquels il suffit, pour avoir un esclave, d'en découper la largeur de ses pieds. Calculez après cela combien d'hommes, de femmes et d'enfants représentent les plaques accumulées dans les magasins d'une telle cité, ses maisons mêmes et ses murailles qui sont toutes de sel, enfin la lentille sur laquelle elle est bâtie, et dont personne n'a pu mesurer l'étendue ni l'épaisseur. Une ville d'argent ou même d'or pur serait encore moins précieuse.

« C'est de là que proviennent en réalité tous les Noirs esclaves qui sont les meilleurs soldats du Sultan de Fez, tous les serviteurs et toutes les servantes, tous les majordomes et toutes les concubines, tous les ouvriers de travaux manuels qui pullulent dans les villes de Maghreb extrême et du Maghreb central.

« Les métaux riches, les pierres rares et les belles étoffes, les hautes demeures et les terres fertiles sont assurément de très grands biens ;

mais que dire de l'homme même qui peut les produire ou les féconder ? A combien estimer ces millions de corps et d'âmes qui sont la source même du bien-être de tous les croyants ? Or, elle coule à flots du Soudan vers l'Afrique, cette source noire, parce que la ville de sel l'alimente, et elle ne tarira jamais, s'il plaît à Dieu, parce que la ville de sel est inépuisable.

« Je connais des marchands intrépides de Merrakech, de Fas, de Miknas, de Tilimsan, qui vont là malgré la faim, la soif, le soleil, les tempêtes de sable et les attaques des démons. Ils y font agenouiller leurs chameaux dans un camp entouré d'une muraille basse, et ils étendent sur le sable des pièces de toile blanche qui viennent de la France et de plus loin encore dans le Nord, des étoffes rayées du Maghreb, des ceintures rouges de Tunis, de hauts bonnets rouges de Zaghouan, des selles brodées d'Alger, des cuirs ouvrés d'Espagne, des armes de toutes sortes, des mousquets et de la poudre, des poignards et surtout des épées de Damas aux veines étroites qui serpentent comme des filets d'eau.

« Les maîtres de la ville, qui sont des Mes-

-soufa voilés, parents des Génies, prennent des épées et choisissent dans le reste ce qui réjouit leurs yeux ; car ils n'aiment que la guerre et la parure, puis ils leur font ouvrir les magasins de sel et leur y laissent prendre ce qu'ils veulent.

« De l'autre côté de la ville est un camp pareil dans lequel sont pêle-mêle des troupeaux de noirs de Kano, de Tombouctou, de Sansandig, captifs pris à la guerre, esclaves volontaires, jeunes hommes et jeunes femmes, enfants mêmes, amenés à pied par des marchands de leur race, et insensibles comme des animaux par indifférence et par excès de misère. C'est un carré tout noir. Les Messoufa voilés passent au milieu en s'appuyant sur leurs lances de fer, pointues comme des épines, les font ranger en tas, donnent leur prix d'un mot bref, et ouvrent aussi des magasins de sel à leurs conducteurs. Ils y entrent avec stupeur comme de pauvres Arabes qui seraient introduits dans des chambres pleines de lingots d'or ; ils font charger le plus possible de plaques sur leurs chameaux et retournent en toute hâte dans le Sud vers leurs magasins d'hommes.

« Souvent les deux troupes se réunissent, et

marchands blancs et marchauds noirs vont de compagnie, se renseignent sur les points où le sel se vend le plus cher et où les hommes sont le plus vigoureux et les femmes les plus belles, le cœur joyeux en dépit des pires menaces de mort. Pensez qu'avec un morceau de sel grand comme la main on peut acheter une fille qui sera la favorite d'un prince, et un garçon qui sera général en chef ou premier ministre du sultan.

« Quelles fortunes j'ai vu faire là-bas ! Un seul voyage à la ville de sel fait l'homme riche, de même que le pélerinage à La Mecque le sanctifie. S'il en fait deux, tous les rêves de sa jeunesse se réalisent, toutes les ambitions de son âge mûr sont satisfaites, et il laisse après lui une postérité florissante, récompense de son courage. Il est inutile et même dangereux d'en faire plus. Ce serait tenter Dieu... »

... El Hadj Brahim el Tilimsânî se tut un instant, puis, promenant un regard lourd sur sa cour de marbre aux arceaux de dentelle, ses faïences bleues incrustées de lettres d'or, ses tapis verts et roses comme des prairies, il ajouta :

« Cette ville-là se nomme Taghâza. Ah ! mes amis, on dit que les Andalous viennent de découvrir au delà de la mer Ténébreuse une cité dont toutes les portes sont en or. Que Dieu les confonde ! Notre part dans ce monde est encore la meilleure. Notre Taghâza vaut mieux que leur Mexico ! »

FIN

TABLE

Préface.................................... I

Les deux printemps........................ 1

Souvenirs de jeunesse 17
    Le pays de Ben Yahia 17
    La tente arabe....................... 30
    Le pays blanc........................ 46
    Djelfa............................... 62
    Chez les Aoulad Naiel................ 77
    Salomon aux yeux bleus............... 97
    Un saint............................. 123
    En voyage avec le saint.............. 143
    Les Aïssaoua......................... 154
    Le Sahara............................ 168
    Fromentin 183
    La Rahba de Laghouat................. 200
    Une place de Laghouat................ 217
    L'arrivée du général................. 227
    Le fort Morand 240
    Entre jeunes hommes 248
    Une fin de mission................... 258
In-Salah 273
La plaine du Chélif....................... 291
Un tableau. Les fumeurs de Kif............ 311
Un seigneur Targui........................ 327
Le général Margueritte.................... 342

LES FEMMES DES BARBARES	367
Le combat	367
Tessadit	375
Faïouken	396
La ville de sel	425

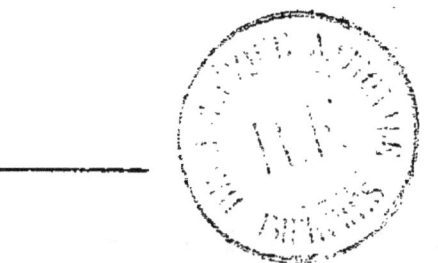

Orléans. — Imprimerie G. MORAND, 47, rue Bannier

www.ingramcontent.com/pod-product-compliance
Lightning Source LLC
Chambersburg PA
CBHW051817230426
43671CB00008B/738